Valeska Hagner
Sabine Schlüter

B1+ B2

Im Beruf

Arbeitsbuch

Deutsch als Fremd- und Zweitsprache

Hueber Verlag

Die **Lösungen zu diesem Arbeitsbuch** finden Sie unter
www.hueber.de/im-beruf/lernen

3. 2. 1. | Die letzten Ziffern
2018 17 16 15 14 | bezeichnen Zahl und Jahr des Druckes.
Alle Drucke dieser Auflage können, da unverändert, nebeneinander benutzt werden.
1. Auflage

Verlagsredaktion: Thomas Stark, Hueber Verlag, München
Umschlaggestaltung, Layout und Satz: Sieveking · Agentur für Kommunikation, München
Druck und Bindung: Auer Buch + Medien GmbH, Donauwörth
Printed in Germany
ISBN 978-3-19-131190-2

Das Arbeitsbuch IM BERUF bietet pro Lektion 10 Seiten Übungen zum Einüben und Vertiefen zu Hause oder im Unterricht.

Bei jeder Übung ist am rechten Rand die Verknüpfung mit der Aufgabe im Kursbuch angegeben. In unserem Beispiel gehört die Übung zur Aufgabe A1 auf Seite 9 des Kursbuchs. (Im Kursbuch befindet sich bei der Aufgabe A1 der Verweis ins Arbeitsbuch: ein gelb markiertes AB.) Außerdem ist hier der Schwerpunkt der Übung angegeben. In unserem Beispiel ist es der Wortschatz.

A Kunden begrüßen

1 **Welche Abkürzung passt? Lesen Sie und ergänzen Sie. Arbeiten Sie auch mit dem Wörterbuch und übersetzen Sie die Ausdrücke in Ihre Muttersprache.** S. 9, A1 *Wortschatz*

GmbH | KG | AG | Co. | Ltd.

1. Wenn diese Buchstaben – wie im Kursbuch – hinter einem Firmennamen stehen, bedeutet das, dass die Firma eine Aktiengesellschaft ist. Deshalb heißt es: die ....

Schwierigere Übungen erkennt man an der Kennzeichnung ***.

b **Was haben Sie bisher beruflich gemacht? Machen Sie zuerst Notizen und schreiben Sie dann über sich.** ***

Die Lösungen zu allen Aufgaben dieses Arbeitsbuchs finden Sie als kostenlosen Download im Internet unter www.hueber.de/im-beruf/lernen.

Am Ende jeder Lektion wird auf zwei Seiten der Lernwortschatz präsentiert – mit Platz zum Eintragen der Übersetzung in die Muttersprache. Unregelmäßige Verben sind durch ein Sternchen gekennzeichnet.

Lernwortschatz

S. 24 | Galina Schewchenko ist in einer Besprechung

Nomen

die Abteilung, -en ....

der Arbeitsplan, ¨-e ....

sich erkundigen ....

sich herumsprechen* ....

kommen* zu (zum nächsten Punkt)

....

Die Liste der wichtigsten unregelmäßigen Verben befindet sich im Kursbuch ab Seite 90.

Liste der wichtigsten unregelmäßigen Verben

Aufgeführt sind in der Regel nur die Grundverben, nicht Ableitungen aus diesen Verben (also z. B. nur *fallen*, nicht aber *gefallen* oder *auffallen*). Die regelmäßigen Formen sind grau gedruckt.

backen	backt (bäckt), backte (buk), hat gebacken	**gewinnen**	gewinnt, gewann, hat gewonnen
beginnen	beginnt, begann, hat begonnen	**gießen**	gießt, goss, hat gegossen

Im Anhang dieses Arbeitsbuchs ab S. 186 finden Sie eine Liste mit den wichtigsten Verben mit Präpositionen.

Liste der wichtigsten Verben mit Präpositionen

Verb + Präposition + Kasus	Beispiel
abhängen* von + Dat.	Die Höhe der Stromkosten hängt vom Verbrauch ab.
absprechen* mit + Dat.	Marwan soll seine Vorschläge mit den Kolleginnen absprechen.

Inhalt

Lektion 1

A Kunden begrüßen

1 **Welche Abkürzung passt? Lesen Sie und ergänzen Sie. Arbeiten Sie auch mit dem Wörterbuch und übersetzen Sie die Ausdrücke in Ihre Muttersprache.** S. 9, A1 *Wortschatz*

GmbH | KG | ~~AG~~ | Co. | Ltd.

1. Wenn diese Buchstaben – wie im Kursbuch – hinter einem Firmennamen stehen, bedeutet das, dass die Firma eine Aktiengesellschaft ist. Deshalb heißt es: die AG.
2. Auch diese Buchstaben stehen oft im Anschluss an einen Firmennamen. Damit wird der Ausdruck „Gesellschaft mit beschränkter Haftung" abgekürzt. Man sagt: die ……… .
3. Diese Abkürzung bedeutet Compagnie. Sie steht in Firmennamen wie z. B. Meier & ……… und im Ausdruck GmbH & ……… KG.
4. Auch diese Abkürzung kann man in vielen deutschen Unternehmensnamen lesen. Sie bedeutet Kommanditgesellschaft. Auch der Hueber Verlag ist eine GmbH & Co. ……… .
5. Mit der Europäisierung können deutsche Firmen auch ausländische Rechtsformen wählen, zum Beispiel das englische Limited Company. Die Abkürzung dafür ist ………

2 | a **Welche sechs Wörter zum Wortfeld „reisen" haben sich hier versteckt? Markieren Sie.** S. 9, A1 *Wortschatz*

E	I	N	T	R	E	F	F	E	N	Q
P	L	D	E	W	X	L	V	M	Y	U
E	R	F	R	U	B	U	C	H	E	N
F	A	H	R	T	O	G	A	P	M	Ö
W	O	H	S	B	I	M	V	Y	I	W
A	H	E	I	M	R	E	I	S	E	T
A	D	W	G	H	I	S	B	N	L	G
A	N	R	E	I	S	E	Z	S	A	I

1. eintreffen
2. ………
3. ………
4. ………
5. ………
6. ………

b **Ergänzen Sie das passende Wort aus a.**

1. Könnten Sie mir bitte Bescheid geben, wann die Kollegen aus Japan nächsten Montag eintreffen werden?
2. Wie war der ……… aus den USA hierher? – Lang, aber angenehm. Vielen Dank, dass Sie fragen.
3. Die ……… mit der Bahn von Frankfurt bis München dauert nur dreieinhalb Stunden. Da lohnt sich das Fliegen nicht.
4. Wir sind uns nicht mehr sicher, wann Sie kommen. Könnten Sie uns deshalb bitte den Tag und die genaue Uhrzeit Ihrer ……… mitteilen?
5. Frau Daniell, würden Sie mir bitte für Freitag ein Ticket nach London ……… ?
6. Ist Herr Maier schon nach Hause gefahren? – Ja, der befindet sich schon auf der ……… .

3 | a Ordnen Sie die Redemittel den Kategorien 1 bis 5 zu. S. 9, A3 *Redemittel*

A Kann ich Ihnen eine Tasse Kaffee oder Tee anbieten? | **B** Ich wünsche Ihnen eine gute Heimreise. | **C** Ich sage eben Frau .../Herrn ... Bescheid, dass Sie da sind. | **D** Herzlich willkommen. Mein Name ist ... . | **E** Darf ich Ihnen etwas zu trinken anbieten? | **F** Hatten Sie eine gute Fahrt/einen guten Flug? | **G** Guten Tag, Frau .../Herr ... . Schön, Sie bei uns begrüßen zu dürfen. | **H** Bitte warten Sie einen Moment. Ich informiere Frau .../Herrn ..., dass Sie eingetroffen sind. | **I** Vielen Dank für Ihren Besuch. | **J** Wie war Ihre Reise, Frau ... / Herr ...? | **K** Auf Wiedersehen. Und einen schönen Tag noch. | **L** Frau .../Herr ... ist noch in einer Besprechung. Sie/Er wird in ... Minuten hier sein.

1. jemanden begrüßen und sich vorstellen ....
2. jemanden über die Ankunft informieren ....
3. über die Anreise sprechen ....
4. jemandem ein Getränk anbieten A
5. sich verabschieden ....

b Was könnten die Personen sagen?
Verwenden Sie die Redemittel aus a und schreiben Sie.

1

Herzlich willkommen.
Mein Name ist Holger Mayer und das ist meine Kollegin Susanne Moor. Wie war Ihre Reise, Herr Williams?

2

3

4

B Unternehmensstrukturen verstehen, über Aufgaben sprechen

4 Wie heißen die Abteilungen? Schreiben Sie. Ergänzen Sie auch den Artikel. S. 10, B1a *Wortschatz*

kauf | ~~männische~~ | ke | tei | duk | Ge | Per | ~~lung~~ | schäfts | tion | so | Mar | trieb | nal | ab | Ein | lung | lei | ~~tei~~ | lung | ~~Ab~~ | tung | ting | Ent | Pro | Ver | wick | ~~Kauf~~ |

1. die Kaufmännische Abteilung
2. ....
3. ....
4. ....
5. ....
6. ....
7. ....
8. ....

5 **Welche Verben passen? Ordnen Sie zu.** S. 10, B1a *Wortschatz*

suchen, interviewen und einstellen | überprüfen und bezahlen | ~~planen, organisieren und umsetzen~~ | besuchen | entwickeln und verbessern | bestellen und prüfen | aufbauen und führen | kontrollieren und sichern

A Werbekampagnen planen, organisieren und umsetzen
B ein Unternehmen ……
C Produkte ……
D die Qualität der Produkte ……
E für den Herstellungsprozess notwendige Materialen ……
F Rechnungen ……
G neue Mitarbeiter ……
H Kunden ……

6 **Was passt? Ordnen Sie den Abteilungen aus 4 die Tätigkeiten aus 5 zu.** S. 10, B1a *Wortschatz*

A: Marketing

7 | a **Welche Verben und Adjektive mit Präpositionen haben den Akkusativ, welche den Dativ? Unterstreichen Sie mit unterschiedlichen Linien.** S. 10, B1b *Verben/Adjektive mit Präpositionen*

Ich sorge in der Firma für ein gutes Betriebsklima und helfe bei Konflikten.

Zu meinen Aufgaben gehört es, mich um unsere Stammkunden zu kümmern und an potenzielle Neukunden Informations- und Werbematerial zu schicken.

Ich arbeite hauptsächlich an neuen Lösungen und Methoden zur Energiegewinnung.

Als Mitglied der Geschäftsleitung bin ich für alle Mitarbeiter des Unternehmens verantwortlich.

In meinem Job muss man sich viel mit Zahlen beschäftigen.

Ich bin für den Kontakt zu unseren Zulieferfirmen zuständig. Dabei muss ich vor allem auf die Einhaltung von Lieferterminen achten.

In meinem Job verhandle ich viel mit Kunden. Weil ich die meisten unserer Kunden gut kenne und weiß, was sie wünschen, arbeite ich eng mit der Marketing-Abteilung zusammen.

Wenn Waren nicht fehlerfrei sind, muss ich diese kennzeichnen und mich um Nachbesserungen kümmern.

b Ergänzen Sie die fehlenden Präpositionen und – wenn nötig – die Artikel im Akkusativ oder Dativ.

„Gute Feen" am Arbeitsplatz …

1. sorgen in Besprechungen *für* — Kuchen und Getränke.
2. verhandeln auch ______ ______ schwierigen Kunden geduldig und freundlich.
3. sind ______ ______ komplette Terminplanung ihrer Chefin oder ihres Chefs zuständig.
4. kümmern sich gern ______ ______ neue Mitarbeiter und Praktikanten.
5. achten in ihrer Abteilung ______ ______ Arbeitsklima und ______ Umgangsformen.
6. beschäftigen sich auch oft ______ ______ privaten Sorgen und Problemen der Kollegen.
7. helfen ______ ______ Lösung von Konflikten.
8. arbeiten ______ ______ Verbesserung von Arbeitsabläufen.
9. fühlen sich in einer Abteilung meistens ______ ______ alles verantwortlich!

8 | a Was passt nicht? Streichen Sie. S. 10, B1b *Fragepronomen*

1. ~~Für wen~~ / Wofür sorgen „gute Feen"? – Für Kuchen und Getränke.
2. Mit wem / Womit verhandeln sie? – Mit Kunden.
3. Für wen / Wofür sind sie zuständig? – Für die Terminplanung.
4. Um wen / Worum kümmern sie sich? – Um neue Mitarbeiter.

b Was passt: Person oder Sache? Ergänzen Sie die Regel.

Bei Fragen, die sich auf eine ______ beziehen, verwendet man Präposition und Fragepronomen:
Mit wem sprechen Sie? – Mit meinem Chef.

Bei Fragen, die sich auf eine ______ beziehen, verwendet man *wo(r)* + Präposition:
Womit beschäftigen Sie sich gerade? – Mit den Kundenanfragen von gestern.
Woran arbeitest du? – An einer Präsentation.

9 Ergänzen Sie. S. 10, B1b *Fragepronomen*

1. *Über wen* regt sich der Vertrieb heute so auf? – Über einen Kunden.
2. ______ bereitet sie sich gerade vor? – Auf die Besprechung morgen.
3. ______ beginnen Sie heute Ihren Arbeitstag? – Mit einem kurzen Gespräch mit meinem Team.
4. ______ denkst du nach? – Über die Diskussion gestern in unserer Abteilung.
5. ______ hat er sich so lange unterhalten? – Mit seinem Kollegen aus dem Vertrieb.
6. ______ ist denn eigentlich Frau Bronne zuständig? – Sie leitet die Versandabteilung.
7. ______ arbeitet Herr Zeuner gerade? – Er organisiert unseren Messeauftritt.
8. ______ soll ich mich morgen kümmern? – Um die Bewirtung der Gäste.

10 Lesen Sie und markieren Sie die Verben mit Präpositionen. S. 10, B1b *Verben / Adjektive mit Präpositionen*

1. Wovon hängt es ab, ob er kommt oder nicht? – Von seiner Arbeit natürlich.
2. Hast du dich jetzt für oder gegen das Angebot entschieden? – Dafür.
3. Wir müssen uns bei unseren Geschäftspartnern unbedingt für ihre Flexibilität bedanken!
4. Die Geschäftsleitung wird ihre Mitarbeiter bald wieder über die aktuellen Verkaufszahlen informieren.
5. Du brauchst dir keine Sorgen zu machen. Auf mich kannst du dich wirklich verlassen.
6. Ich wollte mich bei dir nach deinem Kollegen Lukas erkundigen. Geht es ihm wieder gut?
7. Mit wem habt ihr euch heute verabredet? – Mit Frau Zubcic aus der Personalabteilung.
8. Darf ich Sie um einen Gefallen bitten? – Ja. Worum geht es denn?

11 | a Ordnen Sie die Verben aus 10 zu. S. 10, B1 b *Verben / Adjektive mit Präpositionen*

Verb mit Präposition + Akk.	
Verb mit Präposition + Dat.	abhängen von
Verb mit Präposition + Dat. + Akk.	
Verb mit Präposition + Dat. + Dat.	

b Schreiben Sie kurze Antwortsätze.

1. Mit wem sind Sie diese Woche noch verabredet? (Kunde aus Italien)
   Mit einem Kunden aus Italien.
2. Wovon hängt Ihre Zufriedenheit in der Arbeit ab? (Bezahlung)
3. Sie können einen EDV-Kurs machen oder einen Englischkurs. Wofür entscheiden Sie sich? (EDV-Kurs)
4. Auf wen können Sie sich hundertprozentig verlassen? (mein Kollege Werner)
5. Worum würden Sie Ihre Chefin / Ihren Chef gern bitten? (höheres Gehalt)
6. Und wofür würden Sie sich bei ihr oder ihm bedanken? (zusätzlicher Urlaubstag)

12 | a Lesen Sie den Text. Formulieren Sie dann zu den markierten Satzteilen passende Fragen wie im Beispiel. S. 10, B2 *Fragesätze / Wortschatz*

Ich habe die Schule mit der Mittleren Reife abgeschlossen und eine Ausbildung zur Kauffrau für Bürokommunikation gemacht. Danach bin ich mit meinem Mann zehn Monate nach England gegangen. Die Zeit dort habe ich unter anderem zur Verbesserung meiner Englischkenntnisse genutzt.
Vor zwei Jahren sind wir wieder nach Deutschland zurückgekommen. Seitdem bin ich als Assistentin für die Geschäftsleitung von KFR Solar tätig und vor allem für die Zeit- und Reiseplanung von Herrn Norman zuständig. Außerdem kümmere ich mich um die Kostenabrechnung und den gesamten Schriftverkehr mit unseren Kunden und Kollegen im In- und Ausland.
Für meine Stelle bei KFR Solar brauche ich sehr gute Englischkenntnisse. Schließlich sind wir ein international tätiges Unternehmen mit Hauptsitz in den USA und ich bin für die reibungslose Kommunikation mit unserem „Mutterkonzern" verantwortlich. Weil ich viel Kontakt zu potenziellen Kunden und Geschäftspartnern habe, sind für meinen Job natürlich auch einwandfreie Umgangsformen und ein gepflegtes Aussehen notwendig.

Was haben Sie nach der Schule gemacht? Mit wem ...

b Suchen Sie die vier Ausdrücke im Text. Was bedeuten sie? Ordnen Sie zu.

1. unter anderem	A möglich, zukünftig
2. reibungslos	B korrekt
3. potenziell	C auch
4. einwandfrei	D problemlos

C seinen Beruf vorstellen

13 | a Lesen Sie das Interview und kreuzen Sie an: richtig oder falsch? S. 11, C1a Lesen / Landeskunde

	richtig	falsch
1. Jonas studiert und arbeitet in Berlin.	☐	☐
2. In den Semesterferien sucht er sich einen Job, um Geld für sein Studium zu verdienen.	☐	☐
3. Jonas findet es anstrengend, das Gelernte gleich im Beruf umsetzen zu müssen.	☐	☐
4. An der Berufsakademie kann man denselben Abschluss wie an der Uni machen.	☐	☐
5. Jonas' Freund war zwar mit dem Studium, aber nicht mit seiner Ausbildung zufrieden.	☐	☐
6. Jonas glaubt, dass er nach dem Studium bei KFR Solar bleiben kann.	☐	☐

● *Jonas, du hast dich für ein duales Studium im Fach Betriebswirtschaft entschieden. Kannst du uns kurz erklären, was* dual studieren *eigentlich bedeutet?*

◆ *Dual studieren* heißt, zu studieren und gleichzeitig eine Berufsausbildung zu machen. Theorie- und Praxisphasen wechseln sich also ab: Mal studiere ich an der Berufsakademie in Berlin, mal bin ich Auszubildender und arbeite in der Berliner Filiale von KFR Solar.

● *Ist das nicht sehr anstrengend?*

◆ Ja, das ist es schon. Wenn andere Studenten Semesterferien haben, muss ich in die Firma. Aber das ist nicht so schlimm. Ich verdiene dafür schon während meiner Ausbildung ein bisschen Geld und kann so mein Studium finanzieren. „Normale" Studenten haben diese Möglichkeit nicht und müssen sich in den Ferien dann um einen Job kümmern.

● *Da hast du recht. Gibt es noch einen anderen Grund, warum du dich für diese Art der Ausbildung entschieden hast?*

◆ Ja, den gibt es. Ich bin einfach ein praktischer Typ. Zu viel Theorie gefällt mir nicht. Ich möchte das, was ich gelernt habe, gleich im Berufsalltag anwenden und so Berufserfahrung sammeln. Wenn ich nur studieren würde, könnte ich das nicht.

● *Und wie ist das mit dem Abschluss? Zählt denn dein Abschluss genauso viel wie ein Abschluss, den man an einer Fachhochschule oder an einer Universität macht?*

◆ Ja, jetzt schon. Früher war das nicht so, aber seit ein paar Jahren kann man auch an der Berufsakademie einen BA, also einen Bachelor-Abschluss, machen. Wie an einer Fachhochschule oder an der Uni auch.

● *Hat ein duales Studium denn auch schlechte Seiten?*

◆ Na ja, für meinen Freund war das duale Studium zum Beispiel nicht das Richtige. Er hat nach ein paar Monaten gemerkt, dass er die falsche Fachrichtung gewählt hat. Sowohl das Studium als auch die Arbeit haben ihm keinen Spaß gemacht. Irgendwann hat er sein Studium dann geschmissen, also damit aufgehört.

● *Ging das denn so einfach?*

◆ Nein, so einfach war das nicht. Denn das Unternehmen, bei dem er die Ausbildung absolviert hat, hat schon für sein Studium bezahlt. Die waren dort dann sehr unzufrieden mit meinem Freund und seiner Entscheidung und wollten, dass er ihnen das Geld zurückzahlt.

● *Ich verstehe. Das ist natürlich unangenehm – für beide Seiten. Jonas, wir danken dir für dieses Gespräch. Sag uns aber noch zum Schluss: Wie sehen denn die Chancen für dich aus, dass KFR Solar dir nach deinem Studium eine feste Stelle anbietet?*

◆ (lacht) Meine Chancen, übernommen zu werden? Die sehen sehr gut aus!

b Welche Vorteile hat das duale Studium für Jonas? Lesen Sie noch einmal und schreiben Sie. ★★★

14 **Lesen Sie und ergänzen Sie. Hilfe finden Sie im Lernwortschatz auf S. 16.** S. 11, C1 a *Wortschatz*

1. Die KFR Solar GmbH ist ein Photovoltaik-Unternehmen.
2. Der Hersteller von Solarmodulen hat seinen H_______ in der amerikanischen Großstadt Atlanta im Bundesstaat Georgia.
3. KFR Solar wurde 1999 g_______.
4. Der Konzern ist i_______ t_______.
5. In der amerikanischen Mutterfirma und in den T_______ weltweit sind mehr als 20 000 Mitarbeiterinnen und Mitarbeiter beschäftigt.
6. In Deutschland hat die Firma drei F_______.
7. Die Z_______ befindet sich in Frankfurt am Main.

15 **Was passt? Ergänzen Sie.** S. 11, C1 a *Wortschatz*

Einstellung | flexibel | geduldig | Gefühl | hilfsbereit | ~~Organisationstalent~~ | Umgangsformen

Mitarbeiter, die …

1. wissen, welche Arbeiten sie wann und in welchem Zeitraum erledigen müssen und das auch schaffen, haben Organisationstalent.
2. kein Problem mit neuen Aufgaben und Situationen haben, sind _______.
3. anderen die Tür aufhalten oder Gesprächspartner aussprechen lassen, haben gute _______.
4. sich gern um Kunden und deren Wünsche kümmern, haben eine positive _______ zu ihnen.
5. auch einmal warten können, sind _______.
6. andere gerne unterstützen, sind _______.
7. betriebswirtschaftlich denken und handeln, haben ein gutes _______ für Zahlen.

16 | a **Welche zwölf Wörter haben sich hier versteckt? Markieren Sie und schreiben Sie die männliche und die weibliche Form, wenn möglich.** S. 11, C1 a *Wortschatz*

ABTEILUNGSLEITER|ZULIEFERERFINANZBUCHHALTERINAUSZUBILDENDECHEFKOLLEGE

KUNDEMITARBEITERBETRIEBSWIRTINPRAKTIKANTPERSONALSEKRETÄRIN

1. der Abteilungsleiter/-in
2. _______
3. _______
4. _______
5. _______
6. _______
7. _______
8. _______
9. _______
10. _______
11. _______
12. _______

b **Welches Wort aus a passt? Ergänzen Sie.**

1. Diese Person kontrolliert die Einnahmen und Ausgaben eines Unternehmens _______
2. Diesen Ausdruck verwendet man, wenn man von allen Mitarbeitern einer Firma spricht _______
3. Wer … von Beruf ist, hat gelernt, wie man einen Betrieb organisiert und führt _______
4. Diese Art von Firma liefert einem anderen Unternehmen Teile für die Produktion _______

17 **Wie kann man das noch sagen? Ergänzen Sie.** S. 11, C1a *Wortschatz*

erstellen | einnehmen | absolvieren | produzieren | vertreiben

1. ein Studium machen / ein Studium
2. etwas herstellen /
3. Waren verkaufen /
4. Geld verdienen /
5. ein Angebot schreiben /

18 | a **Bilden Sie Sätze.** S. 11, C1b *Satzbau*

1. Ich / von Beruf / Kaufmann für Marketingkommunikation / sein
2. Da / gut analysieren, planen und organisieren können / man / müssen
3. Außerdem / ein gutes Sprachgefühl / brauchen / man
4. Auch / man / im Umgang mit Menschen und Zahlen / müssen / ziemlich gut / sein
5. Meine Ausbildung zum Kaufmann für Marketingkommunikation / haben / bei einer kleinen Werbeagentur / ich / machen
6. Danach / absolvieren / ein Studium im Fach Marketingmanagement / an der internationalen Berufsakademie in Köln / haben / ich
7. Seit drei Jahren / ich / in der Marketingabteilung eines international tätigen Autokonzerns / arbeiten
8. Das Unternehmen / weltweit / produzieren und vertreiben / mehrere Millionen Fahrzeuge
9. Ich / dort / für große Werbekampagnen für zwei Fahrzeugreihen / zuständig sein
10. In einem Jahr / werden / die Teamleitung übernehmen / ich / wahrscheinlich

1. Ich bin Kaufmann für Marketingkommunikation von Beruf.

b **Ergänzen Sie: In welchen Sätzen aus a geht es um das Thema …**

Beruf 1

Voraussetzungen für den Beruf

Ausbildung

Unternehmen

Aufgaben und Tätigkeiten

19 **Was erzählt Heike Strass über sich? Verwenden Sie die Satzbausteine aus 18 a und schreiben Sie acht bis zehn Sätze.** ★★★ S. 11, C2b *Schreiben*

Beruf: Personalreferentin

Voraussetzungen: gut mit Menschen umgehen und Verhandlungen führen können, ausgezeichnete EDV-Kenntnisse, sehr gute Kenntnisse über Gesprächstechniken, Mathematik: sehr gut

Ausbildung: duales Studium: Betriebswirtschaft mit Fachrichtung Personalwirtschaft, Internationale Berufsakademie Heidelberg

Unternehmen: international tätig, Anbieter von IT-Lösungen für Banken und Versicherungen weltweit

Tätigkeiten: Mitarbeiterbetreuung, Erstellen von Arbeitsverträgen, Organisation von Weiterbildungen

Ich bin Personalreferentin von Beruf.

20 | a Lesen Sie den Text. Welche Überschrift passt zu welchem Absatz? Ordnen Sie zu. S. 11, C2b **Lesen / Landeskunde**

A Noch mehr Erfolg durch die Gleichstellung der Abschlüsse
B Unternehmen sorgen sich um die Qualifikation ihrer zukünftigen Mitarbeiter
C Das Stuttgarter Modell und die Gründung der ersten Berufsakademien
D Das duale Studium heute: Studienorte und Studienfächer
E Die Folge der Schul-Neugründungen in den 1960er-Jahren
F Unternehmen finden, dass die klassische Berufsausbildung attraktiver werden muss

Von den Anfängen bis jetzt: die Geschichte des dualen Studiums

1 ……

Die Anfänge des dualen Studiums liegen in Baden-Württemberg. Wie in ganz Deutschland wurden auch dort in den 1960er-Jahren viele neue Schulen gegründet, die immer mehr junge Leute ~~*ans – aufs*~~ *– zum* Abitur führten. Die vielen Neugründungen von Schulen hatten *auf – in – zur* Folge, dass in den 1970er-Jahren die Zahl der Studenten stark zunahm, während die Zahl der Auszubildenden immer mehr zurückging.

2 ……

Es waren vor allem Unternehmen in Baden-Württemberg, die diese Entwicklung mit Sorge beobachteten, allen voran die Daimler-Benz AG*. Der Automobilkonzern befürchtete, dass er schon bald keine passenden Arbeitskräfte mehr finden würde, weil das Studium, *für – gegen – mit* das sich damals ein Großteil der Abiturienten entschied, die jungen Leute nicht ausreichend *auf – für – über* die Arbeitswirklichkeit bei Daimler-Benz und in anderen Firmen und Betrieben vorbereitete.

3 ……

Daimler-Benz, Robert Bosch** und andere große Firmen im Südwesten Deutschlands hielten es deshalb *als – für – von* dringend notwendig, die klassische Berufsausbildung attraktiver zu machen, um einem Mangel an qualifizierten Nachwuchskräften vorzubeugen. Damit sich in Zukunft wieder mehr junge Leute für eine Ausbildung und *für – gegen – ohne* ein reines Hochschulstudium entscheiden würden, schlugen die Unternehmen dem baden-württembergischen Kultusministerium vor, die klassische Berufsausbildung mit Studien- und Hochschulelementen zu verbinden.

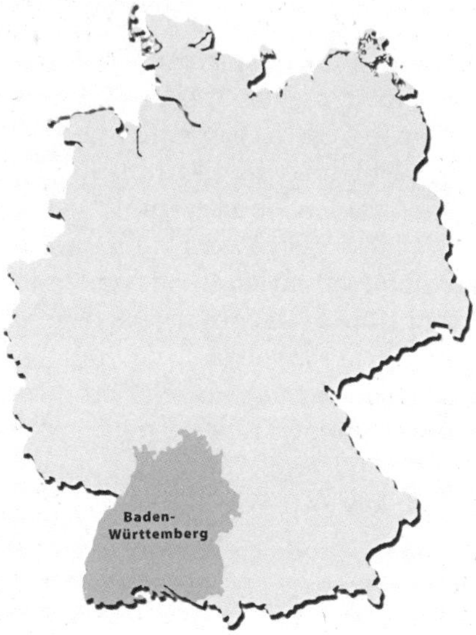

4 ……

Die Idee, eine Verbindung *bei – zu – zwischen* praktischer Ausbildung und theoretischem Studium zu schaffen, stellte man der Öffentlichkeit 1972 unter dem Namen „Stuttgarter Modell“ vor. Zwei Jahre später wurden in Stuttgart und Mannheim die ersten Berufsakademien gegründet, die *auf – für – um* die theoretische Ausbildung der jungen Leute sorgen sollten (und auch heute noch sorgen).

5 ……

Mit der Gründung der Berufsakademien war eine neue, duale Ausbildungsform geschaffen. Sie war von Anfang an ein großer Erfolg: Denn zahlreiche junge Erwachsene versprachen sich *mit – von – vor* diesem Ausbildungsweg bessere Chancen auf dem Arbeitsmarkt und bewarben sich *als – für – um* einen dualen Ausbildungsplatz bzw. ein duales Studium. So richtig erfolgreich wurde das duale Modell aber vor allem nach 1995, als die Abschlüsse der Berufsakademien den Fachhochschul-Abschlüssen gleichgestellt wurden. Seit 2009 erhalten die Absolventen dualer Studiengänge sogar einen akademischen Abschluss: in den meisten Fällen den international anerkannten Bachelor.

6 ……

Dual studieren kann man inzwischen natürlich nicht nur in Baden-Württemberg, sondern auch in allen anderen Bundesländern. Doch obwohl die Zahl der dualen Studiengänge weiterhin wächst, weil immer mehr Schulabgänger *bei* – *mit* – *von* den Vorteilen einer dualen Ausbildung überzeugt sind, ist das Angebot an Studienfächern eher klein: Es sind vor allem drei Fächer, die man dual studieren kann: Betriebswirtschaften, Ingenieurswesen und Informatik. Das wird sich aber mit Sicherheit ändern, sodass die jungen Leute, die *an* – *auf* – *nach* einem dualen Studium Interesse haben, mehr Wahlmöglichkeiten haben werden.

* Das Unternehmen heißt heute Daimler. ** Das Unternehmen heißt heute Bosch.

b Welche Präpositionen passen nicht? Lesen Sie noch einmal und streichen Sie.

c Wo steht das im Text? Notieren Sie die Zeilennummern.

1. Nach Meinung vieler Firmen bereitet ein Studium nicht ausreichend auf die Arbeitswelt vor.
   Zeile 16–21
2. In den 1960er-Jahren wurden immer mehr Schulen gegründet, an denen man das Abitur machen konnte.
   Zeile ……
3. Seit einigen Jahren bietet das duale Studium auch einen akademischen Abschluss.
   Zeile ……
4. Die Unternehmen schlugen dem baden-württembergischen Kultusministerium vor, die Berufsausbildung mit Studienelementen zu verbinden.
   Zeile ……
5. Das duale Studium wurde sehr schnell zu einem Erfolg.
   Zeile ……
6. Firmen in Baden-Württemberg wollten die Berufsausbildung wieder attraktiver machen.
   Zeile ……
7. Weil die Zahl der Auszubildenden zurückging, befürchtete die Industrie, dass sie keine passenden Arbeitskräfte mehr finden würde.
   Zeile ……
8. 1974 wurden für die theoretische Ausbildung die ersten Berufsakademien gegründet.
   Zeile ……
9. Das duale Studium gibt es inzwischen auch in anderen Bundesländern.
   Zeile ……
10. Der ganz große Erfolg kam erst, als die Abschlüsse der Berufsakademien denen der Fachhochschulen gleichgestellt wurden.
    Zeile ……
11. Die Zahl der Fächer, die man dual studieren kann, wächst, aber sie ist immer noch klein.
    Zeile ……
12. Wer sich für ein duales Studium bewarb, versprach sich bessere Chancen am Arbeitsmarkt.
    Zeile ……

Lernwortschatz

S. 8 | Julia Santos begrüßt einen Gast

Nomen

die EDV – die elektronische Datenverarbeitung (Sg.)

die Eigenschaft, -en

die Einstellung (Sg.)

der Empfang (Sg.)

die Flexibilität (Sg.)

die Filiale, -n

die GmbH – die Gesellschaft mit beschränkter Haftung

der Hauptsitz, -e

die Kenntnis, -se

der Mitarbeiter, - / die Mitarbeiterin, -nen

das Organisationstalent (Sg.)

Sonstiges

die Telefonanlage, -n

das Training, -s

die Umgangsformen (Pl.)

das Tochterunternehmen, -

die Voraussetzung, -en

die Zentrale (Sg.)

Verben

bedienen

sich befinden* in (+ Dat.)

begrüßen

gründen

verbessern

Adjektive

geduldig

gepflegt

hilfsbereit

international

tätig

weltweit

S. 9 | A Kunden begrüßen

Nomen

die AG – die Aktiengesellschaft, -en

die Anreise (Sg.)

die Besprechung, -en

der Flug, ⸚e

die Heimreise (Sg.)

der Neukunde, -n / die Neukundin, -nen

Verben

anreisen

Bescheid sagen

eintreffen*

informieren

verlaufen*

Adjektive

potenziell

reibungslos

S. 10 | B Unternehmensstrukturen verstehen, über Aufgaben sprechen

Nomen

die Abteilung, -en

das Betriebsklima (Sg.)

der Einkauf (Sg.)

die Entwicklung (Sg.)

die Finanzen (Pl.)

die Geschäftsleitung (Sg.)

die Herstellung (Sg.)

das Marketing (Sg.)

das Organigramm, -e

das Personal (Sg.)

die Personalabteilung, -en

die Produktion (Sg.)

der Rohstoff, -e

die Struktur, -en

das Unternehmen, -

der Vertrieb (Sg.)

die Werbekampagne, -n

der Zulieferer, -

Verben

achten auf (+ Akk.)

aufbauen

benötigen

sich beschäftigen mit (+ Dat.)

einstellen

entwickeln

kennzeichnen

organisieren

prüfen

verhandeln mit (+ Dat.)

weiterleiten

zusammenarbeiten mit (+ Dat.)

Adjektive

einwandfrei

verantwortlich für (+ Akk.)

zuständig für (+ Akk.)

kaufmännisch

weitere Wörter

unter anderem

S. 11 | C seinen Beruf vorstellen

Nomen

die Berufsakademie, -n

der Betriebswirt, -e / die Betriebswirtin, -nen

die Buchhaltung (Sg.)

der Finanzbuchhalter, - / die Finanzbuchhalterin, -nen

der Konzern, -e

der Monats-/Jahresabschluss, ¨-e

der Nachteil, -e

die Phase, -n

die Praxis (Sg.)

die Theorie (Sg.)

der Vorteil, -e

Verben

sich abwechseln

erstellen

in Rente gehen*

rechnen

Adjektive

akademisch

gemeinsam

Welche Wörter möchten Sie noch lernen? Notieren Sie:

TIPP

Spielen Sie ein Memo-Spiel zum Thema „Verben / Adjektive mit Präpositionen“. Schreiben Sie einen Satz auf zwei Karten. Mischen Sie und finden Sie die Paare.

Beispiel:

In unserer Firma ist Frau Müller für

Der Kunde ist heute früh mit

der Bahn angereist.

die Buchhaltung zuständig.

Die Personalabteilung befindet sich im

ersten Stock.

Lektion 2

A Ratschläge verstehen und geben

1 | a Überfliegen Sie die E-Mail. Markieren Sie im Text die Antworten auf die Fragen und notieren Sie sie. S. 13, A1 Lesen / Schreiben

Betreff: Seien Sie herzlich willkommen!

Sehr geehrte Frau Bellacosa,

am fünfzehnten Oktober treten Sie bei uns Ihre Stelle an. Wir möchten, dass Sie sich von Anfang an in unserem Unternehmen zurechtfinden. Deshalb senden wir Ihnen vorab einige Informationen.
Bitte melden Sie sich an Ihrem ersten Arbeitstag um halb neun am Empfang. Meine Assistentin, Beate Wolf, wird Sie abholen und zu meinem Büro bringen. Wir haben sicher einiges zu besprechen, sodass ich erst einmal eine Stunde für Sie reserviert habe.
Außerdem bekommen Sie einen Plan, der Ihnen die Einarbeitung leichter machen soll. Anschließend stellen wir Ihnen die Kollegen vor, die Ihnen in der ersten Zeit bei Fragen weiterhelfen können.
Ich wünsche Ihnen schon heute einen guten Start bei uns!

Mit freundlichen Grüßen

Christian Hertel
Abteilungsleiter Einkauf
KERN Maschinen GmbH

1. Erster Arbeitstag von Frau Bellacosa (Datum)? 15. 10.
2. Uhrzeit? ____
3. Treffpunkt? ____
4. Name der Assistentin? ____
5. Name des Vorgesetzten? ____
6. Ort / Dauer der Besprechung? ____
7. Weitere Punkte für den ersten Tag? ____

b Lesen Sie die E-Mail noch einmal. Was bedeuten die Ausdrücke 1 bis 5? Ordnen Sie zu.

1. eine Stelle antreten	vorher
2. sich zurechtfinden	das Kennenlernen der eigenen Aufgaben
3. vorab	über einige Dinge reden müssen
4. etwas zu besprechen haben	anfangen zu arbeiten
5. die Einarbeitung	sich gut orientieren können

c Schreiben Sie Herrn Hertel eine kurze Antwort. Beachten Sie dabei die Punkte 1 bis 4. ★★★ = schwierig

1. Achten Sie auf die richtige Anrede.
2. Bedanken Sie sich für die E-Mail und die Informationen, die Ihnen den ersten Arbeitstag sicher leichter machen werden.
3. Schreiben Sie, dass Sie sich darauf freuen, die neue Stelle anzutreten.
4. Wählen Sie die passende Grußformel am Ende der E-Mail.

2 | a Was passt? Ordnen Sie zu. S. 13, A1 Wortschatz

1. der Arbeitsplatz	geregelt
2. die Arbeitskollegen	unbefristet
3. die Arbeitszeiten	klar
4. die Arbeitskleidung	angenehm
5. das Arbeitsklima	sicher
6. die Arbeitsabsprachen	passend
7. der Arbeitsvertrag	hilfsbereit

b Was wünschen Sie sich, wenn Sie eine neue Stelle antreten?
Formulieren Sie Sätze mit den Ausdrücken aus a. Achten Sie auf die richtigen Endungen.

Ich wünsche mir ein angenehmes Arbeitsklima. Ich hätte auch gern ...

Frau:

3 | a Setzen Sie die Verben in Klammern in die drei Formen des Imperativs.

S. 13, A3 a Imperativ

1. Achten Sie/Achte/Achtet am ersten Arbeitstag auf passende Kleidung. (achten)
2. .... freundlich zu allen. (sein)
3. .... mit den Kollegen in die Kantine. (gehen)
4. .... dort Small Talk. (machen)
5. .... aber nicht zu viele Fragen auf einmal. (stellen)
6. .... keine Angst davor, etwas falsch zu machen. (haben)
7. .... nicht, dass jeder einmal neu war. (vergessen)

b Bilden Sie Sätze im Imperativ mit trennbaren Verben.

1. erst einmal zuhören
   Hören Sie erst einmal zu, was andere sagen. So lernen Sie am schnellsten.
2. auf andere zugehen
   .... Schließlich sind Sie der/die Neue und sollten den ersten Schritt machen.
3. bei Unklarheiten nachfragen
   .... Stören Sie Ihre Kollegen aber nicht zu oft bei der Arbeit.
4. den Kollegen Ihre Hilfe anbieten
   .... , denn auch Ihnen wurde in der ersten Zeit sicher auch viel geholfen.
5. sich vorstellen
   .... , wenn Sie jemanden neu kennenlernen.
6. sich die Namen der Kollegen aufschreiben
   .... , besonders dann, wenn Sie sich Namen schlecht merken können.

c Schreiben Sie jeweils einen Satz aus a und b in die Tabelle.

IMPERATIV	Verb	Personal-pronomen	Reflexiv-pronomen	Ergänzung	Präfix
„du“					
„ihr“					
„Sie“					
„Sie“ (mit trennbarem Verb	Hören	Sie		erst einmal	zu.
„Sie“ (mit trennbarem Verb und Reflexivpronomen)					

d Ergänzen Sie die Regeln zum Imperativ mit den Wörtern aus dem Schüttelkasten.

Endung | Personalpronomen (2x) | Satzende | formellen | ~~informellen~~ | Unregelmäßig

1. Für Personen, die man duzt („du", „ihr"), verwendet man den informellen Imperativ. Bei diesem Imperativ lässt man das ______ weg. Außerdem fällt in der zweiten Person Singular die konjugierte ______ „st" (bzw. „t") weg.
2. Für Personen, die man siezt („Sie" im Singular und Plural), verwendet man den ______ Imperativ. Bei diesem Imperativ bleibt das ______ erhalten.
3. ______ ist der Imperativ des Verbs „sein": *Sei / Seid / Seien Sie höflich!* und der Imperativ von „haben" in der 2. Person Singular: *Hab keine Angst.*
4. Präfixe von trennbaren Verben sowie Reflexivpronomen stehen am ______.

4 | a Unterstreichen Sie, wie die Tipps formuliert sind. Ergänzen Sie dann die Satznummern.

S. 13, A3 b **Imperativ**

Imperativ	Satz 4
Imperativ + Infinitivsatz	Satz ___
würde + Infinitiv	Satz ___
würde + Infinitiv + Infinitivsatz	Satz ___
Konjunktiv II + Nebensatz mit *wenn*	Satz ___
Modalverb + Nebensatz mit *dass*	Satz ___
Modalverb im Konjunktiv II	Sätze ___ + ___

1. Sie sollten sich in den ersten Wochen genug Zeit für Frau Slisko nehmen.
2. Es wäre gut, wenn Sie ihr am ersten Tag das Organigramm unserer Firma erklären.
3. Ich würde Ihnen raten, mit Frau Slisko noch einmal genau über ihre Aufgaben zu sprechen.
4. Machen Sie mit ihr ruhig einen Rundgang durch die Firma und zeigen Sie ihr die wichtigsten Räumlichkeiten.
5. An Ihrer Stelle würde ich mit Frau Slisko den Ablauf der ganzen ersten Woche besprechen.
6. Sie müssen nicht dafür sorgen, dass Frau Slisko alle Kollegen auf einmal kennenlernt.
7. Ich meine aber, dass Sie ihr die Kollegen vorstellen sollten, die für sie wichtig sind.
8. Denken Sie auch daran, mit Frau Slisko über Arbeitszeiten, Pausen und andere Regelungen zu sprechen.

Frau Huber bekommt bald eine neue Mitarbeiterin, Frau Slisko. Der Personalleiter der Firma gibt Frau Huber Tipps, was sie für Frau Slisko tun kann.

b Was rät der Personalleiter Frau Huber wohl noch? Schreiben Sie weitere Tipps. Verwenden Sie dabei unterschiedliche Formulierungen wie in a. ★★★

Frau Slisko den Schlüssel übergeben | mit ihr darüber sprechen, was in der Firma verboten ist (zum Beispiel rauchen, Alkohol trinken) | mit Frau Slisko Regeln für die Zusammenarbeit besprechen | Frau Slisko den Betriebsrat vorstellen | mit ihr erste Arbeitsabsprachen treffen | ein offenes Ohr für Frau Sliskos Fragen haben | für einen weiteren Ansprechpartner für sie sorgen | eine Liste mit wichtigen Telefonnummern für Frau Slisko vorbereiten | …

B Formalitäten und Regelungen verstehen

5 | a Wie heißen die Wörter? Ordnen Sie zu.

S. 14, B1 Wortschatz

1. die Bank- — verbindung
2. die Krankenversicherungs-
3. der Arbeits-
4. das Führungs-
5. der Sozialversicherungs-
6. die Steueridentifikations-

vertrag
nummer
ausweis
verbindung
zeugnis
karte

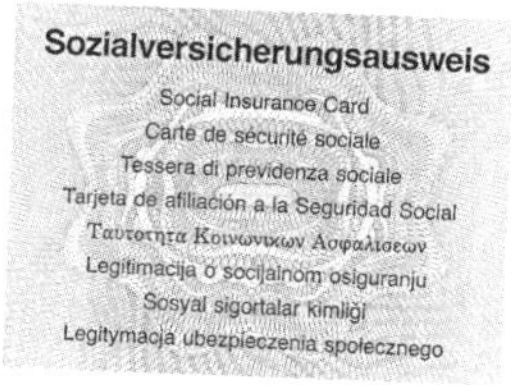

b Was passt? Ergänzen Sie die Wörter aus a. Wie heißt das Lösungswort?

1. Jeder Angestellte muss dem Finanzamt einen Teil seines Gehalts zahlen. Deshalb braucht der Arbeitgeber die
2. Wann tritt der neue Mitarbeiter die Stelle an? Welche Aufgaben hat er und wie viel Geld bekommt er dafür? Das alles steht im
3. Wer krankenversichert ist, hat eine
4. Um Gehälter überweisen zu können, braucht der Arbeitgeber die von den Angestellten: Das sind die Kontonummer, die Bankleitzahl und der Name der Bank.
5. Mit dem zeigt man, dass man eine Kranken-, Pflege-, Unfall-, Arbeitslosen- und Rentenversicherung hat.
6. Im steht, ob man schon einmal eine Straftat begangen hat und deshalb bei der Polizei bekannt ist.

Lösungswort:

6 | a Was sagt Herr Wasserreich (W), der Chef, was Herr Mahmody (M), der neue Mitarbeiter? Lesen Sie und ergänzen Sie in der rechten Spalte den entsprechenden Buchstaben.

S. 14, B2 Gespräche verstehen

Schön. Damit haben wir auch schon fast alle Formalitäten erledigt.
Die habe ich zum Glück nicht zu Hause liegen lassen. Hier, bitte.
Das freut mich. Manchmal bleibt man ja auch im Stau stecken. Nun, bevor ich Ihnen Ihren Arbeitsplatz zeige, müssen wir einige Formalitäten erledigen. Ich brauche zum Beispiel Ihre Steueridentifikationsnummer. Haben Sie die denn dabei?
Ja, vielen Dank. Die Fahrt hierher war gar kein Problem für mich.
Natürlich. Einen Moment, bitte. Hier ist sie.
Wunderbar, ich danke Ihnen. Jetzt würde ich gern eine Kopie von Ihrem Sozialversicherungsausweis machen.
Oh, das tut mir leid. Den habe ich leider zu Hause vergessen.
1 So, Herr Mahmody. Herzlich willkommen bei uns. Ich hoffe, Sie haben gut zu uns gefunden? W
Nun, das ist nicht so schlimm. Sie können ihn morgen nachreichen. Jetzt wollte ich Sie aber noch um Ihre Krankenversicherungskarte bitten.

b Bringen Sie das Gespräch in Aufgabe a in die richtige Reihenfolge. Lesen Sie noch einmal und ergänzen Sie in der linken Spalte die Zahlen 2 bis 9.

c **Herr Mahmody hat Fragen zu seinem neuen Arbeitsplatz. Lesen Sie die Antworten von Herrn Wasserreich und ergänzen Sie die Fragen.** S. 14, B2 Redemittel

1. ● .... ?
   ◆ Sie sind für das Bürogebäude in der Müllerstraße zuständig.
2. ● .... ?
   ◆ Selbstverständlich bekommen Sie von uns Arbeitskleidung.
3. ● .... ?
   ◆ Ihr Ansprechpartner ist Herr Blattnik.
4. ● .... ?
   ◆ Wenn Sie krank sind? Dann rufen Sie bitte Frau Ries an.
5. ● .... ?
   ◆ Richtig. Eine Krankmeldung brauchen wir dann von Ihnen auch.

7 **Lesen Sie den Text. Was ist richtig? Kreuzen Sie an.** S. 14, B2 Lesen / Landeskunde

	richtig
1. Ein Einstand ist eine kleine Feier, bei der man isst, trinkt und sich unterhält.	☐
2. Am besten gibt man seinen Einstand in der ersten Arbeitswoche. Denn dann lernt man die Kollegen und Vorgesetzten schnell kennen.	☐
3. Man sollte sich darüber informieren, welche Speisen und Getränke für einen Einstand in der Firma üblich sind.	☐
4. Um keinen Fehler zu machen, ist es am besten, alle Mitarbeiter der Firma einzuladen.	☐

Wissenswertes zum Thema *Einstand*

Wenn man neu in eine Firma kommt, ist es üblich, für Kollegen und Vorgesetzte eine kleine Feier zu organisieren. Diese Feier wird *Einstand* genannt: Man bereitet eine Kleinigkeit zu essen vor, kauft ein paar Getränke und lädt Kollegen und Vorgesetzte zu einem kleinen Imbiss oder Umtrunk ein. So lernt man sich in lockerer Atmosphäre besser kennen und kann sich bei den Kollegen für die Hilfe in der ersten Zeit bedanken.

„Man sollte seinen Einstand aber nicht zu früh geben", rät Markus Groß, selbstständiger Berufsberater aus Hannover. Denn zuerst muss man wissen, ob man in der Arbeitszeit feiern und was man den „Gästen" anbieten darf. Genügen eine Tasse Kaffee und ein Stück Kuchen? Oder müssen es ein Glas Sekt und leckere Brötchen sein? „Um das herauszufinden, sollte man sich ruhig Zeit lassen und seinen Einstand erst zwei bis drei Wochen nach dem ersten Arbeitstag feiern", meint Groß.

Groß empfiehlt auch, die richtigen Leute einzuladen. „Wer bestimmte Kollegen oder Vorgesetzte vergisst, kann später Probleme bekommen", so Groß. Deshalb rät er neuen Mitarbeitern, auf jeden Fall mehrere Kollegen zu fragen, wen man zu seinem Einstand in der Firma einladen sollte.

8 | a **Was passt? Ordnen Sie zu.** S. 14, B3 Wortschatz

1. der Arbeitgeber
2. der Arbeitnehmer
3. der Betrieb
4. der Betriebsrat
5. die Betriebsvereinbarung
6. verbindlich

- Firma, Werk, Unternehmen
- gültig
- Vertrag innerhalb einer Firma, der die Beziehung zwischen den Angestellten und ihren Vorgesetzten regeln soll
- Chef/-in, Vorgesetzte/-r
- Gruppe von Angestellten einer Firma, die die Interessen aller Angestellten vertritt
- Angestellte/-r

b **Ergänzen Sie das passende Wort aus a.**

1. Eine Betriebsvereinbarung ist ein Vertrag zwischen dem Arbeitgeber und dem ……………… .
2. Darin steht, was ……………… und Arbeitnehmer in bestimmten Situationen tun müssen oder tun dürfen und was nicht.
3. Ziel einer ……………… ist, die Zusammenarbeit zwischen Arbeitgebern und Arbeitnehmern zu regeln, damit keine Konflikte entstehen.
4. Eine Betriebsvereinbarung ist für alle Angestellte eines Betriebs ……………… .
5. Das bedeutet, dass sich alle ……………… an die Regelungen halten müssen.
6. Wenn jemand eine Stelle in einem ……………… neu antritt, gilt für ihn selbstverständlich die aktuelle Betriebsvereinbarung.

9 | a **Lesen Sie die Überschriften und überfliegen Sie die Ausschnitte aus einer Betriebsvereinbarung. Ergänzen Sie zu jedem Abschnitt die passende Überschrift.** S. 14, B4 *Wortschatz*

Teilzeit | Gleitzeit | Kernarbeitszeit

1. ………………

Der Beginn und das Ende der täglichen Arbeitszeit können innerhalb folgender Grenzen selbst bestimmt werden:
– Dienstbeginn: zwischen 7 und 8.30 Uhr
– Mittagspause: zwischen 12.30 und 14 Uhr (mindestens 30 Minuten für Vollzeitkräfte)
– Dienstende: montags bis donnerstags zwischen 15.30 und 18 Uhr, freitags zwischen 12.30 und 14 Uhr

2. ………………

Alle Arbeitnehmer müssen von Montag- bis Freitagvormittag von 8.30 bis 12.30 Uhr und von Montag- bis Donnerstagnachmittag von 14 bis 16 Uhr erreichbar sein.

3. ………………

Der Betrieb beabsichtigt, jedem Arbeitnehmer, der das wünscht, einen Teilzeitarbeitsplatz anzubieten. Dabei muss die Arbeitszeit immer sozialversicherungspflichtig sein und mindestens 18 Stunden pro Woche betragen.

b **Lesen Sie die Aussagen. Suchen Sie die Antworten in der Betriebsvereinbarung und markieren Sie die betreffenden Textstellen. Kreuzen Sie an: Geht das oder geht das nicht?** S. 14, B4 *Lesen*

	Das geht.	Das geht nicht.
1. Frau Yalcin möchte jeden Tag um neun Uhr mit der Arbeit anfangen.	☐	☐
2. Weil Herr Galgoczy jedes Wochenende zum Wandern in die Berge fährt, hört er freitags schon um 12.30 Uhr auf zu arbeiten.	☐	☐
3. Herr Trapp ist nicht mehr ganz jung und hätte gerne eine Teilzeitstelle. Am liebsten würde er nicht mehr als 18 Wochenstunden arbeiten.	☐	☐
4. Frau Karintzia arbeitet in Vollzeit. Mit ihrem Freund kocht sie jeden Abend ein großes Abendessen. Deshalb macht sie keine Mittagspause.	☐	☐

10 | a **Zu welchen Verben passen diese Nomen? Ordnen Sie zu. Ergänzen Sie – wenn nötig – auch den Artikel.** S. 14, B4 *Wortschatz*

Arbeitsvertrag | Vereinbarung | Arbeitszeit | Absprachen

1. ……………… treffen, sich halten an, schließen, unterzeichnen
2. ……………… vereinbaren, regeln, reduzieren
3. ……………… (ab)schließen, unterschreiben, kündigen
4. ……………… treffen, sich halten an, brechen

b Welches Verb aus a passt? Ergänzen Sie. Achten Sie auch auf die richtige Form.

1. Wann haben Sie Ihren Vertrag mit Ihrem jetzigen Arbeitgeber ______ / ______?
2. Wie ist Ihre Arbeitszeit ______?
3. Welche Absprachen haben Sie mit Ihrem Vorgesetzten ______?
4. Wer achtet in Ihrer Firma darauf, ob sich alle ______ die Betriebsvereinbarung ______?

C Anweisungen verstehen und darauf reagieren

11 | a Welches Bild passt? Lesen Sie den Text und ergänzen Sie die Zahlen 1 bis 9. S. 15, C2 *Wortschatz / Redemittel*

● So, Herr Saller, am besten fangen Sie mit dem vierten Stockwerk an und arbeiten sich dann in den sechsten hoch: Dort saugen Sie die Zimmer erst einmal gründlich. 7 Wenn Sie damit fertig sind, säubern Sie die einzelnen Arbeitsplätze ______ und leeren die Mülleimer aus. ______ Zu Ihren Aufgaben gehört auch, dass Sie in den Büros die Zimmerpflanzen gießen ______ und das Geschirr in der Kaffeeküche abwaschen. ______

◆ (Herr Saller fragt nach, ob er die Pflanzen täglich gießen muss oder nur, wenn sie Wasser brauchen.)

Ich habe noch eine Frage: Soll ich …

● Sie haben recht. Das brauchen Sie nur zu machen, wenn es nötig ist. Worum Sie sich täglich kümmern müssen, sind die Sanitäranlagen. Hier füllen Sie Papier- und Seifenspender auf ______ und putzen die WCs, die Waschbecken und den Boden. ______

◆ (Er fragt nach, wo er die Arbeits- und Putzmittel findet.)

______

● Ach, richtig. Das hatte ich ganz vergessen zu sagen. Die Arbeits- und Putzmittel finden Sie im Geräteraum. Dort sind auch die Dinge, die Sie für die Pflege der Außenanlagen brauchen: Jetzt im Winter müssen Sie bei Bedarf auch Schnee räumen ______ und die Wege streuen. ______ Haben Sie denn Erfahrung mit dem Winterdienst?

◆ (Er drückt sein Bedauern aus und sagt, dass er das noch nie gemacht hat.)

______

● Nun, Herr Lelic wird Sie einarbeiten. Ich werde ihm Bescheid geben.

1

2

3

4

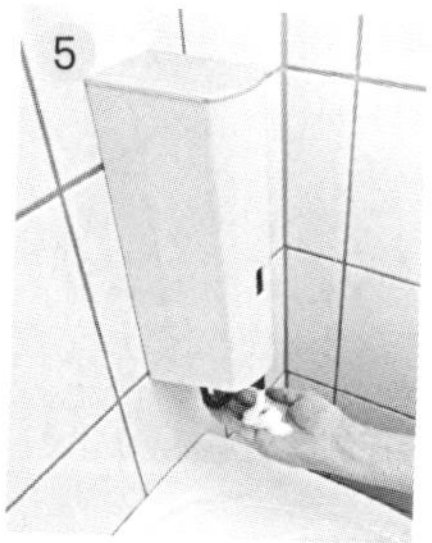
5

6

7

8

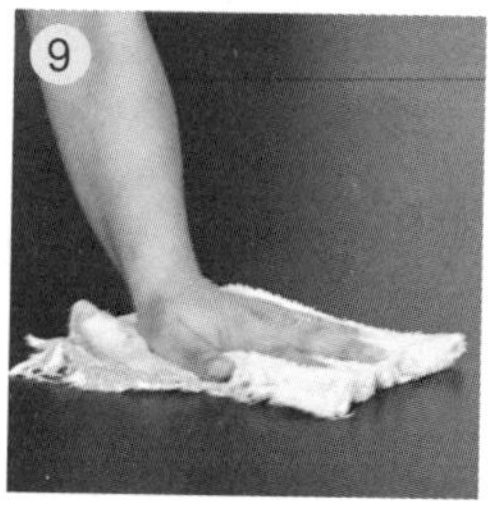
9

b Wie formuliert Herr Saller seine Fragen?
Wählen Sie die passenden Redemittel aus dem Kursbuch auf Seite 15 und schreiben Sie.

c **Lesen Sie den Text noch einmal und beantworten Sie die Fragen.**

1. Für welche Stockwerke ist Herr Saller zuständig?
2. Was soll er mit den Pflanzen machen?
3. Wie oft muss Herr Saller die Sanitäranlagen reinigen?
4. Wo sind die Arbeitsgeräte, die Herr Saller braucht, damit er die Außenanlagen pflegen kann?
5. Wer erklärt Herrn Saller, was er im Winter tun muss?

12 | a **Lesen Sie den Text. Korrigieren Sie dann die Sätze 2 bis 5.** S. 15, C2 *Lesen / Landeskunde*

Hatice Aysin …

1. arbeitet als ~~Gebäudereinigerin~~. Gebäudereiniger-Meisterin
2. ist Mitte zwanzig und in der Firma ihres Bruders beschäftigt.
3. hält die Ausbildung zum Gebäudereiniger für zu kurz.
4. sagt, dass Maschinen für das Gebäudereiniger-Handwerk nicht so wichtig sind.
5. will Betriebswirtschaft studieren, weil sie sich nicht mehr für Gebäudereinigung interessiert.

Sie will hoch hinaus: Hatice Aysin – Meisterin mit viel Mut und Ehrgeiz

„Vor großen Höhen darf man in meinem Beruf natürlich keine Angst haben", lacht Hatice Aysin, während sie prüft, ob ihr Sicherheitsgeschirr richtig geschlossen ist. Dann fährt sie mit einer Hebebühne an der Fassade eines Gebäudes aus Glas steil nach oben und beginnt, mit kräftigen Armbewegungen die Fensterscheiben zu säubern.

Die 25-jährige Türkin arbeitet als Gebäudereiniger-Meisterin im Betrieb ihres Vaters. „Viele Leute denken, dass Gebäudereinigung ein Job ist, für den man keine Ausbildung braucht. Das stimmt aber nicht. Wir Gebäudereiniger absolvieren wie Bäcker, Friseure oder Mechatroniker eine dreijährige handwerkliche Ausbildung, die sehr anspruchsvoll ist und mit einer Gesellenprüfung abgeschlossen wird."

Wie alle anderen rund 350 anerkannten Ausbildungsberufe in Deutschland ist auch die Ausbildung zum Gebäudereiniger dual. Dual heißt, dass die Ausbildung sowohl in einem Betrieb als auch in der Berufsschule stattfindet. „Im Betrieb habe ich vor allem praktische Dinge gelernt. Zum Beispiel, wie ich mit den schweren Maschinen umgehe, die für unsere Arbeit mittlerweile eine riesige Rolle spielen." In der Berufsschule wurde Hatice dagegen eher theoretisches Wissen vermittelt. „Dort habe ich beispielsweise gelernt, was man bei der Reinigung wertvoller Teppiche beachten muss oder wie verschiedene Verkehrsmittel gereinigt werden."

Das duale Ausbildungssystem gibt es in allen deutschsprachigen Ländern und ist weltweit anerkannt. Viele Bildungsexperten im In- und Ausland glauben, dass die Jugendarbeitslosigkeit in Deutschland, Österreich und in der Schweiz dank der dualen Ausbildung so niedrig ist. Deshalb bilden inzwischen auch andere Länder dual aus oder wollen es in Zukunft tun.

An Hatice sieht man, dass es auch nach Ausbildungsende berufliche Entwicklungsmöglichkeiten gibt. Nachdem sie die Gesellenprüfung mit der Note „sehr gut" bestanden hatte, bildete sie sich zur Gebäudereiniger-Meisterin weiter. Die junge, ehrgeizige Türkin will aber noch höher hinaus: „Weil ich später einmal den Betrieb meines Vaters übernehmen möchte, brauche ich sehr gute betriebswirtschaftliche Kenntnisse. Deshalb werde ich ab Herbst BWL studieren. Ich habe zwar „nur" einen Hauptschulabschluss, aber mit dem Meisterbrief in der Tasche darf ich trotzdem an die Uni", erzählt sie stolz und lässt sich von der Hebebühne noch ein Stück weiter nach oben bringen.

b Lesen Sie den Text noch einmal und ergänzen Sie die Informationen.

1. Die Ausbildung zum Gebäudereiniger (oder zum Bäcker, Friseur, Mechatroniker etc.) dauert ……………………… Jahre.
2. Nach dieser Zeit müssen die Auszubildenden eine Prüfung ablegen: die ……………………… .
3. Eine Ausbildung im handwerklichen oder in einem anderen Bereich macht man in einem ……………………… und in einer ……………………… .
4. Dieses Ausbildungssystem, das den Erwerb von praktischem und theoretischem Wissen verbindet, nennt man ……………………… .
5. Zurzeit gibt es in Deutschland ungefähr 350 ……………………… .
6. Wenn man die Gesellenprüfung bestanden hat, kann man sich zum ……………………… fortbilden.
7. Hat man die Meisterprüfung erfolgreich abgelegt, darf man ……………………… – auch ohne Abitur zu haben.

13 | a Lesen Sie die Redemittel im Schüttelkasten und ordnen Sie sie zu. S. 15, C2 *Redemittel*

Entschuldigen Sie, das habe ich leider nicht gewusst. | Geht in Ordnung. | Darf ich fragen, was genau Sie damit meinen? | Ja, das ist klar. | Oh, das tut mir leid. Das habe ich völlig vergessen! | Verstehe ich Sie richtig? Bedeutet das, dass …?

zustimmen / Verstehen signalisieren ☺	Bedauern ausdrücken ☹	nachfragen (?)

b Was passt? Lesen Sie und ergänzen Sie.

1. ● Haben Sie nicht gewusst, dass Sie für die Reinigung der Bildschirme ein spezielles Tuch verwenden müssen?
   ◆ ☹ ………………………
   ● Dann wissen Sie es jetzt!
2. ● Ihnen ist klar, dass Sie für diese Tätigkeit absolut schwindelfrei sein müssen?
   ◆ Schwindelfrei? (?) ………………………
   ● Nun, damit meine ich, dass Sie keine Höhenangst haben dürfen.
3. ● Für diese Arbeit ziehen Sie bitte Handschuhe an, o.k.?
   ◆ ☺ ………………………
4. ● Ich weiß, dass Sie das nicht gern hören. Aber Herr Dupré ist krank. Sie müssen deshalb seine Aufgaben übernehmen.
   ◆ (?) ……………………… ich am Wochenende arbeiten muss?
   ● Ja, so ist es.

5. ● Bitte wählen Sie für diese Arbeit das richtige Werkzeug. Sonst machen Sie die Oberflächen kaputt, verstehen Sie?
   ◆ ☺ ....
6. ● Ich hatte Sie gestern gebeten, mich noch einmal anzurufen. Was war denn los mit Ihnen?
   ◆ ☹ ....
   ● Nun ja. Denken Sie bitte beim nächsten Mal daran.

14 | a Lesen Sie die Anzeige der Gebäudereinigung TipTop GmbH und ergänzen Sie die fehlenden Adjektivendungen. S. 15, C3 *Adjektivdeklination*

Alles aus einer Hand und nach Ihren Wünschen:
Die Gebäudereinigung TIPTOP GmbH liefert sauber..... Arbeit (1) zu niedrig..... Preisen (2)

Unsere Zuverlässigkeit und unser groß..... fachlich..... Wissen (3) sind der Grund für unseren Erfolg. Wir stehen für eine langjährig..... Erfahrung (4) und eine sauber..... Arbeitsweise (5) rund um Ihr Gebäude. Unsere Dienstleistungen im Überblick:

Unterhaltsreinigung
Mit unserer günstig..... und professionell..... Unterhaltsreinigung (6) stellen wir die Pflege der Innen- und Außenbereiche Ihres Betriebes sicher. Damit Sie und Ihre Mitarbeiter sich an Ihrem Arbeitsplatz wohlfühlen und Ihr Betrieb seinen Wert behält.

Glasreinigung
Eine gepflegt..... Fassade (7) und sauber..... Fenster (8) sind die Visitenkarte Ihres Betriebs. Mit umweltschonend..... Reinigungsmitteln (9) und Technologien garantieren wir Ihnen und Ihren Kunden Sauberkeit auf höchst..... Niveau (10).

Treppenhausreinigung
Das Treppenhaus ist oft der erst..... Eindruck (11), den Ihr Kunde, Geschäftspartner oder Gast von Ihnen und Ihrem Betrieb erhält. Was auch immer Ihr Treppenhaus an Pflege benötigt: Wir haben die Erfahrung und die Mittel, um auf die unterschiedlichst..... Bodenbeläge und Pflegebedürfnisse (12) einzugehen.

Als Ihr Dienstleister entwickeln wir für Ihr Gebäude das passend..... Reinigungskonzept (13) und planen gemeinsam mit Ihnen den Umfang und die Häufigkeit sowie den Zeitpunkt der Reinigung. Nehmen Sie mit uns Kontakt auf!

b Lesen Sie die Situation. Formulieren Sie dann anhand der Punkte 1 bis 4 ein Schreiben an die TipTop GmbH. (★★★) = schwierig S. 15, C3 *Schreiben*

Sie arbeiten im Büro einer Grundschule mit 360 Schülerinnen und Schülern und 20 Lehrkräften. Der Schulleiter hat Sie gebeten, die Gebäudereinigungsfirma TipTop GmbH zu kontaktieren und einige Fragen vorab zu klären.

1. Erklären Sie, wer Sie sind und dass Sie auf der Suche nach einer Firma sind, die die Räumlichkeiten der Schule (Eingangsbereich, Klassen- und Lehrerzimmer, Treppenhaus) fünfmal wöchentlich am Nachmittag reinigt – mit Ausnahme der Schulferien, in denen die Räumlichkeiten nicht so oft gereinigt werden müssen.
2. Schreiben Sie, dass das Gebäude sehr viele Fenster hat und fragen Sie, wie oft diese nach Ansicht der Reinigungsfirma geputzt werden sollten.
3. Erkundigen Sie sich, ob die Firma schon Erfahrungen mit der Reinigung von Kunsträumen, Sporthallen und Sportgeräten sowie der Pflege von Außenanlagen (Sportplätzen, Pausenhöfen) hat.
4. Achten Sie auf die richtige Anrede und wählen Sie die passende Grußformel am Ende Ihres Schreibens.

Lernwortschatz

S. 12 | Sorin Mateis' erster Arbeitstag

Nomen

das Arbeitsklima (Sg.)
der Arbeitstag, -e
das Bürogebäude, -
der Eindruck, ¨-e
Personelles (Sg.)
der Rundgang, ¨-e
der Zeitdruck (Sg.)

Verben

eine Stelle antreten*
einen guten/schlechten Eindruck machen bei (+ Dat.)

Adjektive

(gut/schlecht) gekleidet

weitere Wörter

bis auf Weiteres

S. 13 | A Ratschläge verstehen und geben

Nomen

der Abteilungsleiter, - / die Abteilungsleiterin, -nen
der Ansprechpartner, - / die Ansprechpartnerin, -nen
der Arbeitgeber, - / die Arbeitgeberin, -nen
der Arbeitnehmer, - / die Arbeitnehmerin, -nen
die Arbeitskleidung (Sg.)
das Arbeitsverhältnis, -se
die Arbeitszeit, -en
die Betriebsvereinbarung, -en
die Formalität, -en
das Führungszeugnis, -se
die Gleitzeit (Sg.)
die Hierarchie, -n
die Kernarbeitszeit (meist Sg.)
der Kommunikationsstil, -e
die Kopie, -n
die Krankenversicherungskarte, -n
die Mittagspause, -n
die Motivation (Sg.)
die Pausenregelung, -en
die Pflicht, -en
der Rat(schlag), Ratschläge
das Recht, -e
die Regelung, -en
der Sozialversicherungsausweis, -e
die Spielregel, -n
die Steueridentifikationsnummer, -n
der Tarifvertrag, ¨-e
die Überstunde, -n
die Unterlagen (meist Pl.)
die Verwaltung (meist Sg.)
der/die Vorgesetzte, -n

Verben

ankommen* auf (+ Akk.)
sich anpassen (+ Dat.) / an (+ Akk.)
beantworten
beobachten
berücksichtigen
bestehen* (das Arbeitsverhältnis besteht seit ...)
erwarten
einen Rat(schlag) geben* (+ Dat.)
genehmigen
sich halten* an (+ Akk.)
Augen und Ohren offen halten*
nachfragen wegen (+ Gen. / bei + Dat.)
regeln
umgehen* mit (+ Dat.)
zugehen* auf (+ Akk.)

Adjektive

interessiert
sachlich
verbindlich

S. 14 | B Formalitäten und Regelungen verstehen

Nomen

der Ablauf, ¨-e
die Anweisung, -en
das Notwendigste (Sg.)
die Regel, -n (in der Regel)

Verben

besprechen*
unterstützen

Adjektive

frühzeitig
zeitlich

Welche Wörter möchten Sie noch lernen? Notieren Sie:

TIPP

Sie verstehen ein wichtiges Wort nicht, beispielsweise *Tarifvertrag*?
Suchen Sie die Bedeutung in einem einsprachigen Wörterbuch.

Notieren Sie zu dem Begriff auch typische Verbindungen, zum Beispiel Verben:

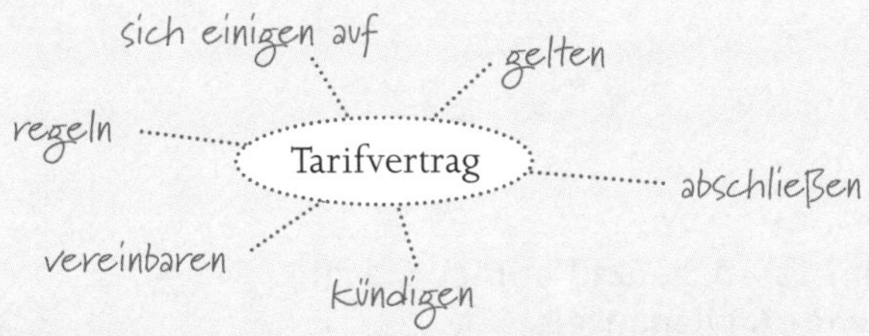

Typische Verbindungen finden Sie im Wörterbuch oder auch im Internet.

Tarifvertrag der, -(e)s, Tarifverträge *schriftliche Vereinbarung zwischen Gewerkschaft und Arbeitgebern bzw. Arbeitgeberverband über die Höhe der Löhne und Gehälter, die Arbeitgeber Arbeitnehmern zahlen müssen.*

Lektion 3

A eine Stellenanzeige verstehen

1 **Was passt nicht? Streichen Sie.** S. 17, A1a *Wortschatz*

1. Bewerbungsanschreiben – Foto – ~~Geburtsurkunde~~ – Lebenslauf
2. Arbeitszeugnisse – Bescheinigungen über Praktika und Fortbildungen – Pass – Abschlusszeugnisse (Schule/Studium)
3. Mietvertrag – Qualifikation – Bewerbungsmappe – Stellenanzeige

2 **Welches Wort passt? Ordnen Sie zu.** S. 17, A1a *Wortschatz*

Kundenberatung | Warenpräsentation | Qualitätskontrolle | abgeschlossene Berufsausbildung | Qualifikation | Berufserfahrung | selbstständiges Arbeiten | gepflegte Umgangsformen | Flexibilität | ~~Teamfähigkeit~~

Daphne Nikopolidou …

1. arbeitet gern und gut mit anderen Menschen zusammen. Teamfähigkeit
2. passt sich leicht z. B. an wechselnde Arbeitszeiten an. ……
3. hat einen Beruf gelernt und eine Abschlussprüfung bestanden. ……
4. hat schon oft an der Kasse gearbeitet. ……
5. baut Produkte im Geschäft oder im Schaufenster so auf, dass sie gut aussehen und auffallen. ……
6. kann das neueste Programm für die Bestellung der Waren bedienen und kann dies durch ein Zeugnis nachweisen. ……
7. überprüft, ob die Waren in Ordnung sind. ……
8. arbeitet allein, ohne fremde Hilfe. ……
9. informiert Kunden über Produkte. ……
10. hat ein gutes Benehmen. ……

3 | a **Welche Anzeige passt zu welcher Person? Lesen Sie und ordnen Sie zu. Es gibt nicht für jede Person eine passende Stellenanzeige.** S. 17, A1b *Lesen*

1. Melis Esiyok hat die Schule beendet und möchte gern in der Küche arbeiten.
Anzeige A

2. Michael Weise hat seine Lehre als Koch erfolgreich abgeschlossen und möchte gern in einem italienischen Restaurant arbeiten.
Anzeige ……

3. Diego Álvarez Sánchez ist Lkw-Fahrer und fährt beruflich und privat gern neue Autos.
Anzeige ……

4. Albina Volkova ist Pflegefachkraft, hat jedoch keinen Führerschein.
Anzeige ……

5. Paula Schulze ist Studentin und sucht einen Job für den Abend.
Anzeige ……

6. Henry Smith hat seine Ausbildung zu Pflegefachkraft abgeschlossen und gerade seinen Führerschein gemacht. Er möchte 30 Stunden pro Woche arbeiten.
Anzeige ……

A

Küchenhilfen (m/w) für den Kantinenbereich in Berlin gesucht.

Ihre Aufgaben:
- Vorbereitung, Zubereitung und Anrichten von Speisen
- Tätigkeiten im Service

Ihr Profil:
- Erfahrung in der Küche von Vorteil
- Zuverlässigkeit, Belastbarkeit, Flexibilität und Teamfähigkeit

Bei Interesse richten Sie Ihre Bewerbung an:
Hotel Ausblick, Geraer Straße 1, 10908 Berlin

B

Für unser Restaurant suchen wir zur Ergänzung unseres Teams **eine/-n Koch/Köchin** in Vollzeit.

Wir gehören zu den besten Lokalen Solingens im Bereich deutscher Küche. Wir suchen einen ehrgeizigen, lernwilligen und stresserprobten Koch, der selbstständig arbeitet.

Bewerbung bitte an: Landhaus Seeblick,
An der Uferpromenade 1a, 14122 Berlin

C

Wir suchen ab sofort oder später **Taxifahrer/-innen** in Voll- oder Teilzeit. Die Arbeitszeit kann individuell gestaltet werden. Voraussetzungen: gültiger Taxi-/Personenbeförderungsschein, Flexibilität und Zuverlässigkeit.

Bei Interesse nehmen Sie bitte telefonisch Kontakt auf unter 0 23 23/2 22 22.

D

Weiterbildung zum/zur **LKW-Fahrer/-in** (Pkw/Lkw) inkl. aller Führerscheine. Kostenübernahme vom Job-Center. Wir helfen bei Antragstellung. Sie fahren mit modernsten Fahrzeugen und wir vermitteln Sie 100 % in den Job.

Kostenlose Info: Kfz-Kommerz,
Tel.: 030-3 64 17 48 14

E

Wir suchen zur Verstärkung unseres Teams zum nächstmöglichen Termin **Pflegefachkräfte** m/w Vollzeit, Teilzeit (75 %) oder Aushilfe.

Anforderungen:
- Abgeschlossene Berufsausbildung als Altenpfleger/-in
- Berufserfahrung von mindestens 2 Jahren – möglichst in der häuslichen Krankenpflege
- Sie besitzen Fach- und Sozialkompetenz und sind aufgeschlossen, in einem motivierten Team zu arbeiten
- Pkw-Führerschein

Wir bieten Ihnen:
- einen modernen Fuhrpark und Diensthandy
- die Möglichkeit, auf Ihre individuellen Arbeitszeitwünsche einzugehen

Weitere Informationen unter: Tel. 08 79-55 67 74

F

Für ein Pflegeheim in der Nähe von Münster wird ab sofort ein/-e **Altenpfleger/-in** in Vollzeit unbefristet gesucht.

Stellenbeschreibung:
- Versorgung pflegebedürftiger Patienten
- Schichtdienst in 3 Schichten

Anforderungen:
- abgeschlossene Berufsausbildung als Pflegefachkraft bzw. Krankenschwester/-pfleger
- selbstständiges Arbeiten und Zuverlässigkeit

Bei Interesse bewerben Sie sich bitte bei der:
Agentur für Arbeit Münster, Frau Fröhlich,
Landstraße 14, 44091 Münster

G

Wir suchen zuverlässige **Mitarbeiter für unser Restaurant,** auch ohne Berufserfahrung, Teilzeit, für den Abend mit Lust am Beruf, gern weiblich,
Tel. 0163-8 99 87 76

b In welchen Anzeigen werden diese Voraussetzungen genannt? Unterstreichen Sie in den Anzeigen und kreuzen Sie an.

Abgeschlossene Berufsausbildung	A ☐	B ☐	C ☐	D ☐	E ☒	F ☒	G ☐
Führerschein	A ☐	B ☐	C ☐	D ☐	E ☐	F ☐	G ☐
Berufserfahrung	A ☐	B ☐	C ☐	D ☐	E ☐	F ☐	G ☐
Zuverlässigkeit	A ☐	B ☐	C ☐	D ☐	E ☐	F ☐	G ☐
Teamfähigkeit	A ☐	B ☐	C ☐	D ☐	E ☐	F ☐	G ☐
Flexibilität	A ☐	B ☐	C ☐	D ☐	E ☐	F ☐	G ☐
Selbstständiges Arbeiten	A ☐	B ☐	C ☐	D ☐	E ☐	F ☐	G ☐

4 **Lesen Sie die Sätze. Schreiben Sie die markierten Sätze in die Tabellen.** S. 17, A2 *Kausale Satzverbindungen*

1. Ich bewerbe mich auf die Stellenanzeige, weil ich alle erforderlichen Qualifikationen habe.
2. Ich bewerbe mich auf die Stellenanzeige. Denn ich habe alle erforderlichen Qualifikationen.
3. Ich bewerbe mich auf die Stellenanzeige. Ich habe nämlich alle erforderlichen Qualifikationen.
4. Ich habe alle erforderlichen Qualifikationen. Deshalb bewerbe ich mich auf die Stellenanzeige.

	Nebensatz		
	Konjunktion	weitere Satzteile	Verb
Ich bewerbe mich auf die Stellenanzeige,	**weil**		

Hauptsatz				
Position 0	Position 1	Verb	Position 3: nach dem Verb	weitere Satzteile
Denn				
			nämlich	
	Deshalb			

5 **Lesen Sie den Artikel und ergänzen Sie.** S. 17, A2 *Kausale Satzverbindungen*

denn | deshalb | nämlich | weil

Die vier wichtigsten „Soft Skills"

Teamfähigkeit gehört zu den wichtigsten „weichen" Qualifikationen eines Bewerbers, ______ (1) heutzutage meistens im Team gearbeitet wird. Ein Team, das Aufgaben zusammen löst, ist ______ (2) viel erfolgreicher als eine Gruppe von Individualisten. ______ (3) wird Teamfähigkeit bei den meisten Stellenanzeigen verlangt.

Ein anderer „Soft Skill" ist die **Kommunikationsfähigkeit**, ______ (4) ohne sie die Arbeitsabläufe nicht funktionieren. Zur Kommunikationsfähigkeit gehört nicht nur, dass man klar sagt, was man möchte, sondern auch das Zuhören, ______ (5) man muss auch genau verstehen, was andere wollen.

Auch die **Organisationsfähigkeit** eines Bewerbers ist wichtig, ______ (6) die meisten Menschen in ihrem Beruf sehr viele Aufgaben in kurzer Zeit erledigen müssen. ______ (7) muss man, wenn sehr viel zu tun ist, das Wichtigste zuerst erledigen und unwichtige Arbeiten dann machen, wenn weniger zu tun ist.

Die **Flexibilität** eines Bewerbers ist eine wichtige Qualifikation, ______ (8) es in den Unternehmen ständig Veränderungen gibt. ______ (9) müssen die Mitarbeiter immer wieder Neues dazulernen.

6 **Das sollten Sie bei einem Vorstellungsgespräch besser nicht sagen! Bilden Sie Sätze.** S. 17, A2 *Kausale Satzverbindungen*

Ich möchte gern in Ihrem Unternehmen in Kiel arbeiten

1. weil – mein Arbeitgeber kurz vor dem Konkurs stehen
2. nämlich – mein/-e Lebenspartner/-in eine Stelle in Kiel haben
3. denn – die Lebenshaltungskosten bei uns in München zu hoch sein
4. nämlich – dringend irgendeine Stelle brauchen
5. weil – Streit mit dem jetzigen Chef haben
6. denn – an meinem jetzigen Arbeitsplatz nur unsympathische Kollegen haben
7. weil – hier die Arbeit nicht so stressig sein

1. ..., weil mein Arbeitgeber kurz vor dem Konkurs steht.

7 | a Was ist für Sie bei einer Arbeitsstelle wichtig? Kreuzen Sie an. S. 17, A2 *Kausale Satzverbindungen*

- ☐ tägliche Arbeitszeit: Beginn/Ende
- ☐ Teilzeit/Vollzeit
- ☐ passend zur Ausbildung
- ☐ kurzer Weg zur Arbeit
- ☐ guter Verdienst: Lohn/Gehalt
- ☐ sicherer Arbeitsplatz, unbefristetes Arbeitsverhältnis
- ☐ Arbeiten im Team
- ☐ Spaß an der Arbeit
- ☐ ....

b Begründen Sie Ihre Entscheidung zu allen Punkten. Schreiben Sie Sätze mit *denn, weil, nämlich, deshalb*.

Ich habe kleine Kinder. Deshalb ist für mich die tägliche Arbeitszeit wichtig.

B ein Anschreiben und ein Vorstellungsgespräch verstehen

8 | a Welches Wort passt zu welchem Abschnitt?
Lesen Sie und ergänzen Sie die Buchstaben B bis K. S. 18, B1a *Textbausteine*

~~**A** Adresse des Empfängers~~ | **B** Einleitung | **C** Schluss | **D** Absender | **E** Ort/Datum | **F** Hauptteil | **G** Anlage | **H** Betreff | **I** Anrede | **J** Unterschrift | **K** Gruß

..... Lara Rau | Bachweg 3 | 51373 Bonn | Tel. 0228/35 49 12 00 | lrau@lgmx.de

..... Über eine Einladung zu einem Vorstellungsgespräch würde ich mich sehr freuen.

..... Ihre Anzeige im Bonner Generalanzeiger vom 23.9. hat mein Interesse sofort geweckt. Weil ich gerne in einem kleinen Fachgeschäft arbeiten würde und die erforderlichen Voraussetzungen für die Stelle mitbringe, möchte ich mich bei Ihnen als Modefachverkäuferin bewerben.

..... *Lara Rau*

..... Lebenslauf, Zeugnisse

..... Bewerbung als Modefachverkäuferin

..... Meine Ausbildung als Modefachverkäuferin habe ich in Italien absolviert. Anschließend war ich zwei Jahre in einem kleinen Modegeschäft in Mailand tätig. Vor einem Jahr bin ich nach Köln gezogen. Seitdem bin ich dort in einem großen Kaufhaus beschäftigt und für die Bestellung und Annahme von Waren zuständig. Zu meinen Aufgaben gehören auch die Warenpräsentation und die Kundenbetreuung.

..... Bonn, den 25.09.20..

..... Sehr geehrter Herr Löwenfeld,

..... Mit freundlichen Grüßen

A ML Mode
z.Hd. Herrn Markus Löwenfeld
Hauptstr. 7
51373 Bonn

b Wohin genau gehören die Textbausteine aus a?
Nehmen Sie ein Blatt Papier und skizzieren Sie die richtige Reihenfolge.

Absender

Adresse des Empfängers

9 **Formulieren Sie typische Sätze in einem Anschreiben.** S. 18, B1a *Satzbau*

1. Meine Ausbildung im Einzelhandel / ich / vor einem Jahr / erfolgreich / abschließen
2. Seitdem / bei einer großen Lebensmittelfiliale / sein / ich / tätig / in Frankfurt
3. Dort / arbeiten / als Verkäufer / ich
4. Meine Hauptaufgabe / die Beratung / sein / von Kunden
5. ich / zuständig für / die Annahme und die Bestellung von Waren / sein / Außerdem
6. Meine Arbeit / mir, / gefallen / / habe / ich / weil / gerne / Kundenkontakt
7. Gute Deutschkenntnisse / wichtig / sein / für meine Tätigkeit als Verkäufer
8. Deshalb / zu einem Deutschkurs / ablegen / anmelden / im letzten Jahr / und / die B2-Prüfung / ich

1. Meine Ausbildung im Einzelhandel habe ich vor einem Jahr erfolgreich abgeschlossen.

10 **Was passt? Überfliegen Sie den Lebenslauf und ergänzen Sie.** S. 18, B1a *Wortschatz / Landeskunde*

EDV-Kenntnisse | ~~E-Mail-Adresse~~ | Familienstand | Schulbildung / Studium | Sprachkenntnisse | Staatsangehörigkeit | Weiterbildung

LEBENSLAUF

PERSÖNLICHE DATEN

Name	Jeanette Winter
Adresse	Bahnhofstr. 44, 65195 Wiesbaden
Telefon	0611 / 34 25 12 98
E-Mail-Adresse	j.winter@lgmx.de
....	ledig
....	deutsch
Geburtsdatum / -ort	13. November 1989 in Marburg
....	
2008 – 2011	Studium im Fachbereich Wirtschaft, Fachhochschule Gießen-Friedberg
2006 – 2008	Landschulheim Steinmühle, Marburg *(Abschluss: Abitur)*
1999 – 2006	Gesamtschule Kirchhain, Kirchhain
1995 – 1999	Grundschule Südschule, Stadtallendorf
....	
seit 09/2011	Qualifikation zur Werbekauffrau, Privates Institut für Marketing, Wiesbaden *(Abschluss: Juli 2013)*

BERUFSERFAHRUNG

10/2012 – 03/2013	Praktikantin im Bereich Marketing bei der Reisen und Urlaub GmbH, Wiesbaden
09/2011 – 07/2012	Telefoninterviewerin beim Institut für Konsumforschung
08/2008 – 07/2011	Flugbegleiterin auf Zeit bei der Condor Flugdienst GmbH, Kelsterbach
07/2005, 2006, 2007	Ferientätigkeit im Versand bei der Schoppe AG, Stadtallendorf
....	Englisch in Wort und Schrift Französisch Grundkenntnisse
....	Word, Excel, PowerPoint InDesign Grundkenntnisse
Wiesbaden, 2. April 2013	Jeanette Winter

11 Was passt? Lesen Sie und ergänzen Sie.

S. 18, B1 a **Lesen / Landeskunde**

Monat und Jahr | Lebenslauf | Ausbildung | Unterschrift | ~~Berufserfahrung~~ | Muttersprache | Persönliche Daten | Foto

1. Ein Lebenslauf sollte eine Seite lang sein. Wenn jemand viel Berufserfahrung hat, können es auch zwei Seiten sein.
2. In Deutschland ist es üblich, auf den Lebenslauf ein ________ von sich anzubringen. Darauf sollte man freundlich aussehen und gut gekleidet sein. Am besten lässt man es von einem Fotografen machen.
3. Wichtig bei einem Lebenslauf ist, dass man die Informationen zur Person, zu ihrer ________ und ihrer beruflichen Laufbahn schnell findet.
4. Deshalb gibt es in einem Lebenslauf verschiedene Überschriften wie zum Beispiel „Berufserfahrung", „________", „Schulbildung/Ausbildung" und andere.
5. Bei Zeitangaben im Lebenslauf ist es am besten, wenn man den Zeitraum mit ________ angibt: „09/20.. bis 12/20..: Praktikum bei der Firma Kranz GmbH".
6. Ein ________ muss „lückenlos" sein: Auch wenn man eine Zeitlang nicht gearbeitet hat, sollte man das angeben und erklären, was man in dieser Zeit getan hat.
7. Sprachkenntnisse kann man mit den Ausdrücken „________", „fließend", „(sehr) gut" oder „Grundkenntnisse" beschreiben.
8. Zu einem Lebenslauf gehören am Schluss auch die Angabe des Ortes, des Datums und die ________.

12 Schreiben Sie Ihren Lebenslauf. Die Punkte 1 bis 4 helfen Ihnen dabei.

S. 18, B1 a **Schreiben**

1. Orientieren Sie sich am Aufbau und Inhalt des Lebenslaufs von Maria Carreras (Kursbuch S. 16).
2. Wählen Sie zur Strukturierung Ihres Lebenslaufs nur die Überschriften aus, die für Sie von Bedeutung sind: Persönliche Daten, Schulbildung/Ausbildung, Berufserfahrung, Praktika, Weiterbildung, Sprachkenntnisse, EDV-Kenntnisse und Hobbys.
3. Haben Sie an alles gedacht? Vergleichen Sie Ihren Lebenslauf mit den Informationen aus 11 b.
4. Lassen Sie Ihren Lebenslauf von einem Muttersprachler korrigieren.

13 Lesen Sie und ergänzen Sie die passende Präposition.

S. 18, B1 b **Präpositionen**

auf | an | bei | für | im | im | ~~mit~~ | mit | zu | zum / als

Mit (1) Interesse habe ich Ihre Stellenanzeige ________ (2) Ihrer Webseite gelesen. Meine Ausbildung ________ (3) Hotelfachmann habe ich gerade erfolgreich abgeschlossen. Da ich denke, dass ich gut ________ (4) Ihrem Unternehmen passe, möchte ich mich ________ (5) Ihnen bewerben. Während meiner Ausbildung hat mir der Umgang ________ (6) Hotelgästen großen Spaß gemacht, vor allem auch, wenn ich meine Fremdsprachenkenntnisse einsetzen konnte. Gerne habe ich ________ (7) der Rezeption und ________ (8) Service gearbeitet. Ich interessiere mich sehr ________ (9) die Hotellerie und arbeite gerne und erfolgreich ________ (10) Team.

14 Lesen Sie und vergleichen Sie mit dem Anschreiben in 13. Welche Voraussetzungen erwähnt der Bewerber nicht? Finden Sie drei Beispiele. ★★★

S. 18, B1 b **Lesen / Schreiben**

1. ________
2. ________
3. ________

Ihr Profil:
- Ihre Ausbildung im Hotelfach haben Sie erfolgreich abgeschlossen.
- Sie verfügen über mehrjährige Berufserfahrung.
- Sie achten auf ein gepflegtes Aussehen und haben sichere Umgangsformen gegenüber unseren Gästen.
- Sie lieben es, selbstständig zu arbeiten.
- Sie identifizieren sich mit unserer Hotelkette und haben gute Kenntnisse in Englisch, einer weiteren Fremdsprache sowie allen MS-Office-Anwendungen.

15 **Lesen Sie die Fragen. Welche Antwort passt? Ergänzen Sie die Buchstaben A–H.** S. 18, B2 a **Redemittel**

1. Guten Tag. Mein Name ist Brandl. Es freut mich, Sie kennenzulernen. Haben Sie denn gut zu uns gefunden? Antwort E
2. Bitte setzen Sie sich. Darf ich Ihnen einen Kaffee oder ein Glas Wasser anbieten? Antwort ......
3. Aus Ihrer Bewerbung geht hervor, dass Sie als Kundenberaterin bei *Serviceplus* arbeiten. Was sind denn genau Ihre Aufgaben dort? Antwort ......
4. Worin sehen Sie Ihre Stärken? Antwort ......
5. Warum möchten Sie sich beruflich verändern? Antwort ......
6. Warum interessieren Sie sich für eine Stelle in unserer Firma? Antwort ......
7. Wann könnten Sie denn bei uns anfangen? Antwort ......
8. Haben Sie noch Fragen? Antwort ......

A Ich bin schon seit fünf Jahren in meiner jetzigen Position. Das ist eine lange Zeit und ich würde gern etwas Neues ausprobieren und mich weiterentwickeln.
B Ich denke, ich kann gut mit anderen Menschen umgehen. Außerdem arbeite ich sehr genau und bin äußerst zuverlässig.
C Ja. Mich würde zum Beispiel interessieren, welche Entwicklungsmöglichkeiten es für mich geben würde?
D Meine Kündigungsfrist beträgt sechs Wochen. Ich könnte also am 1. Juli beginnen.
~~E~~ Oh ja, das war ganz leicht und ging auch schnell. Ich wohne ja nicht so weit von hier entfernt.
F Ihre Firma ist in der Entwicklung von neuen Produkten sehr erfolgreich. Das finde ich sehr interessant. Deshalb habe ich mich bei Ihnen beworben.
G Vielen Dank. Ich nehme gern ein Glas Wasser.
H Ich bin vor allem für die Betreuung und Beratung von unseren Hauptkunden verantwortlich. Das bedeutet, dass ich viel telefoniere, Fragen per E-Mail beantworte und manchmal auch zu unseren Kunden reise.

16 | a **Ergänzen Sie das richtige Fragepronomen.** S. 18, B2 b **Fragepronomen**

	A	B
1. Wie oft bieten Sie Fortbildungen für Ihre Mitarbeiter an?	☐	☐
2. ...... Gehaltsvorstellungen haben Sie?	☐	☐
3. ...... sind denn die Arbeitszeiten?	☐	☐
4. Seit ...... ist die Stelle frei?	☐	☐
5. ...... möchten Sie noch über uns wissen?	☐	☐
6. ...... würde denn ein typischer Arbeitstag aussehen?	☐	☐
7. Aus ...... Grund haben Sie sich entschieden, diese Ausbildung zu machen?	☐	☐
8. ...... dauert es, bis ich wieder von Ihnen höre?	☐	☐
9. ...... besonderen Kenntnisse haben Sie, die gerade Sie für diese Stelle qualifizieren?	☐	☐

b **Wer fragt das? Der Arbeitgeber (A) oder der Bewerber (B)? Kreuzen Sie in a an.**

17 **Zu diesen Themen muss man in einem Vorstellungsgespräch keine Auskunft geben. Ergänzen Sie.** S. 18, B2 c **Landeskunde**

Betriebsrat | Verhältnisse | Zugehörigkeit | Schwangerschaft | Orientierung

1. aktuelle oder geplante ......
2. religiöse ......
3. Zugehörigkeit zum ......
4. politische ......
5. finanzielle ......

C Anschreiben verfassen, Vorstellungsgespräch führen

18 Welcher Textbaustein passt zur Frage? Ergänzen Sie die Buchstaben A–E. S. 19, C1 *Textbausteine*

1. Wo habe ich die Anzeige gelesen? Textbaustein ......
2. Warum bin ich für die Stelle besonders geeignet? Textbaustein ......, ...
3. Welche Kenntnisse und Erfahrungen habe ich, die für die Stelle wichtig sind? Textbaustein B
4. Wie soll es weitergehen? Textbaustein ......

A Die Stellenausschreibung passt sehr gut zu meinem bisherigen Werdegang.
~~B~~ Bei meiner Tätigkeit bei/als ... habe ich viele praktische Erfahrungen gesammelt / Kenntnisse in ... erworben.
C Ihre Stellenanzeige vom ... in ... hat mich sofort angesprochen.
D Für weitere Auskünfte stehe ich Ihnen in einem persönlichen Gespräch gern zur Verfügung.
E Ich war von ... bis ... bei/in ... als ... tätig.

19 | a Überfliegen Sie die Tipps für Bewerbungsanschreiben. Welche Überschrift gehört zu welchem Tipp? Ergänzen Sie. S. 19, C1 *Lesen / Landeskunde*

Wechseln Sie die Perspektive. | Machen Sie keine Fehler. | Seien Sie auch bei der Anrede und der Anschrift ganz genau. | Fassen Sie sich kurz und verwenden Sie feste Ausdrücke.

Tipp 1: ......

Ihr Anschreiben muss absolut fehlerlos sein. Lassen Sie es deshalb von einer muttersprachlichen Freundin/ einem muttersprachlichen Freund korrigieren, bevor Sie Ihre Bewerbung abschicken.

Tipp 2: ......

Auch bei der Anrede und der Adresse dürfen Sie keine Fehler machen. Nehmen Sie deshalb die Stellenanzeige und vergleichen Sie, ob Sie den Namen und die Adresse der Person oder der Firma, bei der Sie sich bewerben, richtig geschrieben haben. Wenn die Person, bei der Sie sich bewerben, eine bestimmte Funktion hat, also zum Beispiel Personalreferent/-in oder Geschäftsführer/-in ist, schreiben Sie diese dazu. Das gilt auch für Firmennamen. Manchmal ist eine Firma eine „GmbH", also eine Gesellschaft mit beschränkter Haftung". Diese Abkürzung gehört dann zum Firmennamen und zur Adresse dazu – vergessen Sie sie also nicht.

Tipp 3: ......

Ein Anschreiben sollte nicht länger als eine Seite sein. Beginnen Sie Ihr Anschreiben nicht mit *Lieber Herr ...* oder *Hallo Frau ...*, sondern mit *Sehr geehrte Frau ... / Sehr geehrter Herr ...* . Wenn Sie nicht wissen, wer Ihr Ansprechpartner ist, schreiben Sie *Sehr geehrte Damen und Herren*. Beenden Sie Ihr Anschreiben auch nicht mit *Herzliche Grüße*, sondern verwenden Sie zum Schluss die Grußformel *Mit freundlichen Grüßen*. Nur das ist professionell. Denken Sie auch daran, Ihr Anschreiben zu unterschreiben.

Tipp 4: ......

Wenn Sie sich bewerben, können Sie sicher sein, dass es neben Ihnen noch andere Bewerber gibt. Machen Sie also in Ihrem Anschreiben ganz deutlich, dass Ihre Berufserfahrung und Ihre Ausbildung genau zu den Aufgaben und Voraussetzungen, wie sie in der Anzeige beschrieben sind, passen. Lesen Sie Ihr Anschreiben mit den Augen der Person, bei der Sie sich bewerben. Würden Sie sich selbst einstellen?

b Bei welchem Tipp steht das? Lesen Sie noch einmal und ergänzen Sie die Zahlen 1 bis 4.

Tipp ......: Ein Anschreiben darf nicht zu lang sein und muss unterschrieben werden.

Tipp ......: Eine Bewerbung ist erfolgreicher, wenn das Anschreiben genau zum Inhalt der Stellenanzeige passt.

Tipp ......: Es ist auch wichtig, anzugeben, welche Funktion die Person hat, bei der man sich bewirbt.

Tipp ......: Man sollte sein Anschreiben korrigieren lassen, bevor man es losschickt.

20 **Schreiben Sie nun selbst ein Bewerbungsanschreiben. Die Punkte 1 bis 6 helfen Ihnen dabei.** S. 19, C1 Schreiben

1. Recherchieren Sie eine Stellenanzeige in einer Lokalzeitung oder im Internet (z.B. unter berufenet.arbeitsagentur.de/berufe/), die zu Ihrem Beruf passt.
2. Unterstreichen Sie die Aufgaben und Voraussetzungen in der Anzeige.
3. Welche der Voraussetzungen bringen Sie mit? Mit welchen Aufgaben haben Sie Erfahrung? Wann und wo konnten Sie die Erfahrungen sammeln? Machen Sie Notizen.
4. Schreiben Sie ein Bewerbungsanschreiben. Benutzen Sie die Textbausteine aus Aufgabe 18 und aus dem Kursbuch S. 19, C1.
5. Tipp: Verwenden Sie kurze Sätze. Benutzen Sie verschiedene Satzanfänge.
6. Haben Sie an alles gedacht? Überprüfen Sie Ihr Anschreiben anhand der Checkliste / der Tipps aus Aufgabe 19.

21 **Was passt zusammen? Ergänzen Sie. Manche Verben passen zu mehreren Nomen.** S. 19, C2 a *Wortschatz*

machen | besuchen | absolvieren | ausüben | erwerben | spezialisieren | ablegen | bestehen | sammeln

1. eine Schule *besuchen*
2. einen Abschluss ______
3. eine Prüfung ______
4. ein Praktikum ______
5. eine Ausbildung als / zu ______
6. einen Deutschkurs ______
7. eine Fortbildung ______
8. einen Beruf ______
9. Berufserfahrung ______
10. Kenntnisse ______
11. sich auf ein Fachgebiet ______

22 | a **Lesen und ergänzen Sie die Redemittel.** S. 19, C2 b Redemittel

ich würde gern | ~~die Schule besucht~~ | Ausbildung zum … gemacht | Mir würde es Spaß machen | Praktikum … gemacht | Ich habe ja viel Erfahrung im | habe ich drei Jahre in … gearbeitet | ich gern mit Menschen umgehe | Ich musste

Ich stamme aus Ägypten, bin aber als Kind nach Deutschland gekommen und habe in Köln *die Schule besucht* (1). Nach der Schule habe ich ein ______ in einem Computerladen ______ (2). Die Arbeit hat mir gefallen, deshalb habe ich eine ______ Verkäufer ______ (3). Danach ______ einem Computer-Fachgeschäft ______ (4). ______ Kunden beraten, Reklamationen bearbeiten, Lieferungen entgegennehmen und die gelieferte Ware kontrollieren (5). Durch Zufall habe ich meine jetzige Stelle in einem Großhandel gefunden. Ich bin dort zufrieden, aber ______ mehr Verantwortung übernehmen (6). ______, auch für die Bestellung verantwortlich zu sein (7). ______ Verkauf und in der Kundenberatung (8). Ich weiß, welche Ware die Kunden interessiert! Die Stelle als Ladenleiter ist für mich auch deshalb interessant, weil ______, nicht nur mit den Kunden, sondern auch mit den Kollegen … (9)

Ahmed Kassem hat sich auf die Stelle als Ladenleiter in einem Computerfachgeschäft beworben. Im Vorstellungsgespräch erzählt er über seinen beruflichen Werdegang und seine beruflichen Wünsche.

b **Was haben Sie bisher beruflich gemacht?**
Machen Sie zuerst Notizen und schreiben Sie dann über sich. ★★★

81–91: Schule

Von 1981 bis 1991 habe ich die Schule besucht. Anschließend habe ich …

23 | a **Formulieren Sie Fragen aus den Stichpunkten.** S. 19, C3 *Fragesätze*

1. Anzahl der Mitarbeiter
2. Länge der Probezeit
3. Höhe des Verdienstes
4. durchschnittliche Anzahl der Überstunden
5. Bezahlung von Überstunden oder Freizeitausgleich
6. Aufstiegschancen in der Firma
7. Arbeit allein oder Zusammenarbeit mit anderen Personen
8. Urlaubstage pro Jahr
9. Grund für Kündigung des letzten Angestellten
10. Arbeitskleidung/Dresscode

1. Wie viele Mitarbeiter hat die Firma?

b **Welche Fragen stellt man besser erst nach der Einstellung?**

24 **Wo steht das im Text? Lesen und ergänzen Sie.** S. 19, C6 *Lesen / Landeskunde*

1. Für manche Berufe muss man im Vorstellungsgespräch nicht unbedingt einen Anzug tragen. Zeile ……
2. Nicht akzeptiert wird, wenn jemand gar nicht auf sein Aussehen achtet. Zeile ……
3. Man sollte besonders dann gut angezogen sein, wenn man sich um eine Position mit viel Kundenkontakt bewirbt. Zeile ……
4. Eine gute Ausbildung und Fachkompetenz sind immer noch wichtiger als feine Kleider. Zeile ……

Richtig gekleidet zum Vorstellungsgespräch

Selbstverständlich zählen im Vorstellungsgespräch Persönlichkeit, Qualifikation und Fachkenntnisse mehr als perfekte Kleider. Trotzdem sollten Sie auf Ihr Aussehens achten. Denn es ist wichtig, einen guten ersten Eindruck zu machen.
Wenn Sie sich um eine Stelle bewerben, bei der Sie viel Kundenkontakt haben, spielt die Kleidung natürlich eine größere Rolle. Halten Sie sich hier an die Klassiker: Dunkler Anzug, Hemd und Krawatte für die Herren, ein Kostüm oder ein Hosenanzug mit Bluse für die Damen.
Wenn Sie sich um eine Stelle mit wenig Kundenkontakt bewerben, müssen Sie sich um Ihre Kleidung nicht so viel Gedanken machen. Trotzdem sollten Sie nicht in Freizeitklamotten zum Vorstellungsgespräch kommen. Hier gilt die Regel: lieber zu formell als zu locker. Wer sich im Anzug nicht gut fühlt, kann in bestimmten Branchen auch dunkle Jeans und ein schönes Hemd tragen.
Was gar nicht geht, ist ein insgesamt ungepflegtes Aussehen. Achten Sie deshalb auf saubere Fingernägel, eine ordentliche Frisur, den Sitz Ihrer Kleidung und auf geputzte Schuhe.

Lernwortschatz

S. 16 | Maria Carreras bewirbt sich um eine neue Stelle

Nomen

der Lebenslauf (Sg.)
die Daten (hier: Pl.)
das Geburtsdatum, Geburtsdaten
der Geburtsort, -e
die Staatsangehörigkeit (Sg.)
die Schulbildung (Sg.)
die Ausbildung (Sg.)
der Abschluss, ¨-e
die Berufserfahrung, -en
die Sprachkenntnis, -se (Pl.)
die Muttersprache, -n
die Fortbildung, -en
die Verkaufsabrechnung, -en
das Bildungszentrum, Bildungszentren
die Warenkunde (Sg.)
Bio-
die Qualifizierung (Sg.)
das Personalbüro, -s
das (Bewerbungs-)Anschreiben, -
das Telefonat, -e
der/die Bekannte, -n
das Vorstellungsgespräch, -e
die Bescheinigung, -en
der Discounter, -
die (Bewerbungs-)Mappe, -n

Verben

sich bewerben* (um + Akk.)
(im Internet) recherchieren

Adjektive

persönlich
mündlich
schriftlich
speziell
beruflich

S. 17 | A eine Stellenanzeige verstehen

Nomen

die Stellenanzeige, -n
das Delikatessengeschäft, -e
der Einzelhandel (Sg.)
die Beratung (Sg.)
die Berufsausbildung, -en
die Präsentation (hier: Sg.)
die Ware, -n
die Voraussetzung, -en
die Qualifikation, -en
die Erfahrung, -en (in + Dat.)
die Umgangsformen (Pl.)
die Flexibilität (Sg.)
die Teamfähigkeit (Sg.)
die Unterlagen (Pl.)
zu Händen (z. Hd.)
die Einzelhandelskauffrau, -en
der Einzelhandelskaufmann, ¨-er
Einzelhandelskaufleute (Pl.)
der Leiter, - / die Leiterin, -nen
die Lebensmittelabteilung, -en
das Kaufhaus, ¨-er
der Erziehungsurlaub (Sg.)
die Filiale, -n
die Kette, -n
die Hilfskraft, ¨-e
die Chance, -n

Verben

richten (an + Akk.)

Adjektive
fachkundig
erfolgreich
gepflegt
üblich
vollkommen
flexibel
überqualifiziert
geeignet (für + Akk.)

weitere Wörter
ab sofort
idealerweise

S. 18 | B ein Anschreiben und ein Vorstellungsgespräch verstehen

Nomen
die Anlage, -n
der Betreff (Sg.)
die Annahme (hier: Sg.)
die Stärke, -n
die Probezeit (Sg.)

Verben
auffüllen

Adjektive
erforderlich

weitere Wörter
anschließend

S. 19 | C Anschreiben verfassen, Vorstellungsgespräch führen

Nomen
die Überstunde, -n
die Vorliebe, -n
die Fähigkeit, -en

Verben
umgehen* (mit + Dat.)

Welche Wörter möchten Sie noch lernen? Notieren Sie:

TIPP

Lernen Sie die Vokabeln in Gruppen.
Beispiele:
sich um eine Stelle bewerben
die persönlichen Daten: Geburtsort, Geburtsdatum, …

Lektion 4

A eine Besprechung verstehen

1 **Finden Sie neun verschiedene Besprechungsthemen und schreiben Sie die Wörter mit Artikel.** S. 25, A1 *Wortschatz*

1. das Projekt	4.	7.
2.	5.	8.
3.	6.	9.

GHIOK(PROJEKT)KLJARBEITSPLANOLMQUALITÄTSPROBLEMESTFORTBILDUNGSBEDARF
UMURLAUBSPLÄNEIMINFORMATIONSAUSTAUSCHEINEPROAUFBLEM
BETRIEBSAUSFLUGBEIAUFGABENVERTEILUNGTRAMARBEITSABLAUF

2 **Lesen Sie die Tagesordnung. Ordnen Sie die markierten Nomen im Singular und mit Artikel in die Tabelle ein und ergänzen Sie das passende Verb.** S. 25, A1 *Wortschatz*

Tagesordnung

TOP 1 Einrichtung einer Cafeteria
TOP 2 Anmeldung von Urlaub
TOP 3 Teilnahme am Fort- und Weiterbildungsprogramm
TOP 4 Vorschläge zur Arbeitsverteilung
TOP 5 Unterstützung von Rollstuhlfahrern
TOP 6 Organisation des Sommerfestes
TOP 7 Planung des Betriebsausflugs
TOP 8 Werbung für unser Unternehmen
TOP 9 Verkauf in den Sommermonaten
TOP 10 Reaktion auf Beschwerden
TOP 11 Beschluss über die Sachausgaben im nächsten Jahr
TOP 12 Veranstaltungen zum „Tag der offenen Tür"
TOP 13 Renovierung im ersten Stock
TOP 14 Dienstreisen

Nomen auf -ung	die Einrichtung, einrichten
Nomen auf -ion	
Nomen auf -e	
Nomen ohne Endung	

3 **Wo steht was in der Tagesordnung? Ordnen Sie zu.** S. 25, A1 *Textmerkmale*

Besprechungsart | Datum | Tagesordnungspunkte | Ort | Uhrzeit | Teilnehmer

Dienstbesprechung ....
27.06.20.. ....
9.00 Uhr | 11.30 Uhr ....
Raum E.125 ....
Aishe Coskun, Tom Dunkin, Andrea Siems, Cornelia Weller ....
Tagesordnung ....
TOP 1 Bericht über Fortbildungsangebote
TOP 2 Betriebsausflug
TOP 3 Arbeitsplan für Juli

4 **Herr Meixner hat Vorschläge für die Teamsitzung gesammelt und eine Tagesordnung gemacht. Lesen Sie die E-Mails. Welcher Vorschlag gehört zu welchem Tagesordnungspunkt? Für einen TOP gibt es keinen Vorschlag.** S. 25, A1 *Lesen*

Tagesordnung

TOP 1	Dienstreise zur Rostocker Messe	Vorschlag C
TOP 2	Reparaturarbeiten im ersten Stock	Vorschlag ......
TOP 3	Erfahrungsberichte EDV-Schulungen	Vorschlag ......
TOP 4	Erneuerung unserer Software	Vorschlag ......
TOP 5	Beschädigungen in unserem Haus	Vorschlag ......

B

Re: Besprechungsvorschläge

Hallo Herr Meixner,

von unserem Textverarbeitungsprogramm gibt es eine neue Version. Sie soll viel besser sein. Wäre das ein Thema für die Teambesprechung?

Herzliche Grüße
Viola Funke

A

Re: Besprechungsvorschläge

Lieber Herr Meixner,

wie Sie wissen, habe ich in der letzen Woche eine Excel-Fortbildung gemacht. Sie war wirklich schlecht. Ich würde gern wissen, ob andere Kollegen dieselbe Erfahrung gemacht haben. Vielleicht sollten wir überlegen, den Anbieter zu wechseln.

Viele Grüße
Corinna Schünke

C

Re: Besprechungsvorschläge

Lieber Herr Meixner,

im Herbst findet in Rostock die Pflegemesse statt. Vielleicht sollte der eine oder andere von uns da hinfahren und sich über die neuesten Produkte informieren.

Gruß
Melanie Hartmann

D

Re: Besprechungsvorschläge

Hallo Herr Meixner,

im ersten Stock gibt es Probleme mit den Waschräumen, vieles funktioniert nicht. Es sieht so aus, als ob die Sachen absichtlich kaputt gemacht worden sind. Darüber sollte man mit allen mal sprechen.

Viele Grüße
George Smith

5 | a **Lesen Sie die Gespräche. In welchem Gespräch sind sich alle am Ende einig? Kreuzen Sie an.** S. 25, A2 *Redemittel*

1. ● Wollen wir im nächsten Jahr den Betriebsausflug nach Weimar machen?
   ◆ <u>Das halte ich für eine gute Idee.</u> Das wird bestimmt allen Spaß machen. Außerdem waren die meisten noch nicht in Weimar.
   ■ Da bin ich mir aber nicht so sicher. Ich zum Beispiel war schon mal da. ☐

2. ● Wir könnten die Weihnachtsfeier diesmal im Restaurant „Bali" ganz hier in der Nähe machen.
   ◆ Guter Vorschlag.
   ● Dann erkundige ich mich, was das kostet.
   ◆ Einverstanden. ☐

3. ● Frau Schneider, Sie werden bald zu viert in Ihrem Büro arbeiten müssen. Frau Becker zieht zu Ihnen.
   ◆ Aber das Büro ist für vier Personen doch viel zu klein.
   ■ Das sehe ich genauso. Gibt es denn keine andere Lösung?
   ◆ Frau Becker könnte doch in das kleine Zimmer im ersten Stock ziehen.
   ● Ja, aber das wäre keine so gute Lösung. Dann wäre sie die einzige mit einem eigenen Büro. ☐

b **Unterstreichen Sie in a die Wendungen, mit denen Meinungsverschiedenheiten ausgedrückt werden, und die Wendungen, mit denen <u>Zustimmung</u> ausgedrückt wird.**

6 | a Welche Überschrift passt zu welchem Textabschnitt? Ordnen Sie zu. S. 25, A3 *Lesen / Landeskunde*

Diskussionen leiten | Pünktlich Schluss machen | Die Tagesordnung beachten | Beim Thema bleiben | Die Tagesordnung vorstellen | Rechtzeitig anfangen

Warum die Tagesordnung so wichtig ist

Die sieben wichtigsten Regeln für eine gute Besprechung

„Oje, das war wieder mal eine unendliche Geschichte, eine Besprechung, die nicht enden wollte, und das Ganze ohne Ergebnis!" Haben Sie dies oder Ähnliches nicht schon auch mal gesagt oder gedacht, wenn Sie aus einer Besprechung bei der Arbeit oder im Verein gekommen sind?
Damit so etwas nicht wieder passiert, müssen die folgenden Regeln beachtet werden:

Regel 1: ______________________________

Eine Besprechung muss immer pünktlich, wie in der Tagesordnung angekündigt, beginnen, denn damit wird gezeigt, dass der zeitliche Ablauf festgelegt und gut überlegt ist.

Regel 2: ______________________________

Ganz wichtig ist, dass die Tagesordnungspunkte in derselben Reihenfolge besprochen werden, wie sie auf der Tagesordnung angekündigt sind. Andere oder neue Punkte können entweder unter dem Tagesordnungspunkt „Verschiedenes" behandelt werden oder sie müssen auf die nächste Sitzung verschoben werden.
Wenn man sich an diese Regel nicht hält, kommt der Konferenzablauf durcheinander. Es werden Themen besprochen, die nicht vorbereitet sind, und andere Punkte von der Tagesordnung können nicht mehr besprochen werden.

Regel 3: ______________________________

Die Tagesordnung sollte zu Beginn der Sitzung noch einmal vorgelesen werden. Dabei sollte kurz gesagt werden, worum es bei den einzelnen Punkten gehen wird. Allerdings sollte nicht schon jetzt angefangen werden, über die Punkte zu sprechen. Das würde zu Doppelungen führen, die viel Zeit kosten.

Regel 4: ______________________________

Wenn eine Diskussion nicht weiterkommt, sondern immer wieder dieselben Argumente wiederholt werden, sollte ein Moderator bzw. der Chef die Argumente zusammenfassen und eine Lösung vorschlagen. Ansonsten kann eine Diskussion endlos werden und ohne Ergebnis enden.

Regel 5: ______________________________

Es sollte darauf geachtet werden, dass nur über den Tagesordnungspunkt gesprochen wird und über nichts anderes. Wenn neue Themen angesprochen werden, müssen die Redner gestoppt und das neue Thema auf den Punkt Verschiedenes oder eine andere Sitzung verlegt werden. Wichtig ist auch, darauf zu achten, dass einzelne Personen nicht zu lange sprechen. Hier muss der Moderator eingreifen.

Regel 6: ______________________________

Das Ende der Sitzung ist in der Tagesordnung festgelegt und die Konferenz muss auch pünktlich beendet werden. Gelingt dies einmal nicht, sollte man nicht einfach, ohne etwas zu sagen, länger machen, sondern man sollte um eine zusätzliche Viertelstunde bitten, um das Thema abschließen zu können.

b Lesen Sie noch einmal. Sind die Aussagen richtig oder falsch? Kreuzen Sie an.

	richtig	falsch
1. Besprechungen sind meistens ohne Ergebnis.	☐	☐
2. Die Sitzung muss immer zu dem Zeitpunkt beginnen, der in der Tagesordnung steht.	☐	☐
3. Die Tagesordnungspunkte müssen besprochen werden, die Reihenfolge ist aber egal.	☐	☐
4. Unter dem Punkt „Verschiedenes" können neue Themen behandelt werden.	☐	☐
5. Zu Beginn der Sitzung sollten alle Tagesordnungspunkte erklärt werden.	☐	☐
6. Man sollte zu Beginn der Sitzung über alle Tagesordnungspunkte kurz sprechen, damit man nachher Zeit spart.	☐	☐
7. Der Moderator soll immer eine Lösung vorschlagen, damit die Diskussion nicht ohne Ergebnis endet.	☐	☐
8. Wird über neue Themen gesprochen, müssen sie auf die nächste Sitzung verschoben werden.	☐	☐
9. Wann die Sitzung endet, steht in der Tagesordnung. Die Sitzung sollte nicht länger dauern.	☐	☐

B ein Protokoll verstehen

7 Welche Verben passen zu welchen Nomen? Ergänzen Sie. Manchmal gibt es mehrere Möglichkeiten. S. 26, B1b *Wortschatz*

A zugreifen auf | **B** speichern auf | **C** abstürzen | **D** senden | **E** öffnen | **F** starten | **G** herunterladen/downloaden | **H** (ein)scannen | **I** löschen | **J** einschalten | **K** herunterfahren

1. die Datei: ....
2. das Dokument: ....
3. die Daten: ....
4. der Computer: ....
5. das Foto: ....
6. das Programm: ....
7. die E-Mail: ....
8. der Server: ....

8 Unterstreichen Sie die Zeitangaben. Schreiben Sie die Wendungen in die Tabelle. S. 26, B1b *Zeitangaben*

Liebe Patienten,
in der Zeit vom 02.11. bis 14.11. bleibt unsere Praxis geschlossen.
Während dieser Zeit übernimmt Dr. W. Wenzel die Vertretung.

Liebe Kunden,
nächsten Monat eröffnet hier ein Delikatessengeschäft.
Am 15. Oktober ist die Eröffnung mit Sekt, Saft und Knabbereien.
Wir freuen uns auf Sie!

Liebe Gäste,
einmal pro Monat ist bei uns Fischtag, und zwar immer am ersten Freitag im Monat.
Wir bieten Ihnen ausgefallene Gerichte zu günstigen Preisen.

Akkusativ	Dativ	Genitiv
	in der Zeit vom … bis …	

9 Ergänzen Sie in den Verkehrsmeldungen die passende Endung. S. 26, B1b *Zeitangaben*

Dies...... Monat bleibt die Autobahn A1 Richtung Süden wegen Bauarbeiten gesperrt. Die Fahrbahn in Richtung Norden ist ab kommend...... Dienstag für den Verkehr wieder frei.
Der Zugverkehr auf der Linie S 1 Richtung Oranienburg ist in d...... Zeit (von) ...... erst...... bis fünfzehnt...... Dezember unterbrochen. Es ist ein Ersatzverkehr mit Bussen eingerichtet. Die Linie S 45 fährt ab nächst...... Woche nur zweimal pro Stunde. Während dies...... Zeit werden zusätzliche Busse eingesetzt.

10 | a Was gehört in ein Protokoll? Ordnen Sie zu. S. 26, B1b *Textmerkmale*

1. Verfasser/-in des Protokolls
2. Datum der Besprechung
3. Besprechungsergebnisse
4. Namen der Teilnehmenden
5. Art der Besprechung
6. Überschrift der TOP
7. Datum, wann das Protokoll geschrieben worden ist

...... **Protokoll Teambesprechung**

...... Termin: 14.07.20..

...... Teilnehmende: Edgar Schmitz, Raffael Schön, Simon Plews, Öznur Birol, Karla Schumann

...... **TOP 1 Mutwillige Beschädigungen**

...... Der Eingangsbereich ist mit Farbe von Unbekannten beschmiert worden. Herr Gorden soll Anzeige bei der Polizei erstatten und eine Malerfirma beauftragen, die den Schaden beseitigt.

...... 16.07.20..

...... gez. Karla Schumann

b Lesen Sie das Protokoll. Sind die Aussagen richtig oder falsch? Kreuzen Sie an. S. 26, B1b *Lesen*

	richtig	falsch
1. Nur Eltern mit schulpflichtigen Kindern dürfen in den Schulferien Urlaub nehmen.	☐	☐
2. Wer Überstunden macht, soll sie schnell wieder abbauen.	☐	☐
3. Die Firma PC-Control repariert die Computer, deshalb stürzen sie immer wieder ab.	☐	☐
4. Wegen Krankheit wird nur in einem Sekretariat gearbeitet.	☐	☐
5. Urlaubsanträge sollen im Moment nicht gestellt werden.	☐	☐
6. Die Telefonanlage im Kundenservice funktioniert nicht.	☐	☐
7. Im Kundenservice sollen zukünftig pro Schicht zwei Mitarbeiter oder Mitarbeiterinnen mehr beschäftigt werden.	☐	☐

TOP 1 Urlaub

Der Urlaub für dieses Jahr soll bis Ende März angemeldet werden. Die Urlaubswünsche von Eltern mit schulpflichtigen Kindern haben in den Schulferien Vorrang. Alle anderen Mitarbeiter und Mitarbeiterinnen müssen unter Umständen auf die Zeit außerhalb der Schulferien ausweichen.

TOP 2 Überstunden

In letzter Zeit sind sehr viele Überstunden angefallen. Generell gilt: Überstunden sollen möglichst innerhalb von vier Wochen wieder abgebaut werden, am besten noch in derselben Woche. Wenn eine Arbeit noch dringend fertiggestellt werden muss, können die Überstunden auch später abgebaut werden.

TOP 3 Computer

Seit einiger Zeit gibt es Probleme mit den Computern. Sie sind immer wieder abgestürzt. Es wurde die Firma PC-Control beauftragt, das System zu überprüfen. Daher kann es in der kommenden Woche zu Störungen kommen.

TOP 4 Personelle Engpässe

Wegen Grippe sind im Moment drei von vier Sekretariaten nicht besetzt. Krankmeldungen sollen in nächster Zeit an Frau Schäfer gehen. Urlaubsanträge können nur in dringenden Fällen sofort bearbeitet werden.

TOP 5 Kundenservice

Im Kundenservice ist seit drei Tagen die Telefonanlage ausgefallen. Die Telekom ist beauftragt, den Fehler zu beheben. Für Kundengespräche stehen drei Diensthandys zur Verfügung. Da wir damit rechnen müssen, dass sehr viel mehr Kunden mit Fragen zu ihrer Online-Bestellung als sonst üblich anrufen werden, wenn die Telefone wieder funktionieren, müssen dann im Kundenservice pro Schicht zwei Personen mehr arbeiten.

11 Ergänzen Sie das passende Verb in der richtigen Form. S. 26, B3 *Wortschatz*

~~beachten~~ | sein | abbauen | erkundigen | nehmen | liegen | rechnen | vertreten

Was sollte man bei der Arbeit *beachten* ?

1. In vielen Unternehmen müssen Sie Ihren Urlaub bis zum Jahresende ....
2. Überstunden werden meistens nicht extra bezahlt, sondern Sie müssen die Überstunden .... und dafür Freizeit nehmen.
3. In einer Besprechung sollten Sie nicht zu vorsichtig sein, sondern Ihre Meinung .... und auch sagen, wenn Sie anderer Meinung .... Ansonsten müssen Sie damit ...., dass etwas beschlossen wird, was Sie nicht wollen.
4. Wenn es zu Konflikten und Ärger kommt, ... das oft daran, dass Informationen nicht an alle weitergegeben worden sind. Deshalb: Seien Sie aktiv, fragen Sie, ... Sie sich bei Ihren Kollegen! Das ist besonders dann wichtig, wenn Sie ein paar Tage nicht gearbeitet haben.

12 | a Lesen Sie den Text. Welche Überschrift passt nicht? Streichen Sie sie durch. S. 26, B3 *Lesen / Landeskunde*

Das Protokoll – ein wichtiges Werkzeug für die Zusammenarbeit

Keine Besprechung ohne Protokoll

Protokolle schreiben kostet wertvolle Arbeitszeit

Besprechungen und Protokolle sind zur Verbesserung von Arbeitsabläufen da. Besprechungen sind notwendig, um in einem Betrieb Erfahrungen und Informationen auszutauschen, die Arbeit zu organisieren und gemeinsam zu planen. Ein Protokoll zusammen mit einer Tagesordnung ordnet die Besprechung.

Protokolle verhindern, dass in Arbeitsbesprechungen irgendwelche Themen diskutiert werden und die Sitzung ohne Ergebnis endet. Wenn ein Protokoll geschrieben wird, ist allen Beteiligten klar, dass Beschlüsse gefasst und Aufgaben verteilt werden sollen. Denn im Protokoll finden sich Antworten auf die Fragen: Wer macht was, wieso, wo, mit wem, bis wann?

Sinn und Zweck eines jeden Protokolls ist es also, dass alle wichtigen Ergebnisse der Besprechung notiert und alle Aufgaben aufgeschrieben werden. Sind Termine oder Fristen festgelegt worden, so müssen diese im Protokoll festgehalten werden. Ebenso gehört in das Protokoll, wer für welche Aufgabe zuständig ist.

Das Protokoll verbessert den Informationsfluss im Betrieb. Denn durch das Protokoll werden auch Mitarbeiter und Mitarbeiterinnen, die nicht bei der Besprechung waren, über wichtige betriebliche Entscheidungen und Entwicklungen informiert.

Damit das Protokoll auch gut informiert, sollten in einem Betrieb alle Protokolle gleich gestaltet sein.

Denn dann werden die Besprechungen auf ähnliche Weise dokumentiert und die Protokolle lassen sich schneller lesen. Wichtig ist dabei, dass die Protokolle nicht zu lang bzw. zu ausführlich sind, denn sonst würde sowohl das Verfassen als auch das Lesen des Protokolls sehr viel wertvolle Arbeitszeit kosten. Deshalb sollten nur die Ergebnisse der Besprechung kurz zusammengefasst werden.

Protokolle sind also ein wichtiges Mittel, um in einem Betrieb effektiv arbeiten zu können und um zu erreichen, dass alle Personen alle Informationen erhalten, die für ihre Arbeit wichtig sind. Aber genauso wichtig wie das Protokoll selbst ist es, dass die Entscheidungen nicht nur im Protokoll stehen, sondern dass die Aufgaben von den zuständigen Personen auch rechtzeitig erledigt werden. Das Protokoll ist also ein hilfreiches Werkzeug, um gesetzte Ziele zu erreichen, Projekte weiterzubringen und die Arbeit im Betrieb zu optimieren.

b Lesen Sie die Zusammenfassung des Artikels. In jeden Satz hat sich ein inhaltlicher Fehler eingeschlichen. Korrigieren Sie ihn.

1. Ein Protokoll und eine Tagesordnung sorgen für einen ungeordneten Ablauf der Besprechung.
2. In einem Protokoll ~~wird der gesamte Ablauf~~ *werden die wichtigsten Ergebnisse* der Besprechung notiert. Es enthält alle Aufgaben, die erledigt werden müssen.
3. Im Protokoll kann man alle Fristen bzw. Termine nachlesen, die in der Besprechung festgelegt worden sind, nicht aber, wer für welche Aufgabe zuständig ist.
4. Ein Zweck des Protokolls besteht darin, einige wichtige Mitarbeiter und Mitarbeiterinnen, die bei der Besprechung gefehlt haben, über die wichtigsten Inhalte der Besprechung zu informieren.
5. Damit das Protokoll schnell gelesen werden kann, sollten in einem Betrieb alle Protokolle verschieden und interessant gestaltet sein.
6. Die in der Besprechung verteilten Aufgaben müssen nicht im Protokoll stehen; sie müssen von den zuständigen Personen rechtzeitig erledigt werden.

C an einer Besprechung teilnehmen

13 | a Ordnen Sie das Gespräch. S. 27, C1 **Redemittel**

……… ● Ich habe da ganz andere Erfahrungen gemacht: Als meine Kinder noch zur Schule mussten, haben meine Frau und ich immer besonders langfristig geplant. Ich glaube, es ist umgekehrt: Wenn man keine Kinder hat, ist man eher spontan.

……… ■ Ja, aber gerade Eltern mit schulpflichtigen Kindern können vielleicht nicht so langfristig planen.

1 ● Kommen wir zu unserem ersten Thema: Es ist jedes Mal ein Drama mit dem Urlaub. Z. B.: Frau Dohm ist alleinerziehend und hat zwei Kinder von 8 und 9 Jahren. Sie wollte Urlaub in den Herbstferien nehmen, aber für diese Zeit hatte sich schon ihre Kollegin Frau Schmitz, die keine Kinder hat, in den Urlaubskalender eingetragen. Nun ist halt die Frage, wer in den Ferien Urlaub bekommt: derjenige, der sich zuerst in den Urlaubskalender einträgt, oder Eltern mit schulpflichtigen Kindern.

……… ◆ Ich finde es aber schon wichtig, dass der Betrieb Eltern mit schulpflichtigen Kindern besonders schützt, denn sie können nicht Urlaub nehmen, wann sie wollen. Wie wäre es, wenn wir es im nächsten Jahr mal mit einer klaren Urlaubsregelung versuchen und den Beschäftigten mitteilen, dass in den Schulferien Eltern mit schulpflichtigen Kindern das Recht auf Urlaub haben. Ich denke, dann können wir Konflikte vermeiden. Ansonsten gibt es immer Streit. Was meinen Sie?

……… ● Gut, machen wir das so. – Wir kommen zum nächsten Punkt. …

……… ◆ Ich meine, dass jeder dieselben Rechte haben sollte. Jeder kann sich ja schließlich rechtzeitig um seinen Urlaub kümmern. Wer zu lange wartet, hat halt Pech!

……… ■ Ja, das hört sich gut an. Es ist einen Versuch wert.

b Markieren Sie die Redemittel und ergänzen Sie die Tabelle.

zustimmen	widersprechen	die eigene Position darstellen	nach der Meinung fragen
			Was meinen Sie?

14 Ergänzen Sie das passende Redemittel. S. 27, C1 **Redemittel**

Woran liegt das? | Manchmal denke ich, dass … | Ich finde, dass … recht hat. | Ich finde es schon wichtig, dass … | Ich glaube, das stimmt nicht so ganz! | Was meinen Sie? | ~~Ja, das hört sich gut an.~~ | Wie wäre es, …

1. ● Kommen wir zum ersten Tagesordnungspunkt unserer Besprechung: In der letzten Zeit stehen an der Kasse immer sehr viele Kunden und müssen warten. ……………
   ◆ Ich denke, dass wir zu wenig Personal haben. Wir können uns ja nicht alle gleichzeitig an die Kassen setzen. Wir müssen ja auch die Ware in die Regale räumen, den Laden sauber machen, die Lieferung …
2. ● …………… Wir sind sechs Personen und verkaufen nicht mehr als vor einem Jahr.
3. ■ …………… wir besonders morgens, wenn wir kommen, sofort mit der Arbeit beginnen und die Kaffeepause später machen sollten. Denn dann sind noch keine Kunden im Laden und wir können in Ruhe die neue Ware einräumen. ……………
4. ✚ …………… wir uns morgens gleich zu einer Tasse Kaffee zusammensetzen. Dabei besprechen wir ja auch, was alles gemacht werden muss.
5. ⬟ …………… Frau Szubert …………… . …………… wenn wir etwas früher mit der Arbeit beginnen?
6. ● Ja, das hört sich gut an.
   ◆ Ja, einverstanden. Es ist einen Versuch wert.

15 | a Bilden Sie Sätze und schreiben Sie. S. 27, C2 *Redemittel*

1. Kommen / zum ersten Punkt / wir / : // Es / vorgeschlagen / wurde, // zu machen / regelmäßig / mit den Bewohnern / Ausflüge
2. Regelmäßige Ausflüge / zu teuer / für uns / sind
3. Für größere Ausflüge / wir / viel zu wenig Personal / haben
4. Ein Besuch im Museum oder in der Oper / das Gedächtnis der Bewohner / fördert
5. Es / gut / tut / den Bewohnern, // wenn / als nur das Heim / sehen / mal etwas anderes / sie
6. Es / die Aufgabe der Verwandten / ist, // zu machen / mit ihren Angehörigen / Ausflüge
7. Vielleicht / zusammenarbeiten / sollten / mit den Verwandten / wir / ?

1. Kommen wir zum ersten Punkt:

b Sagen Sie Ihre Meinung mit den Argumenten 2 bis 7 in a. Ergänzen Sie die Sätze.

1. Ich meine, dass regelmäßige Ausflüge ....
2. Ich bin der Ansicht, dass ....
3. Ich bin sicher, dass ....
4. Manchmal denke ich, ...
5. Ich bin der Meinung, dass ....
6. Ich finde es wichtig, dass ....

16 Welches Wort kann das markierte ersetzen? Verbinden Sie. S. 27, C3a *Wortschatz*

1. Deine **Erklärung** hat mich überzeugt.
2. Diese **Frage** finde ich auch wichtig.
3. Welche **Entscheidung** wollen wir treffen?
4. Wer hat eine **Idee**, wie wir das Problem lösen können?
5. Der **Gegenstand** dieser kurzen Präsentation ist …

A das Thema
B der Vorschlag
C das Argument
D der Beschluss
E der Punkt

17 | a Lesen Sie die Notiz. Unterstreichen Sie die *dass*-Sätze und die Infinitivsätze mit *zu*. S. 27, C3a *dass / Infinitiv + zu*

Liebe Kolleginnen und Kollegen,

es hat sich in der Firma ja schon herumgesprochen, dass wir in diesem Jahr wieder ein Sommerfest veranstalten wollen. Gestern haben wir uns getroffen und besprochen, dass Klaus Verantwortung für die Organisation übernimmt. Wir waren uns auch darin einig, das Fest auf einen Freitagnachmittag zu legen. Das ist immer eine gute Zeit, zu der die meisten kommen können. Allerdings waren wir nur zu dritt. Deshalb möchten wir euch bitten, bei der Organisation mitzuhelfen. Es macht euch bestimmt auch Spaß, den Ablauf des Fests mitbestimmen zu können.

Wir hoffen sehr, euch überzeugt zu haben. Tragt euch bitte möglichst zahlreich in die Liste ein!

Euer Organisationskomitee

Ich mache mit:

1. Fred Finkenstein
2.

b **Schreiben Sie die Sätze mit *dass* und mit Infinitiv + *zu* in die Tabelle.**

dass-Satz

Hauptsatz	Konjunktion		Verb
…	dass	wir in diesem Jahr ein Sommerfest	veranstalten wollen.
…			

Infinitivsatz

Hauptsatz	Infinitivsatz	
		zu + Infinitiv
…		
…		
…		
…		

c **Welche drei Infinitivsätze kann man als *dass*-Satz schreiben? Formulieren Sie sie um.**

d **Markieren Sie bei den Sätzen in c das Subjekt im Haupt- und Nebensatz.**

18 ***dass*-Satz oder Infinitivsatz? Ergänzen Sie die Sätze. Formulieren Sie Infinitivsätze, wenn möglich.** S. 27, C3b *dass*/Infinitiv + *zu*

1. (fast alle Beschäftigten zum Sommerfest gekommen sein)
   Es ist schön,
2. (leckere Würste grillen)
   Sie versucht,
3. (es nicht geregnet haben)
   Er ist froh,
4. (mit allen Kollegen und Kolleginnen zusammen feiern)
   Ich freue mich darauf,
5. (keinen Sitzplatz bekommen)
   Er hasst es,
6. (alle beim Aufräumen mithelfen sollen)
   Er vertritt die Meinung,
7. (feiern und mal nicht arbeiten)
   Es tut gut,
8. (alle kommen, die zugesagt haben)
   Er zweifelt daran,
9. (im nächsten Jahr wieder ein Sommerfest machen)
   Wir haben beschlossen,
10. (das nächste Mal in einem Restaurant mit Garten feiern)
    Es gibt die Möglichkeit,

19 | a Bilden Sie Sätze mit Infinitiv + *zu*. S. 27, C3b Infinitiv + zu

1. gefunden haben / eine neue Arbeit / in Bonn
   Ich bin froh, in Bonn eine neue Arbeit gefunden zu haben.
2. mit der Arbeit / anfangen können / erst im November
   Allerdings finde ich es schade, ……
3. übernehmen / viel Verantwortung / im neuen Betrieb
   Denn ich bekomme die Möglichkeit, ……
4. umziehen / nach Bonn / möglichst bald
   Ich versuche, ……
5. möglichst schnell / kennenlernen / meinen Arbeitsplatz
   Denn ich habe vor, ……
6. treffen / meine neuen Kollegen / in der Firma
   Ich freue mich sehr darauf, ……
7. bekommen haben / endlich / eine neue Chance
   Es ist toll, ……

b Ihre Freundin hat eine neue Arbeit in Bonn gefunden. Schreiben Sie die Aussagen in a über Ihre Freundin. Benutzen Sie dieselben Einleitungssätze.

1. Ich bin froh, dass sie in Bonn eine neue Arbeit gefunden hat.
2. Allerdings finde ich es schade, …

20 Ergänzen Sie *zu*, wenn nötig. ★★★ S. 27, C3b Infinitiv + zu

1. Ist es möglich, etwas später …… kommen?
2. Könnten Sie mir kurz …… helfen?
3. Sie brauchen sich nicht …… beeilen!
4. Haben Sie kurz Zeit, mit dem Kunden …… sprechen?
5. Sie müssen auf der Arbeit die Pausenregelungen …… beachten.
6. Werden Sie mit mir morgen essen …… gehen?

21 Lesen Sie die Notizen. Formulieren Sie dann die Ergebnisse in ganzen Sätzen. S. 27, C4 Schreiben

TOP	Wer?	Was?	Wann?
1 Vertretungs-regelung	Frau Müller	Herrn Noack im Kundenservice vertreten (Herr Noack mindestens drei Wochen krank); dort Telefondienst übernehmen	ab sofort
2 Material-bedarf	Herr Scholz	alle Beschäftigten per E-Mail anschreiben und fragen, welche Materialien sie benötigen (z. B. Stifte, Papier, Kleber, Kassenrollen, PC-Zubehör etc.), anschließend Materialien bestellen	bis spätestens Anfang Dezember
3 aktueller Urlaubsplan	Frau Kilian	alle restlichen Urlaubsanträge bearbeiten und aktuellen Urlaubsplan in Pausenraum hängen	bis 10. 11.
4 Fortbildung	Frau Kilian	in einigen Fortbildungen noch Plätze frei; alle Beschäftigten per E-Mail anschreiben und fragen, wer noch Interesse hat	sofort
5 Austausch alter PCs	Herr Scholz	drei neue PCs sind bestellt, kommen Anfang nächster Woche; Daten von alten PCs auf DVDs speichern	bis spätestens 8. 11.

TOP 1: Vertretungsregelung
Herr Noack ist mindestens drei Wochen krank. Frau Müller soll ihn ab sofort im Kundenservice vertreten und …

Lernwortschatz

S. 24 | Galina Schewchenko ist in einer Besprechung

Nomen

die Abteilung, -en
der Arbeitsplan, ¨-e
der Austausch, -e
der Bedarf, -e
der Jour fixe
die Krise, -n
die Planung, -en
das Projekt, -e
das Qualitätsproblem, -e
die Sitzung, -en
die Station, -en

Adjektive

aktuell
einzeln

weitere *Wörter*

pro (+ Akk. oder Dat.)

S. 25 | A eine Besprechung verstehen

Nomen

die Einrichtung, -en
die Meinungsverschiedenheit, -en
die Nachtschicht, -en
die Rückmeldung, -en
die Tagesordnung, -en
der Tagesordnungspunkt (TOP), -e
der Teilnehmer, -
der Versuch, -e: es ist einen Versuch wert

Verben

abschließen* (Handlung, Zustand)
ausfallen*
beschließen*
sich einig sein*
einstellen (einen Kurs)
entscheiden* über (+ Akk.)
sich erkundigen
sich herumsprechen*
kommen* zu (zum nächsten Punkt)
liegen* an (+ Dat.)
mitmachen bei
weitersehen*
ziehen* in (+ Akk.)

Adjektive

einig
hauptsächlich
probeweise

weitere *Wörter*

indem
sobald

S. 26 | B ein Protokoll verstehen

Nomen

der Beschluss, ¨-e
die Datei, -en
das Dokument, -e
die Festplatte, -n
das Firmengelände, -
die IT-Abteilung, -en
das Kabel, -
die Konferenz, -en
der Kundenservice (Sg.)
das Modell, -e
das Netzwerk, -e
das Protokoll, -e
das Sekretariat, -e
der Server, -
die Übersicht, -en

Verben

abbauen (Überstunden)
abstürzen (Computer)
austauschen
beachten
fertigstellen
melden bei (+ Dat.)
Urlaub nehmen*
rechnen mit (+ Dat.)

speichern auf (+ Dat.) (Daten) ....

....

verbringen* ....
vertreten* (Meinung) ....
zugreifen* auf (+ Akk.) ....

Adjektive

anliegend ....
anwesend ....
eingeschränkt ....
energisch ....
lokal ....
schulpflichtig ....
selten ....
übrig ....
unbedingt ....
zeitweise ....

weitere Wörter

für/gegen etwas sein ....
jeweils ....
spätestens ....
während (+ Gen.) ....

S. 27 | C an einer Besprechung teilnehmen

Nomen

die Ansicht, -en ....
das Argument, -e ....
das Thema, die Themen ....
die Veranstaltung, -en ....
der Vorschlag, ¨-e ....
die Zusammenfassung, -en ....

Verben

fördern ....
motivieren ....

Adjektive

bestimmt ....
eigentlich ....
halbstündig ....

weitere Wörter

genauso ....

Welche Wörter möchten Sie noch lernen? Notieren Sie:

....
....
....
....
....

TIPP

Bei manchen Nomen kann man an der Endung das Genus erkennen. (Aber leider gibt es auch hier Ausnahmen.)

Beispiele:

die -ung	der -er	das -ment
die Abteilung	der Mitarbeiter	das Dokument

Welche weiteren Wörter und Endungen kennen Sie? Legen Sie eine Tabelle an.

Lektion 5

A Anweisungen geben und darauf reagieren

1 **Welches Verb passt? Verbinden Sie.** S. 29, A1a *Wortschatz*

1. eine Anweisung
2. eine schwere Aufgabe
3. die Arbeit rechtzeitig
4. einen Stammgast zu etwas
5. eine Woche
6. sich am Empfang
7. auf Wünsche von Gästen

A schaffen
B auskennen
C geben
D reagieren
E freihaben
F meistern
G bewegen

2 **Ergänzen Sie die Präpositionen.** S. 29, A1b *Verben mit Präpositionen*

zu | zum | auf | auf | an

Tipps für den Kundenverkehr

Sie sollten

1. ………… Wünsche der Kunden sofort reagieren
2. immer etwas ………… Schreiben haben, um die Wünsche der Kunden zu notieren
3. einen Kollegen dar………… aufmerksam machen, wenn er zu einem Kunden unhöflich ist
4. den Kunden sagen, dass sie sich bei Problemen immer ………… Sie wenden können
5. schwierige Kunden da………… bewegen, auch zu Ihnen höflich zu sein

3 | a **Was ist das Gegenteil? Verbinden Sie.** S. 29, A2 *Negation*

1. jemand
2. überall
3. ein
4. schon
5. sowohl … als auch
6. immer
7. alles/etwas

A nirgendwo/nirgends
B nie/niemals
C nichts
D niemand/keiner
E noch nicht
F weder … noch
G kein

b **Sagen Sie das Gegenteil.**

Das kann ja wohl nicht wahr sein! …

1. Herr Sahin ist schon nach Hause gegangen!
   Nein, Herr Sahin ist noch nicht nach Hause gegangen.
2. Überall ist es schmutzig!
   …………
3. Hier muss alles geändert werden!
   …………
4. Sowohl Herr Brunner als auch Frau Möller fehlen zu oft!
   …………
5. Die Mitarbeiter sind immer unhöflich!
   …………
6. Jemand hat den Drucker kaputt gemacht!
   …………

4 | a ***nicht* oder *kein-*? Ergänzen Sie die Antworten.** S. 29, A2 Negation

Können Sie einspringen?

1. Ich habe morgen keine Zeit.
2. Deshalb kann ich ______ für meinen Kollegen einspringen.
3. Ich kann auch übermorgen ______ arbeiten, weil ich ______ Betreuung für meinen Sohn habe.
4. Aber am Freitag könnte ich arbeiten, weil ich noch ______ Termin habe.
5. Allerdings weiß ich noch ______, ob meine Schwiegermutter zu Besuch kommt.
6. Ich habe zwar ______ Lust auf sie, aber ich kann sie ______ vor der Tür stehen lassen.
7. Also: Wenn sie ______ kommt, dann komme ich am Freitag zur Arbeit.

b **Wie ist die Regel richtig? Kreuzen Sie an.**

☐ *nicht* ☐ *kein-* steht nur bei Nomen mit unbestimmtem Artikel (*ein-*) oder ohne Artikel, in allen anderen Fällen steht ☐ *nicht* ☐ *kein-*.

5 | a **Welches Wort wird im ersten Satz betont. Unterstreichen Sie.** S. 29, A2 Negation

1. Frau Karl hat mit Herrn Schön nicht telefoniert. Sie hat ihm geschrieben.
2. Nicht Frau Karl hat mit Herrn Schön telefoniert. Ich war es.
3. Frau Karl hat nicht mit Herrn Schön telefoniert. Sie hat mit Frau Schön telefoniert.

b **Was passt? Verbinden Sie.** ★★★

1. Ich habe mit dem Kunden heute nicht gesprochen.
2. Nicht ich habe mit dem Kunden heute gesprochen.
3. Ich habe mit dem Kunden nicht heute gesprochen.
4. Ich habe heute nicht mit dem Kunden gesprochen.

A Mein Kollege hat mit ihm gesprochen.
B Ich habe mit einem anderen Kunden gesprochen.
C Ich habe mit ihm gestern gesprochen.
D Er war heute noch nicht im Laden.

6 ***nicht* oder *nichts*? Kreuzen Sie an.** S. 29, A2 Negation

1. Max weiß	☐ nicht	☒ nichts	über die Arbeit im Hotel.
2. Er weiß	☐ nicht	☐ nichts,	was am Empfang zu tun ist.
3. Er weiß	☐ nicht	☐ nichts	über die Aufgaben von Hotelfachleuten.
4. Er weiß	☐ nicht	☐ nichts,	was im Restaurant zu tun ist.
5. Er weiß	☐ nicht	☐ nichts	von den Problemen mit den Gästen.
6. Er weiß	☐ nicht	☐ nichts	darüber, was eine Hausdame macht.
7. Er weiß überhaupt	☐ nicht	☐ nichts	– aber er will Hotelmanager werden!

7 ***nicht*, *nichts* oder *kein-*? Antworten Sie mit einer Negation.** S. 29, A2 Negation

1. Wissen Sie, wo man in München gut und preiswert essen kann?
   Nein, das weiß ich leider nicht.
2. Gibt es hier eine U-Bahn?
   ______
3. Bekomme ich nach 24 Uhr im Restaurant noch warmes Essen?
   ______
4. Ist hier alles reserviert?
   ______
5. Haben Sie etwas über das neue Theaterstück gehört?
   ______

8 **Rund um die Arbeit. Was passt? Schreiben Sie.** S. 29, A3 *Wortschatz*

sich krankmelden | ~~freihaben~~ | Arbeit übernehmen | für einen Kollegen einspringen | sich freinehmen

1. Ich muss heute nicht zur Arbeit. – Ich habe frei.
2. Ich bin krank und kann nicht arbeiten. – ……
3. Ich vertrete jemanden. – ……
4. Ich möchte morgen nicht arbeiten. – ……
5. Ich mache morgen zusätzlich die Arbeit an der Kasse. – ……

9 **Rund ums Telefon. Finden Sie zehn Wörter.** S. 29, A3 *Wortschatz*

IS(DURCHWAHL)DERVOWEITERLEITENSTECKUMTELEFONIERENVERNEUBERVERBINDEN

IMSTANLENZURÜCKRUFENBESCHNORDTELEFONNUMMERARSBD

TELEFONDIENSTABSORICHTEANRUFENEISSMATUAPPARATRÜMMTENANRUF

10 **Wo wird etwas abgesagt/eingewendet (a), wo wird nachgehakt (n) oder wo wird eingelenkt (e)? Ergänzen Sie.** S. 29, A4 *Redemittel*

1. …… O.k. Ich versuche es. Ich übernehme die Arbeit.
2. …… Das geht leider nicht. Ich habe einen Zahnarzttermin.
3. n Könnten Sie nicht etwas später zum Elternabend gehen?
4. …… Vielleicht gibt es doch eine Möglichkeit. Ich werde mit meinem Mann sprechen.
5. …… Das macht nichts. Sie können ruhig etwas später kommen.
6. …… Das würde ich ein andermal gern tun, aber heute Abend bekomme ich Besuch.
7. …… Wäre es vielleicht möglich, den Termin zu verschieben?
8. …… Aber ich habe noch nie an der Kasse gearbeitet.

11 **Ergänzen Sie die passende Information.** S. 29, A4 *Redemittel*

Ihre Frau anrufen und fragen, ob … etwas später kommen können | die Handwerker kommen | Termin verschieben | bei Problemen Frau Özmir fragen | ~~pünktlich gehen müssen, weil Gäste kommen~~ | noch nie im Lager gearbeitet haben

1. ● Herr Schmidt, könnten Sie heute etwas länger bleiben. Die Lieferung muss noch eingeräumt werden.
   ◆ Das geht leider nicht. Ich muss pünktlich gehen, weil heute Gäste kommen.
   ● Könnten Sie nicht …… ?
2. ● Paul, kannst du morgen vielleicht für mich einspringen? Meine Frau ist krank und ich muss mich um die Kinder kümmern.
   ◆ Das würde ich ein andermal gern tun, aber wir renovieren die Wohnung und morgen …… . Da muss ich zu Hause sein.
   ● Vielleicht wäre es möglich, …… . Vielleicht bekommst du schnell einen neuen Termin.
3. ● Frau García Álvarez, könnten Sie morgen ausnahmsweise im Lager arbeiten?
   ◆ Aber ich …… .
   ● Das macht nichts. Sie können …… . Die wird Ihnen helfen.
   ◆ O.k., ich versuche es.

12 **Schreiben Sie kleine Gespräche wie in 11.** S. 29, A4 *Redemittel / Schreiben*

1. ● (heute bis 17.00 Uhr arbeiten?)
   ◆ (Kind um 16.00 Uhr vom Kindergarten abholen müssen)
   ● (Kind eine Stunde später abholen?)
   ◆ (im Kindergarten anrufen und fragen, ob es möglich ist …)

2. ● (morgen Nachtschicht übernehmen?)
   ◆ (morgen mit Freunden zum Essen verabredet sein)
   ● (das Essen auf Samstag verschieben?)
   ◆ (O.k.)

3. ● (heute in der Küche arbeiten?)
   ◆ (noch nie in der Küche gearbeitet)
   ● (die Kollegen fragen)
   ◆ (O.k.)

B sich erkundigen, weiterverbinden

13 **Was passt? Verbinden Sie. Einmal gibt es zwei Möglichkeiten.** S. 30, B1a *Wortschatz*

1. Halbwissen als Wissen	A machen
2. einen Fehler	B geben
3. eine Antwort	C bestrafen
4. sich schlau	D zugeben
5. jemanden für etwas	E ausgeben

14 | a **Lesen Sie den Zeitungsartikel. Welche Überschrift passt? Kreuzen Sie an.** S. 30, B1b *Lesen*

- ☐ Perfekte Menschen sind erfolgreich
- ☐ Nur wer perfekt ist, ist glücklich
- ☐ Man muss nicht perfekt sein
- ☐ Wer sich anstrengt, hat zu viel Stress

Wir wollen immer – in Beruf, Familie, Sport – möglichst perfekt sein. Doch das bedeutet Stress und wir haben zu wenig Zeit für die schönen Dinge des Lebens: einfach mal spazieren gehen, einfach mal im Bett liegen, sich einfach mal mit Freunden treffen. Wir denken ständig, nicht gut genug zu sein.

Natürlich sollen wir uns anstrengen. Natürlich sollen wir die Dinge gut machen. Es macht ja auch Spaß, ein Instrument gut zu spielen oder in einer Sportart oder in einem Spiel besonders gut zu sein. Wer möchte nicht mal der Beste sein? Gesunder Ehrgeiz, also gut sein zu wollen, ist ein wichtiger Motor im Leben. Doch wir sollten keine Angst davor haben, auch einmal einen Fehler zu machen oder vielleicht sogar etwas einmal nicht zu schaffen. Auf das richtige Maß kommt es an.

Denken Sie an Folgendes:

- Meistens reichen 80 Prozent Anstrengung aus, um gut zu sein.
- Menschen, die nicht ganz so perfekt sind, sind den meisten sympathischer als Perfektionisten.
- Erinnern Sie sich nicht nur an Situationen, in denen Sie einen Fehler gemacht haben, sondern überlegen Sie, wie viele – auch kleine – Dinge Sie gut gemacht haben.
- Wenn Ihnen ein Fehler passiert, sollten Sie nicht zu lange darüber nachdenken.
- Vergessen Sie nicht, was für Sie wichtig ist und was Sie glücklich und zufrieden macht.

Wir müssen lernen, das nicht völlig Perfekte zu akzeptieren und auch zu sehen, was wir alles schon erreicht haben. Nur so können wir innerlich ruhig, glücklich und zufrieden sein. Das heißt nicht, dass wir faul sein und uns nicht mehr bemühen sollen. Jeder soll die Dinge so gut machen, wie er kann. Aber perfekt ist niemand und muss auch niemand sein!

b **Was steht im Text? Kreuzen Sie an.**

- ☐ Wer perfekt sein will, hat Stress.
- ☐ Viele Menschen glauben, besser sein zu müssen.
- ☐ Man sollte immer versuchen, am besten zu sein. Das macht Spaß.
- ☐ Fehler sollten vermieden werden.
- ☐ Viele finden Menschen, die auch mal einen Fehler machen, netter als Menschen, die immer alles perfekt machen.
- ☐ Wer einen Fehler macht, sollte darüber nachdenken, warum er passiert ist, damit er denselben Fehler nicht noch einmal macht.
- ☐ Man sollte immer daran denken, was man im Leben schon alles geschafft hat.
- ☐ Man sollte die Dinge gut machen, man braucht aber nicht perfekt zu sein.

15 **Welches Redemittel passt? Ordnen Sie zu.** S. 30, B3b *Wortschatz / Redemittel*

Da verbinde ich Sie am besten gleich mit … Die Kollegen dort … | Da muss ich kurz nachfragen. Möchten Sie einen Augenblick warten oder soll ich Sie zurückrufen? | Einen kleinen Moment bitte, ich schaue mal nach … | Da kann Ihnen … besser Auskunft geben. Darf ich Sie mit … verbinden? | Da muss ich mich selbst erst erkundigen. Kann ich Sie in … Minuten zurückrufen? | Das kann ich Ihnen im Moment nicht sagen. Ich erkundige mich und melde mich dann wieder bei Ihnen.

sich erkundigen	**weiterverbinden**

16 **Welches Verb passt? Ergänzen Sie die richtige Form.** S. 30, B3b *Wortschatz*

verbinden | beantworten können | nachfragen | warten | zurückrufen sollen | nachschauen | Auskunft geben

1. Alexander Sober weiß nicht, ob der Gast eine Rückenmassage buchen kann. Er ______ den Gast mit der Spa-Abteilung. Die Kollegen dort können ihm besser ______.
2. Er weiß, wo man parken kann, und ______ die Frage des Kunden sofort ______.
3. Alexander Sober muss ______, ob der Gast früher einchecken kann. Er fragt den Gast, ob er ______ möchte oder ob er ihn ______.
4. Er ______ im Computer ______, ob es vom 8. bis zum 11. Juli noch ein Einzelzimmer gibt.

17 | a **Lesen Sie das Telefongespräch.** S. 30, B3b *Lesen / Redemittel*
Was sagt der Gast (G), was sagt die Hotelmanagerin (H)? Ordnen Sie zu.

___ ___ <u>Einen kleinen Moment bitte, ich schaue mal nach …</u>
Ja, in dem Zeitraum ist noch ein Doppelzimmer frei.
___ ___ … Hier bin ich wieder. Also: Die Küche schließt um 23.00 Uhr. Wenn Sie aber vorbestellen, kann Ihnen auch später ein Menü auf Ihrem Zimmer serviert werden.
___ ___ Ja, das wäre gut. Wann kann man denn bei Ihnen einchecken?
1 H Hotel Nordstern, Weiß am Apparat, guten Tag. Was kann ich für Sie tun?
___ ___ So ab 14.00 Uhr.
___ ___ Was kostet das denn pro Nacht?
___ ___ Ja natürlich. Die Rezeption ist bei uns rund um die Uhr besetzt.
___ ___ So früh werden wir nicht da sein. Geht das auch um 23.00 Uhr?
___ ___ Ja. Wenn Sie Fragen dazu haben, verbinde ich Sie am besten weiter. Die Kollegen dort können Ihnen alle Fragen beantworten. …
___ ___ Wenn wir dann so gegen 23.00 Uhr ankommen, können wir dann noch etwas Warmes zu essen bekommen oder ist das nicht möglich?
___ ___ 135 Euro mit Frühstück. Soll ich es für Sie reservieren?

.... Da muss ich kurz nachfragen. Möchten Sie einen Augenblick warten oder soll ich Sie zurückrufen?
2 G Kroll, guten Tag. Ich bräuchte vom 30. Dezember bis 2. Januar ein Doppelzimmer. Hätten Sie da was frei?
.... Ich warte. ...
.... Das ist gut. Nur noch eine kurze Frage. Haben Sie auch einen Wellnessbereich?

b Ordnen Sie das Gespräch.

c Welche Redemittel aus 16 werden benutzt? Unterstreichen Sie sie.

18 Ergänzen Sie die Telefongespräche. Verwenden Sie passende Redemittel aus 16. S. 30, B3b *Redemittel*

1. ● Haben Sie meine Reservierung bekommen? Ich hatte Sie per E-Mail geschickt.
   ◆ (nachschauen) ....
2. ● Bieten Sie auch Rückengymnastik an?
   ◆ (weiterverbinden an Wellnessbereich) ....
3. ● Wie warm ist Ihr Schwimmbad?
   ◆ (erkundigen) ....
4. ● Gibt es bei Ihnen auch verschiedene vegetarische Hauptgerichte?
   ◆ (nachfragen) ....
5. ● Bieten Sie auch eine Kinderbetreuung nach 18.00 Uhr an?
   ◆ (erkundigen) ....

19 Was fragen die Gäste? Ordnen Sie die Sätze und schreiben Sie sie. S. 30, B4 *Wortschatz*

1. auch vor 12.00 Uhr / Kann / einchecken / bei Ihnen / ich / ?
2. im Wellnessbereich / Sie / Bieten / an / auch Rückenmassagen / ?
3. es / Was / kostet / pro Tag // ins Zimmer / Sie / wenn / stellen / ein Kinderbett / ?
4. der Weg / Wie weit / bis in die Innenstadt / von Ihrem Hotel / ist / ?
5. bezahlen / Was / ich / muss // erst zwei Tage vorher / ich / storniere / die Buchung / wenn / ?

1. Kann ich bei Ihnen ...

20 Schreiben Sie ein Telefongespräch. Verwenden Sie die Redemittel aus 16 und die folgenden Informationen. *** S. 30, B4 *Wortschatz / Redemittel*

Herr Schmid ruft bei der Firma FIZZ Electronics an.
Frau Gruber geht an das Telefon.
G (sich melden)
S (sich melden – Waschmaschine SV 2401 vorrätig?)
G (nachschauen – Waschmaschine SV 2401 auf Lager)
S (Wann liefern?)
G (nachfragen – warten oder zurückrufen?)
S (warten)
G (in zwei Tagen liefern können)
S (einverstanden – sich verabschieden)
G (sich verabschieden)

G: Fizz Electronics, Gruber, guten Tag.

21 **Lesen Sie den Text. Was passt? Kreuzen Sie an.** S. 30, B4 *Lesen / Wortschatz*

Richtig telefonieren

Richtiges Telefonieren will gelernt sein. Hier die sieben goldenen Regeln:

1. (1) Sie sich am Telefon mit Firma, Namen und Grußformel.
2. Gehen Sie nicht beim ersten Klingeln an das Telefon, damit sich der Anrufer konzentrieren (2) .
3. Haben Sie den Namen des Anrufers nicht richtig (3) , sollten Sie freundlich nachfragen, z.B. „Wie war Ihr Name?"
4. Sprechen Sie den Anrufer mit seinem Namen an. Das ist persönlich und (4) .
5. Hören Sie gut zu und halten Sie etwas zum (5) bereit, denn oft müssen Sie sich während des Telefonats Notizen machen.
6. Wenn das Gespräch länger dauert, sollten Sie dem Anrufer zeigen, dass Sie ihm gut (6) , indem Sie manchmal „mhm", „ja" oder „Ich verstehe." sagen.
7. Bei Fragen, die Sie nicht beantworten können, sollten Sie den Anrufer mit einem Kollegen (7) , der Bescheid weiß.

(1) ☒ Melden ⓑ Sagen ⓒ Verabschieden
(2) ⓐ darf ⓑ kann ⓒ muss
(3) ⓐ verstanden ⓑ gelesen ⓒ bemerkt
(4) ⓐ ordentlich ⓑ lieb ⓒ höflich
(5) ⓐ Lesen ⓑ Schreiben ⓒ Schrift
(6) ⓐ anhören ⓑ hören ⓒ zuhören
(7) ⓐ weiterverbinden ⓑ weiterleiten ⓒ weitersprechen

C eine Beschwerde beantworten

22 **Lösen Sie das Silbenrätsel.** S. 31, C2a *Wortschatz*

A | AN | AN | AN | AN | AUS | BE | BEN | CHERN | DE | DE | DER | DI | ENT | FALLS | GE | GE | GE | LE | GEN | GUNG | HEIT | JE | LI | MES | NIS | RE | RECHTS | REN | SCHÄ | SCHWER | SEN | SI | SICHT | STÄND | TÄT | ÜBER | VER | VER | WALT | ZEIT

1. versprechen, zusagen: ……
2. Mitteilung, dass man mit etwas unzufrieden war: ……
3. was man sieht, wenn man aus dem Fenster schaut: ……
4. passend, ausreichend: ……
5. Wirklichkeit: ……
6. das, was man für einen Schaden bekommt: ……
7. wenn nicht: ……
8. Sache, Tatsache, Problem, das z.B. gelöst werden muss: ……
9. immer: ……
10. Person, die andere über Gesetze informiert und ihnen vor Gericht hilft: ……
11. Fähigkeit, zu verstehen und zu akzeptieren, was ein anderer denkt oder fühlt: ……
12. jemandem zur Erledigung weiterleiten: ……

23 **Was passt? Verbinden Sie.** S. 31, C2b *Wortschatz*

1. berechtigt sein
2. beruflich
3. erreichbar sein
4. jederzeit
5. angemessen
6. in der Regel

A man kann z.B. telefonisch immer angerufen werden
B die richtige Menge, nicht zu viel und nicht zu wenig
C immer
D normalerweise
E das Recht zu etwas haben
F wegen des Berufs

24 | a **Lesen Sie den Beschwerdebrief. Ergänzen Sie die Verben in der passenden Form.** S. 31, C2b *Wortschatz / Lesen*

stornieren | bestellen | sprechen | erreichen | versichern | zurückrufen | ankommen | sein | versuchen | liefern

Von: j.dohl@gmx.de
An: kundenservice@bueromoebelexpress.de
Betreff: Fehlende Lieferung

Sehr geehrte Damen und Herren,

Anfangssituation — vor einer Woche habe ich bei Ihnen 12 Schreibtische ST109983A ______. Mir war telefonisch ______ worden, dass sie am Dienstag ______ werden.

Leider ist die Lieferung bis heute noch nicht ______. Ich habe mehrfach vergeblich ______, Sie telefonisch zu ______ und habe auf den Anrufbeantworter ______. Aber niemand hat ______.

Wenn die Schreibtische bis morgen 18.00 Uhr nicht hier ______, werde ich die Bestellung ______.

Mit freundlichen Grüßen
Jens Dohl

b **Wie ist eine schriftliche Beschwerde aufgebaut? Ergänzen Sie in a.**

Grußformel | Absender | ~~Anfangssituation~~ | Adressat | Betreff | Folgen/Drohung | Anrede | Problem

25 **Schreiben Sie eine Beschwerde-Mail. Beachten Sie den Aufbau einer schriftlichen Beschwerde (24).** S. 31, C2b *Schreiben*

Situation: Sie haben vor vier Wochen im Internet eine Lampe bestellt, die bisher noch nicht geliefert worden ist. Sie haben schon drei E-Mails geschrieben und nach dem Liefertermin gefragt, aber keine Antwort erhalten. Sie wollen die Bestellung stornieren, wenn die Lampe nicht in der nächsten Woche ankommt.

Von: ______
An: ______
Betreff: ______

Sehr geehrte Damen und Herren,

vor vier Wochen habe ich bei Ihnen …

26 | a **Was wird durch das Futur ausgedrückt: die Sicherheit der Aussage (S), eine Vermutung (V) oder eine Aufforderung (A)? Kreuzen Sie an.**

S. 31, C3b **Futur**

	S	V	A
1. Ich werde die Bestellung stornieren.	☐	☐	☐
2. Morgen wird die Lieferung voraussichtlich bei uns ankommen.	☐	☐	☐
3. Sie, Herr Klein, werden die Lieferung bitte zusammen mit Herrn Mugdan verladen.	☐	☐	☐
4. Der Karton wird für Sie allein bestimmt zu schwer sein, Herr Mugdan.	☐	☐	☐
5. Herr Mugdan ist noch nicht da. Er wird wohl krank sein.	☐	☐	☐
6. Du wirst dich um die Stühle kümmern, ich werde die Tische reintragen.	☐	☐	☐
7. Wir werden uns morgen um sieben Uhr hier treffen.	☐	☐	☐

b **Unterstreichen Sie die Wörter, mit denen ausgedrückt wird, dass es sich bei der Aussage um eine Vermutung handelt. Schreiben Sie die Wörter.**

voraussichtlich,

c **Schreiben Sie die Sätze 1 bis 3 in die Tabelle.**

POS 1	POS 2		Ende
Ich	werde	die Bestellung	stornieren.

27 **Ordnen Sie die Sätze und schreiben Sie sie im Futur.**

S. 31, C3b **Futur**

Versprochen!

1. jetzt / immer pünktlich / am Arbeitsplatz / Ich / sein
2. Herr Stoll / abends / ins Bett / früher / gehen
3. sein / Zu den Kunden / wir / besonders freundlich
4. streiten / nicht mehr / ihr / miteinander / Über die Arbeitspläne
5. die Kollegen / zusammen / Einmal in der Woche / essen gehen
6. in der Toilette / Du / nicht mehr / rauchen / heimlich
7. Herr Mugdan / endlich mal / seinen Schreibtisch / aufräumen
8. mehr Sport / Alle / treiben / und / mehr / für die Gesundheit / tun
9. mit ihren Freundinnen / so lange / nicht mehr / telefonieren / Sie
10. Wir / Urlaubspläne / machen / schon im Januar

1. Ich werde jetzt immer pünktlich am Arbeitsplatz sein.

28 **Was sollen die Mitarbeiter tun? Schreiben Sie Aufforderungen im Futur.**

S. 31, C3b **Futur**

1. Arbeiten Sie heute bitte an der Kasse!
   Sie werden heute bitte an der Kasse arbeiten.
2. Räum bitte die Regale auf der rechten Seite ein!
3. Packen Sie bitte den Kunden die Waren ein!
4. Bestellt heute bitte die neue Ware!
5. Mach heute bitte deine Pause erst um 12.30 Uhr!

29 | a Lesen Sie die Antwort auf die Beschwerde in 24. Ergänzen Sie die Textbausteine. S. 31, C4 *Textbausteine*

~~Mit freundlichen Grüßen~~ | Leider war es in Ihrem Fall nicht möglich | Sehr geehrter | möchten Ihnen als Entschädigung … anbieten | Es tut mir sehr leid, dass | Normalerweise

☐1 Von: kundenservice@bueromoebelexpress.de
☐ An: j.dohl@gmx.de
☐ Betreff: AW Fehlende Lieferung

☐ ________________ Herr Dohl,

☐ vielen Dank für Ihre E-Mail vom 25.07.20.. ________________ die Schreibtische bis jetzt noch nicht geliefert worden sind.

☐ ________________ liefern wir pünktlich. ________________, weil wir die Schreibtische nicht auf Lager haben und unser Lieferant Probleme mit den Lkw hatte.

☐ Wir können aber übermorgen liefern und ________________ einen Rabatt von 1 % ________________.

☐ *Mit freundlichen Grüßen*
Karl Tausch

b Wie ist das Antwortschreiben aufgebaut? Ergänzen Sie die Nummern an der richtigen Stelle.

(1) Absender
(2) Adressat
(3) Angebot
(4) Anrede
(5) Betreff
(6) Entschuldigung
(7) Erklärung
(8) Grußformel

30 | a Lesen Sie die Beschwerde. Welcher Betreff passt nicht? Kreuzen Sie an. S. 31, C4 *Lesen / Schreiben*

☐ Falsche Lieferung
☐ Umtausch
☐ Farbe gefällt nicht
☐ Reklamation

Sehr geehrte Damen und Herren,

vor einer Woche habe ich bei Ihnen einen Pullover bestellt. Er ist auch schnell angekommen. Leider ist er in der falschen Farbe geliefert worden.

Deshalb möchte ich den Pullover gegen einen blauen umtauschen.

Mit freundlichen Grüßen

Irene Sauer

b Schreiben Sie eine Antwort. Benutzen Sie die Textbausteine in 29 a.

– Danken Sie für die E-Mail.
– Entschuldigen Sie sich für die falsche Lieferung.
– Erklären Sie den Fehler damit, dass im Moment viele Mitarbeiter krank sind und durch Aushilfen vertreten werden.
– Kündigen Sie an, dass der neue Pullover in zwei Tagen ankommt.
– Bieten Sie einen Gutschein über 5 € als Entschädigung an.

Sehr geehrte Frau Sauer,

vielen Dank für Ihre E-Mail vom 16.08.20.. Es tut mir leid, dass …

Lernwortschatz

S. 28 | Sophie Martin sucht eine Vertretung

Nomen

die Akte, -n
die Aktentasche, -n
das Büffet, -s
der Empfang (Sg.)
der Geschäftsfreund, -e
der Konferenzraum, ¨-e
das Markenzeichen, -
die Notsituation, -en

Verben

abhandenkommen*
erfüllen (Wunsch)
improvisieren
mitteilen
stehlen*
verärgern

Adjektive

vielfältig
vielseitig

S. 29 | A Anweisungen geben und darauf reagieren

Nomen

die Anfrage, -n
der Ausschnitt, -e
die Durchwahl, -en
der Kompromiss, -e
die Möglichkeit, -en
die Reservierung, -en
die Stornierung, -en
der Telefondienst, -e
die Unklarheit, -en

Verben

ablehnen
absagen
jemanden auf etwas aufmerksam machen
sich auskennen*
sich bedanken
jemanden zu etwas bewegen
eingehen* (Reservierungen, Anfragen)
einlenken
einspringen* für (einen Kollegen)
einwenden
freihaben*
sich freinehmen*
sich krankmelden
meistern (eine Aufgabe)
nachhaken
planen
reagieren auf (+ Akk.)
reservieren
schaffen (bewältigen)
sich sicher sein*
stornieren
übernehmen* (eine Arbeit)
sich wenden an (+ Akk.)
zurückrufen*

Adjektive

kompromissbereit

weitere Wörter

ansonsten
bereit
als Erstes
übrigens
zunächst

S. 30 | B sich erkundigen, weiterverbinden

Nomen

die Buchung, -en
das Halbwissen (Sg.)
der Internetzugang, ¨-e
die Kompetenz, -en
der Rückruf, -e
die Vermutung, -en

Verben

sich ausgeben* als

Bescheid wissen* (geben*, sagen)

bestrafen
bieten* (Leistung)
bitten* um (+ Akk.)
einchecken
sich erweisen* als
sich schlau machen
überprüfen
verbinden* mit (+ Dat.)
weiterverbinden* mit (+ Dat.)
wirken
zugeben* (Fehler)

Adjektive

inkompetent
kompetent
kostenfrei
offen (ehrlich)
vorrätig

weitere Wörter

bereits
dabei (Konjunktion, Gegensatz)
demnächst

S. 31 | C eine Beschwerde beantworten

Nomen

die Angelegenheit, -en
die Aufforderung, -en
die Beschwerde, -n
die Drohung, -en
die Entschädigung, -en
die Realität, -en
das Versprechen, -
das Verständnis (Sg.)

Verben

es ist nicht daran zu denken, dass

schiefgehen*
jemandem etwas übergeben*
versichern (zusagen)

Adjektive

angemessen
berechtigt
erreichbar

weitere Wörter

anderenfalls
jederzeit

Welche Wörter möchten Sie noch lernen? Notieren Sie:

TIPP

Gleiches & Gegensätze

Üben Sie Wörter zusammen mit ihrem Gegenteil.
Beispiele:

jemand – *niemand*   irgendwo – *nirgendwo*

Oder üben Sie Wörter oder Redemittel zusammen mit Ausdrücken gleicher Bedeutung.
Beispiel:

in der Regel = *normalerweise*

Lektion 6

A eine Bedienungsanleitung verstehen

1 **Ein Gerät bedienen: Finden Sie zwölf Verben.** S.33, A2 *Wortschatz*

h	u	i	y	b	r	d	y	f	j	m	e	x	j	h	e	i	n
e	i	n	s	t	e	l	l	e	n	j	f	z	v	i	z	a	t
r	e	n	v	w	t	r	x	r	d	z	b	u	b	j	e	u	f
a	ß	k	e	a	z	f	ü	i	o	r	v	r	t	b	ß	s	a
u	i	l	c	i	u	g	c	h	s	t	ü	ü	h	v	i	s	n
s	m	ö	k	x	n	h	v	e	r	h	d	c	n	h	m	c	s
z	z	p	j	q	s	s	b	d	e	e	w	k	k	u	h	h	c
i	t	o	h	e	i	c	t	r	f	m	n	s	p	e	t	a	h
e	h	i	h	ß	o	j	h	e	i	n	q	e	l	v	n	l	l
h	r	u	g	i	p	k	n	l	c	g	s	t	m	b	h	t	i
e	e	z	f	m	ü	l	m	i	i	k	c	z	n	t	l	e	e
n	w	t	d	w	a	ö	w	c	n	e	e	e	j	h	i	n	ß
n	e	i	n	s	e	t	z	e	n	r	ß	n	o	n	e	f	e
i	b	r	e	e	s	ä	e	s	c	h	i	e	b	e	n	d	n
r	o	h	e	r	a	u	s	n	e	h	m	e	n	n	v	c	x

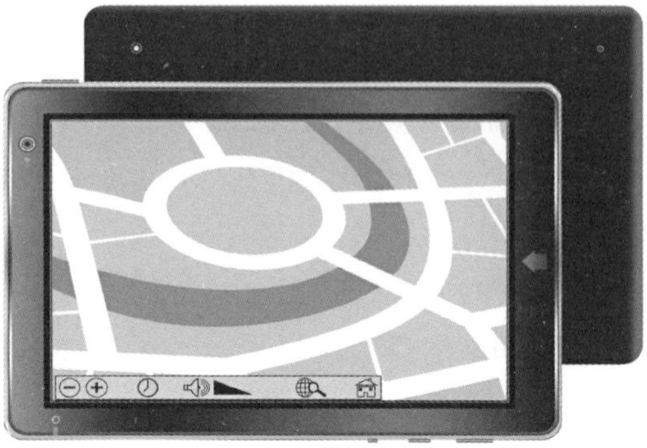

2 **Wie heißt das Gegenteil? Ordnen Sie zu. Manchmal passen 2 Verben.** S.33, A2 *Wortschatz*

ausschalten | herausziehen | (die Einstellungen) zurücksetzen | zumachen | herausnehmen | schließen

1. den Deckel öffnen ....
2. das Gerät einschalten ....
3. die Speicherkarte einsetzen ....
4. das Batteriefach aufmachen ....
5. den Stecker hineinstecken ....
6. die Lautstärke einstellen ....
7. den Kopfhörer anschließen ....
8. die CD hineinlegen ....

3 | a **Was macht man zuerst, was dann?**
Bringen Sie die Schritte A–I in die richtige Reihenfolge. S. 33, A2 *Wortschatz / Schreiben*

Den Tintenstrahldrucker in Betrieb nehmen

..... A Druckertreiber (Software) auf PC installieren; USB-Kabel erst anschließen, wenn Software installiert!
..... B Papiereinzug (Vorderseite) aufmachen und Papier einlegen – fertig!
..... C Druckerabdeckung (Oberseite) öffnen, Patronen einsetzen
1 D Drucker auspacken; prüfen, ob alle Teile geliefert!
..... E Tüte mit Tintenpatronen öffnen und Patronen herausnehmen
..... F Druckerabdeckung (Oberseite) schließen
..... G Stecker in Steckdose stecken und Drucker mit Steckdose verbinden
..... H Drucker und PC mit USB-Kabel verbinden
..... I Drucker einschalten

b **Schreiben Sie eine Anleitung.** ★★★

1. Packen Sie den Drucker aus und prüfen Sie, ob alle Teile geliefert worden sind.
2. Stecken Sie …

4 | a **Lesen Sie die Bedienungsanleitung. Ordnen Sie die Überschriften zu.** S. 33, A2 *Lesen*

Einstellen und Beenden des Sprachmodus | Einstellen der Lautstärke | ~~Ankommender Anruf~~ | Stumm-/Privat-Modus | Anrufen

Telefonat annehmen, führen, beenden

Ankommender Anruf

Wenn ein Anruf ankommt, klingelt Ihr Handy. Außerdem wird die Telefonnummer des Anrufers im Display angezeigt. Wenn Sie das Gespräch annehmen (grüne Taste), können Sie mit den Lautstärke-Tasten die Lautstärke einstellen. Das Gespräch wird mit der roten Taste beendet.

....

Sie können entweder über den Sprachmodus oder über das Menü jemanden anrufen. Um den Sprachmodus einzuschalten, drücken Sie die Sprachmodus-Taste . Sagen Sie dann laut und deutlich „Wähle Nummer" und danach die Telefonnummer, die Sie wählen wollen. Um einen Anruf über das Menü zu starten, können Sie die Nummer mit der Telefonbuch-Taste aus dem Telefonbuch Ihres Handys wählen.

....

Durch kurzes Drücken der Sprachmodus-Taste wird der Sprachmodus eingeschaltet. Mit der roten Taste wird er wieder beendet.

....

Die Lautstärke lässt sich – auch während des Telefonats – mit den Lautstärke-Tasten einstellen.

....

Während Sie telefonieren, können Sie mit der grünen Taste in den Stumm- oder in den Privat-Modus wechseln. Im Stumm-Modus kann Ihr Gesprächspartner Sie nicht mehr hören, im Privat-Modus können Ihre Mitfahrer das Gespräch nicht mithören. Wenn Sie die grüne Taste noch einmal drücken, wird der Stumm- bzw. Privat-Modus beendet.

b **Wie heißen die Tasten? Welche Funktionen haben die Tasten? Lesen Sie die Bedienungsanleitung und ergänzen Sie.**

Taste	Tastenbezeichnung	Funktion der Taste
	Telefonbuch-Taste	

5 **Was gehört zusammen? Verbinden Sie. Schreiben Sie die zusammengesetzten Nomen.** S. 33, A2 *Wortschatz*

1. der Anschluss	A der Steckplatz
2. der Auswurf	B der Hörer
3. der Kopf	C die Buchse
4. die Karte	D die Anzeige
5. die Speicherkarte	E das Fach
6. der Betrieb	F der Mechanismus

1. die Anschlussbuchse, -n

6 | a **Hilfe aus der Bedienungsanleitung. Lesen Sie den Zeitungsartikel. Welche Überschrift passt? Kreuzen Sie an.** S. 33, A2 *Lesen*

1. Der Kauf eines neuen Gerätes ☐
2. Unverständlichkeit von Bedienungsanleitungen ☐
3. Automatische Übersetzungsprogramme ☐
4. Inhalt von Bedienungsanleitungen ☐

Wer kennt das nicht? Sie haben ein Gerät gekauft, packen es zu Hause aus, wollen es aufbauen, aber – Sie haben Probleme mit der Bedienungsanleitung.

Gerade bei Produkten aus Asien sparen die Hersteller oft an guten Übersetzungen. Stattdessen verwenden sie automatische Übersetzungsprogramme. So heißt es beispielsweise in der Anleitung für eine Digitaluhr: „Zeiger auswählbar durch das Besitzers Operation. Drückt auf den Knopf Set um die gespalte Zeit zu fassen, wenn sie Stille innerlich." Was soll das heißen? Was ist des „Besitzers Operation"? Sie sind zwar der Besitzer der Uhr, denn Sie haben sie ja gekauft, aber Sie werden nicht operiert! Sie wollen die Uhr doch nur bedienen! Was ist „gespalte Zeit"? Sie haben das Wort „gespalt" noch nie gehört? – Das ist auch kein Wunder, denn dieses Wort gibt es nicht! In der Gebrauchsanweisung für ein Mini-Radio steht: „Setzen sie das stereo Kopfphon in Kopfphon Wagenwinde ein, die Macht ist an, sonst ist die Macht ab." Noch Fragen? – Ja! Was ist ein Kopfphon? Gemeint ist wohl „Kopfhörer". Und was ist die Wagenwinde, was die Macht? Keine Ahnung!?

An gute Bedienungsanleitungen denken die Hersteller oft nicht: Die Anleitungen sind schlecht übersetzt, voller Fehler und Fachwörter. Dabei sind die Hersteller verpflichtet, ein Produkt zusammen mit einer verständlichen Anleitung zu verkaufen. Die Bedienungsanleitung ist Teil des Produktes. Sie muss deshalb ebenso wie das Produkt selbst von guter Qualität sein. Dazu gehört, dass die Anleitung in deutscher Sprache geschrieben, verständlich verfasst und logisch aufgebaut ist.

Wenn Ihre Bedienungsanleitung voller Fehler oder unverständlich ist und Sie das Gerät deswegen falsch bedienen und dadurch ein Schaden entsteht, kann der Hersteller schadenersatzpflichtig sein. D. h. er muss den entstandenen Schaden bezahlen. Eine unverständliche Bedienungsanleitung berechtigt Sie übrigens auch, das gekaufte Produkt dem Händler zurückzugeben.

Viele Hersteller von teuren Markenprodukten haben das Problem mit den unverständlichen Bedienungsanleitungen erkannt: Sie stellen neuerdings technische Redakteure ein, die verständliche Anleitungen verfassen sollen. Damit wollen Sie erreichen, dass die Kunden weiterhin Markenprodukte von ihnen kaufen. Denn leicht verständliche, einfache Bedienungsanleitungen sind wichtig für die Kundenzufriedenheit.

b **Lesen Sie noch einmal. Was ist richtig? Kreuzen Sie an.**

1. Hersteller aus Asien haben gute Übersetzer. ☐
2. „Kopfphon" ist ein deutsches Wort und bedeutet „Kopfhörer". ☐
3. Bedienungsanleitungen sind oft voller Fehler und Fachwörter. ☐
4. Die Hersteller müssen zu einem Gerät eine verständliche Bedienungsanleitung liefern. ☐
5. Wenn Sie ein Gerät falsch bedienen und ein Schaden entsteht, muss der Hersteller den Schaden bezahlen. ☐
6. Wenn die Bedienungsanleitung unverständlich ist, dürfen Sie das Gerät zurückgeben. ☐
7. Viele Markenhersteller lassen verständliche Bedienungsanleitungen von Fachleuten schreiben. ☐

B ein technisches Gerät beschreiben und erklären

7 **Ergänzen Sie die Wörter in der richtigen Form.** S. 34, B1 *Wortschatz*

~~einbauen~~ | beantworten | erreichen | angehen | erreichbar | anschließen | telefonisch

Von: Frank Maler
An: info@Allesfuerihrauto.de
Betreff: CD-Autoradio BMX 07

Sehr geehrte Damen und Herren,

vor ein paar Tagen habe ich bei Ihnen ein CD-Autoradio gekauft. Ich habe es in mein Auto eingebaut und alle Kabel ______. Aber das Gerät funktioniert nicht. Es ______ gar nicht erst ______! Ich weiß allerdings auch nicht, ob ich alles richtig gemacht habe. Leider habe ich Sie ______ nicht ______.
Können Sie mich bitte zurückrufen? Meine Telefonnummer ist: 0 16 38 17 28 29.
Ich bin den ganzen Tag ______.
Ich hoffe, Sie können mir helfen und meine Fragen ______.

Vielen Dank für Ihre Mühe!

Mit freundlichen Grüßen
Frank Maler

8 | a **Ergänzen Sie die Artikelwörter.** S. 34, B2 *Wechselpräpositionen*

Wenn neue Ware mit dem Lkw geliefert wird, muss der Fahrer zuerst in d______ Laden (1) gehen und den Filialleiter über die Ankunft der Lieferung informieren. Denn bevor die Ware abgeladen wird, muss der Filialleiter kontrollieren, ob die Anzahl der Pakete in d______ Lkw (2) mit der Anzahl auf d______ Lieferschein (3) übereinstimmt. Alles muss in d______ Papieren (4) notiert werden. Erst dann wird die Ware abgeladen und in d______ Lager (5) gebracht. Jetzt muss die Lieferung in d______ Laden (6) eingeräumt werden. Die Mitarbeiter und Mitarbeiterinnen nehmen die Ware aus den Kartons, kleben Preisschilder auf d______ Produkte (7) und räumen sie in d______ Regale (8). Sonderangebote kommen auf ein______ Sonderfläche (9) und werden auffällig präsentiert, damit die Kunden sie sofort sehen, wenn sie in d______ Geschäft (10) kommen. Solche Sonderflächen sind oft direkt an d______ Eingängen (11) oder vor d______ Kassen (12).

b **Schreiben Sie die Präpositionen mit den ergänzten Artikelwörtern und mit den Nomen aus a in die Tabelle.**

wohin + Akk.	**wo + Dat.**
(1) in den Laden	

9 **Der Praktikant Leo Meister hilft beim Auspacken der Lieferung und hat viele Fragen. Was antwortet der Chef? Schreiben Sie.** S. 34, B2 *Wechselpräpositionen*

1. ● Wo stehen die Waschmaschinen?
   ◆ (in – 2. Stock / neben – Kühlschränke)
   Im zweiten Stock neben den Kühlschränken.
2. ● Wohin soll ich die elektrischen Zahnbürsten hängen?
   ◆ (in – rechtes Regal / über – Föne)
3. ● Wohin soll ich die Druckerkabel legen?
   ◆ (in – 1. Stock / in – Regal – hinter – Drucker (Pl.))
4. ● Wo befinden sich hier die Handys?
   ◆ (in – hinteres Regal / zwischen – Handytaschen und Navis)
5. ● Wohin kommen die Toaster?
   ◆ (in – Erdgeschoss / in – hinteres Regal / unter – Mikrowellen)
6. ● Wo soll ich die Kaffeemaschinen aufbauen?
   ◆ (in – Erdgeschoss / auf Sonderfläche / vor – Kassen)
7. ● Wo sind hier die Monitore?
   ◆ (in – 1. Stock / neben – Computer (Pl.) / unter – Tastaturen)
8. ● Wohin gehören die Fernseher?
   ◆ (in – 1. Stock / vor – Radios)

10 **Ergänzen Sie die Artikelwörter und das passende Verb. Benutzen Sie die Informationen aus 9.** S. 34, B2 *Wechselpräpositionen*

sitzen | (sich) setzen | stehen | (sich) stellen | hängen | liegen | (sich) legen | ~~stehen~~

Der Chef kontrolliert die Arbeit des Praktikanten Leo Meister.

1. Die Waschmaschinen stehen (neben) neben den Spülmaschinen. Der Chef ______ sie (neben) ______ Kühlschränke.
2. Die elektrischen Zahnbürsten ______ (an) ______ Regal (unter) ______ Fönen. Er ______ sie (über) ______ Föne.
3. Die Druckerkabel ______ (in) ______ Regal (vor) ______ Druckern. Er ______ sie (in) ______ Regal (hinter) ______ Drucker.
4. Der Praktikant ______ müde (auf) ______ Stuhl. Der Chef ist noch müder und ______ (auf) ______ Stuhl daneben.

11 | a Wie funktioniert das? Was passt zu „Einleitung", „Entschuldigung", „Gerät erklären", „Schluss"? Ordnen Sie zu. S. 34, B3 *Textbausteine*

~~Die/Der/Das … befindet sich/ist auf … (Ober)seite~~ | Um Musik vom USB-Stick zu hören, müssen Sie … | Der Anschluss für die Lautsprecher befindet sich / ist … | Bitte entschuldigen Sie, dass … | Bei weiteren Fragen können Sie sich gern an uns wenden. | Vielen Dank für Ihre E-Mail vom … | Es tut uns leid, dass … | Wenn Sie weitere Fragen haben, können Sie sich gern an uns wenden. | Die/Den/Das … benutzt man, um … | Gern beantworten wir Ihre E-Mail vom … | Sie müssen die/den/das … in … auf … (Vorder)seite stecken

Einleitung	Entschuldigung	Gerät erklären	Schluss
		Der/Die/Das … befindet sich/ist auf … (Ober)seite	

b Ergänzen Sie die E-Mail mit Textbausteinen aus a.

Von: service@HiFi-Müller.de
An: Maxi.Montag@lgmx.de
Betreff: Re: USB-Anschluss der Musikanlage

Sehr geehrte Frau Montag,

.... 27.08.20... ....

.... die Bedienungsanleitung nicht mitgeliefert worden ist.

Wir schicken Ihnen die Anleitung sofort zu.

Zu Ihren Fragen:

1. Der USB-Anschluss .... der Oberseite neben dem Speicherkartensteckplatz. Um .... auf der Fernbedienung die „Source-Taste" so oft drücken, bis im Display „USB" erscheint.

2. Der Anschluss für den Lautsprecher .... der Rückseite. Sie müssen darauf achten, dass Sie den rechten und den linken Lautsprecher in den passenden Anschluss („R" bzw. „L") stecken.

....

....

Mit freundlichen Grüßen
Gerhard Müller

12 | a Woran liegt das? Was hat Herr Öztürk auf den Anrufbeantworter der Firma HIFI Müller gesprochen? Lesen Sie und ordnen Sie die Aussagen. S. 34, B3 *Lesen / Schreiben*

..... Aber wenn ich auf der Fernbedienung die Ein-/Aus-Taste drücke, passiert nichts – überhaupt nichts. Ich kann die Anlage nur an den Tasten auf der Vorderseite der Anlage bedienen.
1 Öztürk, guten Tag Herr Müller. Eigentlich hätte ich Sie gern persönlich gesprochen. Ich habe da nämlich ein Problem mit meiner Musikanlage, die ich letzte Woche bei Ihnen gekauft habe.
..... Ich habe die Anlage aufgestellt und angeschlossen. Ich denke, ich habe alles richtig gemacht.
..... Ich habe in den nächsten Tagen Nachtschicht. Können Sie mir bitte per E-Mail antworten – und bitte auch die Bedienungsanleitung zuschicken?
..... Können Sie mir sagen, woran es liegen kann, dass die Fernbedienung nicht geht?
..... Vielen Dank!

b **Von welchem Problem berichtet Herr Öztürk? Kreuzen Sie an.**

1. Er kann Herrn Müller telefonisch nicht erreichen. ☐
2. Er kann die Musikanlage nicht ohne Hilfe anschließen. ☐
3. Die Fernbedienung geht nicht. ☐
4. Die Tasten auf der Vorderseite funktionieren nicht richtig. ☐

c **Schreiben Sie eine E-Mail an Herrn Öztürk. Benutzen Sie Textbausteine aus 11a.** ★★★

1. Wählen Sie einen passenden Betreff.
2. Bedanken Sie sich für seinen Anruf.
3. Entschuldigen Sie sich dafür, dass er keine Bedienungsanleitung erhalten hat.
4. Kündigen Sie an, dass Sie ihm eine Bedienungsanleitung zuschicken.
5. Erklären Sie, wie er sein Problem lösen kann: Batteriefach der Fernbedienung öffnen und Batterien herausnehmen, sie aus der Verpackung nehmen und wieder einsetzen.
6. Bieten Sie Hilfe bei weiteren Fragen an.
7. Denken Sie an eine passende Anrede und Grußformel.

13 | a **Wo befindet sich die Ein-/Aus-Taste? Schreiben Sie Fragen. Es gibt mehrere Möglichkeiten.**

S. 34, B4 *Redemittel*

Lautstärke einstellen | Fernseher einschalten | das Menü sichtbar machen | Programm wählen | Pfeil-Tasten | Stumm-Taste | ~~OK-Taste~~

1. Wo ist *die OK-Taste?*
2. Wo kann man ……
3. Wo finde ich ……
4. Mit welcher Taste kann man ……
5. Wie kann man ……
6. Was muss ich drücken, um ……
7. Wozu benutzt man ……

b **Beantworten Sie die Fragen möglichst genau.** ★★★

1. *Die OK-Taste ist oben in der Mitte zwischen den Oben-/Unten- und den Rechts-Links-Tasten.*

C ein Problem beschreiben und um Hilfe bitten

14 | a **Setzen Sie die Wörter richtig zusammen.**

S. 35, C1 *Wortschatz*

1. hen-aus-ge: *ausgehen*
2. hen-auf-ge: ……
3. ten-leuch: ……
4. ken-blin: ……
5. men-klem: ……
6. ge-an-hen: ……
7. ren-tio-funk-nie: ……
8. hen-ge: ……
9. ras-ein-ten: ……

b Alles kaputt! Schreiben Sie mit den Verben aus a Sätze.

1. Der Drucker geht nicht.
2. Die Nähmaschine ....
3. Die Lampe ....
4. Die Speicherkarte ....
5. Der Kopierer ....
6. Der Hebel ....
7. Die Klappe ....
8. Die Warnlampe ....
9. Das Navigationsgerät ....

15 Lesen Sie die Gespräche. *Können* oder *müssen*? Ergänzen Sie. S. 35, C1 *Modalverben*

1. ● Die Warnlampe blinkt – was mache ich denn da am besten?
   ◆ Sie .... den Drucker mal ausschalten, vielleicht geht es dann wieder.
2. ● Der Drucker druckt nicht und die rote Lampe blinkt. Was kann man da jetzt machen?
   ◆ Sie .... den Toner wechseln!
3. ● Die Klappe klemmt? Kann ich einfach daran ziehen oder geht sie dann kaputt?
   ◆ Sie .... sie vorsichtig nach oben ziehen, dann geht es!
4. ● Die Nähmaschine geht nicht an. Woran kann das liegen?
   ◆ Ich weiß es auch nicht. Sie .... ja mal nachsehen, ob der Stecker fest in der Anschlussbuchse steckt – da rutscht er manchmal raus!

16 Tipps von Kollegen. *Können* oder *müssen*? Kreuzen Sie an. S. 35, C1 *Modalverben*

Das Wasser läuft durch die Decke – was soll ich tun?

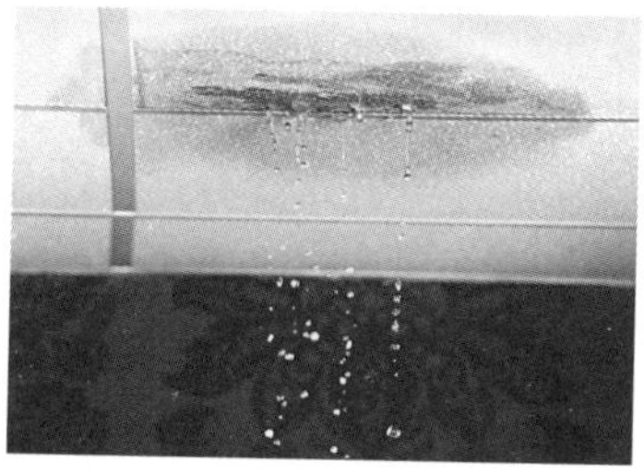

1. Sie ☐ können ☒ müssen die Ware sofort wegräumen.
2. Sie ☐ können ☐ müssen sich ja nachher trockene Sachen anziehen.
3. Sie ☐ können ☐ müssen die Kasse sofort an einen trockenen Platz stellen.
4. Sie ☐ können ☐ müssen ja gleich einen heißen Tee trinken.
5. Sie ☐ können ☐ müssen dem Hausbesitzer Bescheid geben.
6. Sie ☐ können ☐ müssen so schnell wie möglich die Versicherung informieren.
7. Sie ☐ können ☐ müssen den Hauptwasserhahn sofort zudrehen.
8. Sie ☐ können ☐ müssen versuchen, die Ware ins Lager zu bringen, wenn das nicht geht, ist noch hier vorne Platz.
9. Ich ☐ kann ☐ muss Ihnen eigentlich auch helfen, anstatt Ihnen nur Ratschläge zu geben!

17 | a Welche? Die hier vorne links? Ergänzen Sie die Gespräche. S. 35, C2 *Redemittel*

dem da hinten links. | der rechten da hinten. | Das rote da rechts. | den großen in der Mitte. | Die hier vorn. | das daneben. | diesen da. | Dieser? | Dieses hier? | diese hier? | der da links.

1. ● Kannst du die Puppe etwas weiter nach links schieben?
   ◆ Welche Puppe?
   ● ....
   ◆ Meinst du ....
   ● Ja.
2. ● Dieses Telefon gefällt mir gut.
   ◆ Welches Telefon?
   ● ....
   ◆ ....
   ● Nein, ...

3. ● Kannst du den Fernseher etwas weiter nach hinten schieben?
   ◆ Welchen Fernseher?
   ● Na, ______________________________.
   ◆ Ach so, ______________ Mach ich!
4. ● Der Computer sollte etwas weiter nach vorne. Man sieht ihn kaum.
   ◆ Welcher Computer? ______________
   ● Ja, ______________________.
5. ● Auf dem Tischchen würde das Bügeleisen gut aussehen und den Kunden auffallen.
   ◆ Auf welchem Tischchen?
   ● Auf ______________________________.
   ◆ Aha …
6. ● Das Handy neben der Puppe muss woanders hin?
   ◆ Neben welcher Puppe? Hier sind drei.
   ● Neben ______________________________.

b Ergänzen Sie die Tabelle.

		Nominativ	Akkusativ	Dativ
Singular	maskulin	d*er*	d___	d___
		dies___	dies___	dies___
	feminin	d___	d___	d___
		dies___	dies___	dies___
	neutrum	d___	d___	d___
		dies___	dies___	dies___
Plural		d___	d___	d___
		dies___	dies___	dies___

18 | a Frau Cordes (C) ist neu in der Firma und bittet ihren Kollegen Herrn Schmidt (S) um Hilfe. Wer sagt was? S. 35, C2 *Lesen*

___ Oje, ich sehe gerade, dass Herr Kunz hier auch unterschreiben muss. Aber er ist krank und ich brauche seine Unterschrift! Was mache ich denn da jetzt am besten? Ich kann mit dem Antrag nicht warten, bis er wiederkommt!
___ Ja, das liegt hier hinten in diesem Fach hier. Sehen Sie, hier sind alle Formulare.
___ Wo hier oben, Frau Cordes?
___ Können Sie mir sagen, wo ich das Formular herkriege?
___ Danke für den Tipp! Ich hoffe, das klappt auch bei mir …
___ „Hausruf"? – Da müssen Sie die Telefonnummer hier in der Firma reinschreiben, unter der Sie erreichbar sind.
___ Dann geben Sie den Antrag einfach ohne seine Unterschrift zum Chef. Am besten schreiben Sie eine kleine Notiz für den Chef, dass Herr Kunz krank ist. Bei mir hat das immer funktioniert.
C Herr Schmidt, ich wollte eben einen Urlaubsantrag stellen. Können Sie mir mal kurz helfen?
___ Ach so, das wusste ich nicht. Das Fach hat mir noch keiner gezeigt. Danke! – Herr Schmidt, können Sie mir nochmal kurz helfen? Ich weiß nicht, was ich hier oben reinschreiben soll.
S Ja klar. Was brauchen Sie denn?
___ Na, hier oben links. Da steht „Hausruf" – was muss ich da schreiben?
___ Ihr Vertreter ist Herr Kunz.
___ Ach so. Also 5586. – Und was muss ich hier unten schreiben? Hier steht „Name der Vertreterin/des Vertreters". Wer ist denn mein Vertreter?

b Ordnen Sie das Gespräch und schreiben Sie.

C: Herr Schmidt, ich wollte eben einen Urlaubsantrag stellen. <u>Können Sie mir mal kurz helfen?</u>
S: Ja klar. Was brauchen Sie denn?
C:

c Wie bittet Frau Cordes um Hilfe? Unterstreichen Sie die Ausdrücke.

19 | a Lesen Sie den Internetbeitrag. Welches Wort passt nicht? Streichen Sie es.

S. 35, C2 *Lesen / Landeskunde*

Kollegen um Hilfe bitten – oder besser nicht?

Wer kennt/~~weiß~~ (1) das nicht: Sie sind auf der Arbeit und haben ein Problem. Könnten/Sollten (2) Sie einen Kollegen um Hilfe bitten oder es lieber selber probieren? – Sie versuchen es erst einmal allein, aber Sie schaffen es nicht. Und jetzt?

Viele Menschen haben Angst, Ihre/ihre (3) Kollegen um Rat zu fragen oder um Hilfe zu bitten. Denn sie glauben, dass sie damit Schwäche zeigen. Experten sehen das andere/anders (4). Sie meinen, das/der (5) Gegenteil ist der Fall: Wer um Hilfe bittet, zeigt Stärke. Denn wen/wer (6) fragt, ist selbstbewusst genug, um anderen zu zeigen, dass er Hilfe braucht.

Sie sollten also den Mut haben und um Hilfe bitten/zu bitten (7). Es stört den Kollegen in der Regel auch nicht, wenn Sie ihn um Rat fragen, sondern er fühlt sich eher geehrt. Durch Ihre Bitte zeigen Sie ihm, dass Sie ihn für geeignet/geeigneten (8) halten, Ihnen zu helfen. Und er sieht, dass Sie ihm/ihn (9) vertrauen. Damit wird die Beziehung zwischen Ihnen und Ihrem Kollegen enger/mehr eng (10).

Manchmal hilft Ihnen das/der (11) Tipp des Kollegen nicht weiter. Dann sollten Sie aber nicht einfach weggehen und das Problem auf eine andere Art lösen. Das könnte Ihren Kollegen verärgern, weil er sich nicht ernst genommen denkt/fühlt (12). Er könnte sich fragen: „Warum fragt er/sie mich, wenn er es doch anders macht?"

Wenn Ihnen ein Kollege ein/einen (13) Rat gibt, dann sollten Sie ihm mitteilen, wie Sie darüber denken, z. B. „Gute Idee, das werde ich so machen." oder „Das hört sich gut an, aber ich weiß noch nicht richtig, wie das funktionieren soll." oder „Wenn ich das so mache, wie du mir vorschlägst, dann sehe ich aber die folgende/folgenden (14) Probleme ..." Denken Sie daran/darüber (15): Ihrem Kollegen ist es wichtig, zu erfahren, was Sie an/über (16) seine Idee denken.

b Richtig oder falsch? Kreuzen Sie an.

	richig	falsch
1. Viele Arbeitnehmer glauben, dass man einen Kollegen besser nicht um Hilfe bitten sollte.	☐	☐
2. Experten meinen, dass es ein Zeichen von Stärke ist, einen Kollegen um Rat zu fragen.	☐	☐
3. Wenn man einen Kollegen um Rat fragt, stört ihn das bei der Arbeit.	☐	☐
4. Das Verhältnis zu einem Kollegen, den man um Rat gefragt hat, ist nachher besser.	☐	☐
5. Wenn man einen Kollegen um Hilfe bittet, zeigt man ihm, dass man ihn für fähig hält, eine Lösung zu finden.	☐	☐
6. Man sollte sich immer so verhalten, wie es der Kollege geraten hat.	☐	☐
7. Man sollte dem Kollegen sagen, warum man seinen Rat gut oder nicht so gut findet.	☐	☐

Lernwortschatz

S. 32 | Daria Golde hat einen technischen Beruf

Nomen

der Anteil, -e

der Frauenanteil (Sg.)

der Kfz-Mechatroniker, -

der Pannendienst, -e

die/das SMS, -

Verben

beherrschen (gut)

funktionieren

Geduld haben für (+ Akk.)

gehen* (funktionieren)

hinbekommen

liegen* unter/über

stehen* zu (+ Dat.)

weitere Wörter

irgendetwas

S. 33 | A eine Bedienungsanleitung verstehen

Nomen

der Anschluss, ¨-e

die Anschlussbuchse, -n

die Anzeige, -n

der Betrieb (hier: Sg.)

die Betriebsanzeige, -n

die Buchse, -n

der Druck, -e

die Ein-/Aus-Taste, -n

das Fach, ¨-er

das Gerät, -e

die Kraft, ¨-e

das Ladegerät, -e

die Leiste, -n

der Mechanismus, die Mechanismen

die Oberseite, -n

der PC (= Personal Computer), -s

die Richtung, -en

die Rückseite, -n

die Taste, -n

der Touchscreen, -s

die Unterseite, -n

die Verpackung, -en

die Vorderseite, -n

der Zweck, -e

Verben

ausschalten

auswerfen*

sich befinden*

berühren

einrasten

einschalten

einsetzen

einstellen (die Lautstärke)

leuchten

schieben*

verwenden

zurücksetzen

Adjektive

extern

mini

unter-

S. 34 | B ein technisches Gerät beschreiben und erklären

Nomen

die Bedienungsanleitung, -en

Verben

angeben* (Nummer)

angehen*

anschließen*

auffallen*

beschreiben*

einbauen

kommen* (Das kommt ins rechte Fach.)

mitgeben*

sich wenden (an + Akk.)

zuschicken

Adjektive

telefonisch

weiter-

S. 35 | C ein Problem beschreiben und um Hilfe bitten

Nomen

der Akku, -s (Akkumulator) ....
der Dienst, -e ....
das Diensthandy, -s ....
die Hauptsache, -n ....
der Hebel, - ....
die Klappe, -n ....

Verben

aufgehen* ....
ausdrucken ....
blinken ....
deuten (auf + Akk.) ....
herausbekommen* ....
herausnehmen* ....
klappen (es klappt) ....
klemmen ....
raten* ....
schütteln ....
um Rat bitten*/fragen ....
ziehen* ....

Adjektive

erneut ....
kräftig ....
ruckartig ....

Welche Wörter möchten Sie noch lernen? Notieren Sie:

....
....
....
....
....

TIPP

Wort-bild-ung durch-schau-en

Im Deutschen gibt es viele Möglichkeiten, aber auch feste Regeln, neue Wörter zu bilden. Wenn man bei einem unbekannten Wort erkennt, wie es gebildet ist, diese Regeln erkennt, kann man es oft auch ohne Wörterbuch verstehen und man kann es leichter lernen.

Beispiele:

der Anteil – **der** Frauen-anteil
der Dienst – **der** Pannen-dienst
die Buchse – **die** Anschluss-buchse

ein-bauen – **aus**-bauen
auf-gehen – **zu**-gehen

Suchen Sie im Lernwortschatz nach weiteren Beispielen und schreiben Sie auf, wie sie gebildet sind.

Lektion 7

A Werbeaussagen eines Unternehmens verstehen

1 Lesen Sie, was Bäcker alles machen.
Bilden Sie Sätze mit *nicht nur ... sondern auch*.

S. 41, A1 **nicht nur ..., sondern auch ...**

Was wir für unsere Kunden tun

1. (Brot und Brötchen backen) (Torten und Desserts herstellen)
   Wir backen nicht nur Brot und Brötchen, sondern stellen auch Torten und Desserts her.
2. (die besten Zutaten für unsere Rezepte auswählen)
   (diese zu besonders hochwertigen Produkten verarbeiten)

3. (für unsere Arbeit traditionelle Rezepte verwenden) (regelmäßig neue Rezepturen entwickeln)
4. (laufend die Qualität unserer Backwaren kontrollieren) (streng auf die Hygiene achten)

2 | a Wie heißen die Verben? Ergänzen Sie.

S. 41, A1 *Wortschatz*

Alle unsere Mitarbeiter ...

1. erkennen (nenerken) auf den ersten Blick, wenn Zutaten nicht frisch sind oder eine Ware fehlerhaft ist.
2. ______ (beitenar) gern mit den Händen und verstehen es, den Teig in die richtige Form zu bringen.
3. können schöne Dekors ______ (tenstalge) und Torten ______ (renziever).
4. wissen, wie man Rührmaschinen und andere Arbeitsgeräte bedient, pflegt und ______ (tetwar), und können leichte Fehler selbst ______ (bebenhe).
5. finden immer die richtigen Worte im Gespräch mit Kunden und können diese ______ (tenrabe).

b Zu welchem Satz aus a passt das? Ordnen Sie die Zahlen 1 bis 5 zu.

ein gutes mündliches Ausdrucksvermögen	haben	Satz ___
ein Auge für Qualität		Satz ___
handwerkliche Fertigkeiten		Satz ___
ein technisches Verständnis		Satz ___
Sinn und Gefühl für Ästhetik		Satz ___

3 | a Bilden Sie aus den Verben Nomen.

S. 41, A1 *Wortschatz*

1. herstellen die Herstellung
2. gestalten
3. entwickeln
4. umrechnen
5. verarbeiten
6. verwenden
7. vermeiden
8. überprüfen

b Ergänzen Sie das passende Nomen aus a.

1. Die .... von Kilo in Pfund macht mir manchmal Probleme.
2. Zum umweltfreundlichen Konzept gehört die .... von langen Transportwegen.
3. Die .... von natürlichen Zutaten ist für uns selbstverständlich.
4. Backwaren sollen schön aussehen. Deshalb braucht man als Bäcker einen Sinn für ....
5. Auch die .... von neuen Rezepturen gehört zu den Tätigkeiten eines Bäckers.
6. Wer ist denn bei Ihnen für die .... der Qualität zuständig?
7. Die .... unseres Getreides findet in Mühlen statt, die in unserer Nähe liegen.

4 | a Lesen Sie den Text. Was bedeuten die Zahlen? Notieren Sie. ★★★ S. 41, A2 *Lesen / Adjektivdeklination*

1. 24 Stunden: wichtig für die Entwicklung der Hefe, garantiert den ausgezeichneten Geschmack
2. zwölf .... : ....
3. zwei .... : ....
4. 200 .... : ....

Qualität braucht Zeit

Unsere Erfahrung hat gezeigt, dass Qualität und Geschmack besonders davon abhängen, wie viel Zeit man sich für das Backen nimmt. Bis unser Teig fertig ist, dauert es 24 Stunden. Diese lange Zeit ist für die natürliche Entwicklung der Hefe wichtig und garantiert den ausgezeichneten Geschmack unserer Produkte.

Bekannt sind wir vor allem für unsere kleinen, runden Bauernbrote. Den Teig dafür stellen wir aus dem feinen Mehl der Hubertus-Mühle und aus anderen ökologischen Rohstoffen her. Alle unsere Zutaten sind frei von künstlichen Zusatzstoffen und kommen von Höfen, die nicht mehr als zwölf Kilometer von uns entfernt liegen.

In unserem traditionellen Steinofen backen wir das Brot dann zwei Stunden lang bei 200 Grad. Denn nur bei dieser niedrigen Temperatur kann sich der feine Geschmack im Brot richtig entwickeln.

Wir nehmen uns für den Teig und das Backen viel Zeit. Nur das beste Mehl und die besten Rohstoffe sind für uns gut genug für das wichtigste Lebensmittel – unser Brot. Probieren Sie selbst.

b Lesen Sie den Text noch einmal und unterstreichen Sie alle Nomen, die ein Artikelwort und ein Adjektiv haben. Verwenden Sie dafür verschiedene Linien für den Nominativ, den Akkusativ und den Dativ.

c Ergänzen Sie die Ausdrücke aus b in der Tabelle. Markieren Sie die Endungen.

	Nominativ	Akkusativ	Dativ
maskulin			
neutral			
feminin	Diese lange Zeit	die natürliche Entwicklung	
Plural			

5 **Ergänzen Sie die Adjektivendungen.**

1. Wo hast du denn dieses lecker___ Brot gekauft?
   Das hell___ hier? Bei dem nett___ Bäcker, gleich bei uns um die Ecke.
2. Für unsere Produkte verwenden wir nur die feinst___ Zutaten.
   Der Grund: Wir wollen unseren Kunden nur die best___ Qualität bieten.
3. Natürlich ist auch die lang___ Backzeit für den ausgezeichnet___ Geschmack unserer Waren verantwortlich.
4. Möchten Sie das groß___ oder das klein___ Stück Obstkuchen?
5. Ich bekomme bitte ein Kilo von dem fein gemahlen___ Mehl und ein Päckchen Trockenhefe.

6 | a **Lesen Sie die Frühstückskarte der Bäckerei „Brot & Co." und unterstreichen Sie die Nomen mit Adjektiven mit verschiedenen Linien für den Nominativ, den Akkusativ und den Dativ.**

S. 41, A2 *Adjektivdeklination*

Von unserer Frühstückskarte

1 ZÜRICH

Großes Birchermüsli aus frischem Getreide, dazu Milch oder Joghurt.

2 WIEN

Selbst gemachte Marillenmarmelade mit Butter und zwei Croissants.

3 NEW YORK

Drei kleine, selbst gebackene Pfannkuchen mit süßem Ahornsirup und knusprig gebratenem Speck.

4 ATHEN

Griechischer Joghurt mit feinen Nüssen, Honig und Obst. Dazu Olivenbrot und Butter.

5 MAILAND

Parmaschinken auf leckerer Honigmelone, dazu Bruschetta mit Tomaten und Basilikum.

Zu unserem Frühstücksangebot servieren wir Ihnen gern heiße oder kalte Getränke: schwarzen Tee oder Kaffee, frische Milch (warm oder kalt) oder auch einfach nur ein Glas Sprudel- oder stilles Wasser.

b **Ergänzen Sie die Nomen mit den Adjektiven in der Tabelle.**

	Nominativ	Akkusativ	Dativ
maskulin			
neutral	großes Birchermüsli		frischem Getreide
feminin			
Plural			

7 **Ergänzen Sie die Adjektivendungen.** S. 41, A2 *Adjektivdeklination*

KLEIN____ SNACKS FÜR GROSS____ HUNGER
Piadina (dünn____ italienisch____ Brot mit Schinken und Käse)
Verschieden____ Sandwiches
Alle Arten von belegt____ Broten

HAPPY HOUR
Wir verkaufen in der letzten Stunde vor Ladenschluss
übrig geblieben____, tagfrisch____
Brot zu niedrig____ Preisen!

WIR BIETEN
knusprig____ Brote und lecker____ Brötchen
selbst gebacken____ Kuchen und Torten
Eis aus eigen____ Herstellung (nur mit frisch____ Obst zubereitet)
UND WÜNSCHEN IHNEN SCHON JETZT GUT____ APPETIT!

NEU____ MÜHLENLADEN ERÖFFNET!
Backmischungen, Mühlenspezialprodukte und Naturprodukte – natürlich hergestellt aus selbst gemahlen____ Mehl und Getreide aus der Region.
Alle Produkte garantiert ohne künstlich____ Zusatzstoffe!

8 **Lesen Sie und ergänzen Sie die Endungen.** S. 41, A2 *Adjektivdeklination*

Eine kleine Geschichte vom Brotbacken

Schon vor 6000 Jahren haben die ____________ (alt) (1) Ägypter Brot hergestellt. Wie man heute weiß, gab es schon damals ____________ (speziell) (2) Räume, in denen gebacken wurde. Die ____________ (erst) (3) Werkzeuge der Ägypter waren ____________ (einfach) (4) Steine. Diese brauchten sie, um aus dem ____________ (grob) (5) Getreide ____________ (fein) (6) Mehl zu machen. Natürlich war es ____________ (hart) (7) Arbeit, das Getreide nur mithilfe von Steinen zu mahlen: Denn man brauchte zehn Stunden, um zwei Kilogramm Mehl herzustellen. Im ____________ (alt) (8) Ägypten war Brot deshalb ein sehr ____________ (wertvoll) (9) Nahrungsmittel, mit dem man auch bezahlen konnte. Man legte es den ____________ (tot, hier als Nomen) (10) auch als Geschenk mit ins Grab.

B ein Beratungsgespräch verstehen

9 **Sagen Sie es freundlicher! Verwenden Sie dafür den Konjunktiv II der markierten Verben.** S. 42, B2 *Konjunktiv II*

1. Was ~~haben~~ hätten Sie denn noch im Angebot?
2. Können Sie mir einen Kostenvoranschlag schicken?
3. Ich brauche Gebäck für zehn Personen.
4. Ist es möglich, bei Ihnen für Donnerstag 20 Brezeln vorzubestellen?
5. Sie müssen mir schreiben, was genau Sie benötigen.
6. Das darf eigentlich nicht passieren.
7. Soll er die Ware nicht lieber morgen schon liefern?

10 | a Frau Krämer möchte ihr zehnjähriges Firmenjubiläum feiern und ihre Kollegen und Vorgesetzten zu einem kleinen Quiche-Essen einladen. Sie ruft bei der Catering-Firma „LA TARTE" an. Wer sagt/fragt das wohl? Frau Krämer, die Kundin (K) oder die Mitarbeiterin der Catering-Firma (F)? Lesen Sie und kreuzen Sie an.

S. 42, B3 *Wortschatz / Redemittel*

	K	F
1. Haben Sie da einen Erfahrungswert?	☐	☐
2. Was haben Sie denn noch in Ihrem Angebot?	☐	☐
3. Dann mache ich Ihnen ein Angebot.	☐	☐
4. Könnten Sie mir einen Kostenvoranschlag machen?	☐	☐
5. Vielen Dank für Ihre Beratung. Sie werden bald wieder von mir hören.	☐	☐
6. Ich würde Ihnen raten, …	☐	☐
7. Ich wollte mich erkundigen, ob …	☐	☐
8. Die Quiche Lorraine besteht aus …	☐	☐
9. Nichts zu danken.	☐	☐
10. Aus was besteht denn …	☐	☐
11. An Ihrer Stelle würde ich … nehmen.	☐	☐
12. Das ist kein Problem für uns. Sie müssten aber …	☐	☐
13. Welche würden Sie mir denn empfehlen?	☐	☐
14. Was kann ich für Sie tun?	☐	☐

Die Quiche Lorraine – eine Spezialität aus Lothringen in Frankreich

b Ergänzen Sie das Gespräch mit den Sätzen/Satzbausteinen aus a.

1. ● Guten Tag, Sie sprechen mit Celine Philippon von der Catering-Firma „LA TARTE".
   ……………………
2. ◆ Guten Tag. Mein Name ist Ina Krämer. ……………………
   …………… ich bei Ihnen für mein zehnjähriges Firmenjubiläum ein paar Quiches bestellen kann.
3. ● Aber selbstverständlich. ……………………
   die Quiches zwei Werktage im Voraus bestellen, damit wir sie rechtzeitig liefern können. Wie viele Quiches möchten Sie denn?
4. ◆ Nun, wir sind in unserer Abteilung vierzehn Personen. Wie viele Quiches bräuchte ich denn, damit meine Gäste satt werden? ……………………
5. ● Also, ich würde sagen, dass jede Person zwei bis drei Stücke isst. Das wären dann 42 insgesamt. Eine Quiche besteht aus sieben Stücken. ……………………
   also sechs Quiches ……………
6. ◆ Sechs Quiches, okay. Ich habe gehört, dass Sie viele verschiedene Quiches anbieten. ……………
   ……………………
7. ● ……………………
   eine Quiche Lorraine zu nehmen, vielleicht auch zwei. Das ist unser Klassiker und sehr beliebt.
8. ◆ …………………… eine Quiche Lorraine?
9. ● …………………… Eiern, Käse und Speck.
   Aber gehen Sie doch auf unsere Webseite. Da steht, aus welchen Zutaten unsere Quiches gemacht werden.
10. ◆ Das ist eine gute Idee. Das mache ich. ……………………
    Also, ich meine, außer den Quiches.
11. ● Wir bieten zu unseren Quiches auch verschiedene Salate an.
12. ◆ Salate? Ja, die passen natürlich auch sehr gut dazu. Wie viel würden denn sieben Quiches und Salat für vierzehn Personen kosten? ……………………

13. ● Ich muss wissen, welche Quiches Sie nehmen wollen, um Ihnen einen Kostenvoranschlag machen zu können. Schreiben Sie mir doch bitte auf, was Sie bestellen wollen. ....

.... Wären Sie damit einverstanden?

14. ◆ Natürlich. ....

15. ● .... Auf Wiederhören.

c Was notiert sich Frau Krämer wohl?
Lesen Sie das Gespräch in b noch einmal und notieren Sie Stichwörter.

Ansprechpartnerin Fr. Philippon

Menge insgesamt ....

Besondere Empfehlung ....

Zutaten ....

Weitere Angebote ....

Kosten ....

11 | a Suchen Sie die Sätze in 10 b und ergänzen Sie in der Tabelle. S. 42, B4 ***Finale Konjunktionen***

Hauptsatz	Nebensatz finale Konj.		Verb
1. Sie müssten die Quiches nur zwei Werktage im Voraus bestellen,	damit	wir sie rechtzeitig	liefern können.
2. Wie viele Quiches bräuchte ich denn,			
3. Ich muss wissen, welche Quiches Sie nehmen wollen,			

b Formulieren Sie den dritten Nebensatz mit *damit* und tragen Sie ihn in die Tabelle ein.

c Unterstreichen Sie in den Hauptsätzen und den Nebensätzen in a das Subjekt.
Ergänzen Sie dann die Regel.

Wenn das Subjekt im Haupt- und Nebensatz verschieden ist, verwendet man die finale Konjunktion ....

Wenn das Subjekt im Haupt- und Nebensatz gleich ist, verwendet man die finale Konjunktion .... Im Nebensatz wird das Subjekt aus dem Hauptsatz nicht mehr genannt.

12 Bilden Sie Sätze mit *um ... zu* oder *damit*. S. 42, B4 ***Finale Konjunktionen***

1. Frau Krämer ruft bei „LA TARTE" an, (sie erkundigt sich nach Speisen für ihre Feier)
....
2. Frau Krämer sagt, wie viele Personen sie einlädt, (Frau Philippon die Menge kalkulieren können)
....
3. Frau Philippon rät Frau Krämer, eine Quiche Lorraine zu bestellen, (Frau Krämers Gäste diese Spezialität kennenlernen)
....
4. Frau Krämer soll sich die Webseite von „LA TARTE" ansehen, (einen Überblick über das Angebot bekommen)
....
5. Frau Krämer muss zuerst entscheiden, welche Quiches sie nimmt, (Frau Philippon ein Angebot machen können)
....

13 | a Bilden Sie Sätze mit *um … zu* und *damit*. S. 42, B4 *Finale Konjunktionen*

Kunden und Lieferanten können uns anrufen. |
Wir präsentieren die Waren optimal. | Die Kunden können zahlen. |
Wir können unsere Abrechnungen machen und die Webseite pflegen. |
Die Kunden haben eine große Auswahl. | Wir können Maße und Gewichte umrechnen.

Für die Arbeit brauchen wir …

1. ein Telefon, ……………………
2. einen Verkaufsraum, ……………………
3. eine Kasse, ……………………
4. einen Taschenrechner, ……………………
5. einen Computer, ……………………
6. ein großes Angebot an Produkten, ……………………

b Welche Arbeitsmittel, Geräte und/oder Räume brauchen Sie für Ihre Arbeit? Wozu? Schreiben Sie Sätze wie in a.

Für meine Arbeit brauche ich …

C ein Beratungsgespräch führen

14 | a Hier haben sich 14 Adjektive versteckt, mit denen man Speisen beschreiben kann. Suchen Sie und markieren Sie. S. 43, C1 *Wortschatz*

aserwbnweichiopdfnhertwscharfaloeitoghbbitterklwertsafaulghtwmklhannhartaufgerwomagerschökle

dimildlartwensüßspichtorsauerversalniggekochtnumerstafrischblazigfettwerlöschrohebrklertprifessalzig

b Schreiben Sie die Adjektive aus a in die Tabelle. Welche Nahrungsmittel kann man damit beschreiben? Kreuzen Sie an.

	Brot	Obst	Gemüse	Fleisch/ Fisch	Soßen/ Suppen	Käse	Milch	Schoko-lade
b	☐	☐	☐	☐	☐	☐	☐	☐
fa	☐	☐	☐	☐	☐	☐	☐	☐
fe	☐	☐	☐	☐	☐	☐	☐	☐
fr	☐	☐	☐	☐	☐	☐	☐	☐
g	☐	☐	☐	☐	☐	☐	☐	☐
h	☐	☐	☐	☐	☐	☐	☐	☐
ma	☐	☐	☐	☐	☐	☐	☐	☐
mi	☐	☐	☐	☐	☐	☐	☐	☐
r	☐	☐	☐	☐	☐	☐	☐	☐
sa	☐	☐	☐	☐	☐	☐	☐	☐
sau	☐	☐	☐	☐	☐	☐	☐	☐
sch	☐	☐	☐	☐	☐	☐	☐	☐
s	☐	☐	☐	☐	☐	☐	☐	☐
w	☐	☐	☐	☐	☐	☐	☐	☐

15 | a Lesen Sie die Textabschnitte. Bringen Sie diese in die richtige Reihenfolge. ★★★

S. 43, C1 **Lesen / Landeskunde**

Flüssig und gesund, international und sehr erfolgreich

...... Dass sich die Suppe zu einer Art Modemahlzeit entwickelt hat, liegt sicherlich auch daran, dass fast alle Anbieter ihre Suppen mit biologischen Zutaten und ohne künstliche Zusatzstoffe kochen. Zu Andreas Reicharts Stammkunden gehören deshalb auch viele, die auf eine gesunde, bewusste und oft auch fleischlose Ernährung Wert legen und fette Mahlzeiten wie Schweinebraten oder Currywurst meiden. „Suppen sind relativ leicht cholesterin- und allergiefrei herzustellen", so Reichart. „Der Trend zu ökologischen und gesunden Nahrungsmitteln trägt also sicher auch ganz wesentlich zum Erfolg der Suppe bei."

...... Gibt es denn einen Grund, warum sich Suppen-Gerichte in letzter Zeit einer so großen Beliebtheit erfreuen? „Das Essverhalten am Mittag hat sich in den vergangenen Jahren geändert", meint Andreas Reichart, der in Schwabing, einem alten, lebendigen Stadtteil Münchens, seine Suppenküche aufgemacht hat und sehr erfolgreich damit ist. „Gerade die Berufstätigen haben immer weniger Zeit und wollen deshalb in ihrer Mittagspause nur eine Kleinigkeit essen. Eine Suppe lässt sich schnell weglöffeln und macht trotzdem satt."

...... Es gibt aber noch einen dritten Grund dafür, dass das Interesse an Suppen so zugenommen hat: die Globalisierung. Durch sie sind hierzulande viele Gerichte aus anderen Ländern bekannt geworden. Inzwischen stehen thailändische Glasnudel- und marokkanische Couscous-Suppen, slawische Rote-Beete- oder skandinavische Fischsuppen genauso oft auf den Speisekarten der Suppen-Anbieter wie Gulasch- oder Kartoffelsuppen. „Es klingt zwar komisch", meint Andreas Reichart, „aber unsere Kunden sind meistens viel in der Welt herumgekommen und offen für andere Länder und deren Esskultur".

...... Bis vor Kurzem noch galt sie als altmodisch und als „Arme-Leute-Essen": die Suppe. Seit ein paar Jahren aber feiert sie ihr „Comeback" und in immer mehr deutschen Städten eröffnen Läden, in denen vor allem mittags dampfende Suppen nach heimischen, asiatischen oder mediterranen Rezepten angeboten werden: als kleine oder große Portion, am Buffet oder zum Mitnehmen.

b Wer sind die Hauptkunden von Suppen-Anbietern wie Andreas Reichart? Suchen Sie im Text Informationen dazu und unterstreichen Sie diese. Schreiben Sie dann. ★★★

Die meisten Kunden von Andreas Reichart sind berufstätig und haben wenig Zeit.
In ihrer Mittagspause ...

16 Welche Redemittel passen? Lesen Sie die Situationen und ergänzen Sie.

S. 43, C2 **Redemittel**

Und welches Getränk passt am besten zu ...? | Nehmen Sie doch ... | aus was werden ... gemacht? | welchen ... können Sie mir empfehlen? | Ich würde Ihnen zu ... raten. | ... bestehen aus ... .

1. nach Waren fragen – Waren beschreiben

Sie sind in einem Gasthaus und wollen wissen, aus was Semmelknödel gemacht werden. Wie fragen Sie?

● Entschuldigen Sie, ...?

Sie sind Kellner und erklären dem Gast, dass die Zutaten Brötchen, Milch, Kräuter, eine Zwiebel, Eier und Salz sind.

◆ Semmelknödel? ....

....

....

2. um eine Empfehlung bitten – eine Empfehlung geben

Sie sind zum ersten Mal in Wien in einem Kaffeehaus und wissen nicht, was Sie von der Kuchenkarte bestellen sollen. Was fragen Sie die Bedienung?

● Verzeihung, ...

Sie empfehlen dem Gast, ein Stück Sachertorte zu nehmen. Viele Gäste tun das.

◆ Sie sind zum ersten Mal in Wien? ....

3. sich beraten lassen – Rat geben

Sie haben in einem Schweizer Restaurant Käsefondue bestellt und möchten wissen, was man am besten dazu trinkt. Wie fragen Sie?

● ....

Sie raten dem Gast, entweder Tee oder Weißwein zu bestellen.

◆ ....

17 | a Welche Wörter fehlen hier? Lesen Sie und ergänzen Sie. ★★★ S. 43, C2 Grammatik / Lesen

Tipps für den Umgang mit Kunden am Telefon

1. Schenken Sie Ihren potenziellen Kunden Zeit und Aufmerksamkeit und zwar, *sobald* diese bei Ihnen anrufen. Denn wer .... einer Warteschleife erst einmal lange warten muss, ... er die .... ihn zuständige Person sprechen kann, wird nicht so schnell wieder mit einer Anfrage .... Sie zukommen.
2. Auch .... Telefon ist das so: Der erste und der letzte Eindruck entscheiden ...., ... zufrieden Kunden sind. Nennen Sie dem Anrufer Ihren Namen und den Namen Ihres Arbeitgebers, ... er sofort weiß, ... er bei Ihnen an der richtigen Adresse ist oder nicht. Achten Sie .... der Begrüßung und ebenso .... der Verabschiedung .... Ihre Stimme. Freundlichkeit ist auch hier das oberste Gebot!
3. Laden Sie den Anrufer .... der entsprechenden Frage ein, sein Anliegen zu formulieren. Lassen Sie ihn dabei unbedingt ausreden! .... Sie ihn dann beraten, geben Sie ihm nur so viele Informationen, wie er benötigt. Selbstverständlich müssen Sie Ihrem potenziellen Kunden auch die Möglichkeit geben nachzufragen, ... ihm/ihr etwas nicht ganz klar ist.
4. .... einem Beratungsgespräch sollte es Ihnen vor allem .... gehen, die Wünsche Ihres Kunden zu verstehen. .... Kunden, die sich .... ihren Wünschen und Einwänden ernst genommen fühlen, werden mit Ihnen viel eher ein Geschäft abschließen .... Kunden, die das Gefühl haben, ... Sie ihnen einfach nur etwas verkaufen wollen.

b In welchem Tipp steht das?

1. Man soll Kunden am Telefon nicht warten lassen, weil Sie sonst verärgert sind. Tipp ....
2. Man soll immer zuerst den Firmennamen und den eigenen Namen nennen. Tipp ....
3. Freundlichkeit ist auch am Telefon sehr wichtig. Tipp ....
4. Man soll Kunden nicht unterbrechen und ihnen Gelegenheit geben, Fragen zu stellen. Tipp ....
5. Man soll dem Kunden keine Informationen geben, die er nicht braucht. Tipp ....
6. Kunden, die sich verstanden und ernst genommen fühlen, kaufen viel eher etwas. Tipp ....
7. Man sollte den Eindruck vermeiden, dass man unbedingt etwas verkaufen möchte. Tipp ....

18 **Lesen Sie die Situationen. Wählen Sie die passenden Redemittel aus dem Kursbuch auf Seite 42 und ergänzen Sie.**

S. 43, C2 **Redemittel**

1. sich am Telefon melden

Sie arbeiten im Restaurant „Zur Mühle". Das Telefon klingelt.

Sie melden sich und bieten Ihre Hilfe an.

● ....

....

....

2. ein Anliegen formulieren

Sie wollen am Freitagabend mit der Familie zum Essen gehen.

Erkundigen Sie sich nach Gerichten, die auch Kindern schmecken.

◆ ....

....

....

3. Gerichte empfehlen

Empfehlen Sie Spaghetti mit Tomatensoße und Schnitzel mit Pommes frites.

◆ ....

....

....

4. einen weiteren Anruf vereinbaren

Sie wollen das Restaurant noch einmal anrufen, sobald Sie das mit den Kindern besprochen haben.

● ....

....

....

5. ein Telefonat beenden

Sie verbleiben mit dem Anrufer so, dass Sie auf einen weiteren Anruf von ihm warten. Sie bedanken und verabschieden sich.

● ....

....

....

Lernwortschatz

S. 40 | Menschen in unserer Stadt: Mehmet Cetin

Nomen

die Angabe, -n
das Ausdrucksvermögen (Sg.)
der Bäcker, - / die Bäckerin, -nen
der Meister, - / die Meisterin, -nen
die Datenbank, -en
die Fertigkeit, -en
das Gefühl (hier: Sg.)
das Gewicht, -e
der Zufall, ¨-e
das Merkmal, -e
die Rechenfertigkeit, -en
der Spaß (hier: Sg.)
die Suche (Sg.)
der Sinn (hier: Sg.)

Verben

begleiten
bereuen
entdecken
formen
gestalten
einen Beruf lernen
auf eine Idee bringen*
eine Lehre machen
surfen
umrechnen
verzieren

Adjektive

anstrengend
handwerklich
technisch

S. 41 | A Werbeaussagen eines Unternehmens verstehen

Nomen

die Fachleute (Pl.)
das Konzept, -e
der Maßstab, ¨-e
der Qualitätsmaßstab, ¨-e
die Selbstdarstellung, -en
der Standard, -s
die Überprüfung, -en
das Vertrauen (Sg.)
die Verwendung (Sg.)
die Vorgabe, -n
die Werbeaussage, -n
die Werbung (Sg.)
der Zusatzstoff, -e

Verben

auswählen
sich bewähren
beweisen*
richtigliegen mit (+ Dat.)
schaffen*
stärken
verarbeiten
vermeiden*
vorschreiben*

Adjektive

gesetzlich
importiert
künstlich
sorgfältig
synthetisch
unabhängig

S. 42 | B ein Beratungsgespräch verstehen

Nomen

der Anlass, ¨-e
die Höhe (Sg.)
das Jubiläum, Jubiläen
der Kostenvoranschlag, ¨-e
die Produktbeschreibung, -en
die Rubrik, -en
die Spezialität, -en
der Stammkunde, -n / die Stammkundin, -nen
der Wunsch, ¨-e

Verben

abschätzen
aufschreiben*
ausrichten
belegen mit (+ Dat.)
bestehen aus (+ Dat.)*
enthalten*
entsprechen*
jemandem etwas ans Herz legen

veranstalten
vorbestellen
zusammenstellen

Adjektive

beliebt
rechtzeitig
ungefähr

weitere Wörter

insgesamt

S. 43 | **C** ein Beratungsgespräch führen

Nomen

der Einwand, ¨-e

Verben

faxen

Welche Wörter möchten Sie noch lernen? Notieren Sie:

TIPP

Schreiben Sie Definitionen für die Wörter. Verwenden Sie dazu auch andere Lernwörter und/oder die grammatikalischen Strukturen der Lektion.

Zum Beispiel *Anlass*:
Ein Jubiläum ist ein schöner Anlass, eine kleine oder große Feier für Freunde und Kollegen auszurichten.

Lektion 8

A sich mit Kollegen beraten

1 **Welche Kritik passt? Ergänzen Sie.** S. 45, A2 Redemittel

keinen gesüßten Tee bekommen | wenn Sie den Kindern Obst statt Süßigkeiten geben | dass Katharina in der Kita Süßigkeiten isst | dass Sie mit den Kindern so selten auf den Spielplatz gehen | sollten Sie mit den Kindern mehr Ausflüge machen

1. Ich möchte nicht, ……
2. Katharina soll ……
3. Ich finde es besser, ……
4. Meiner Meinung nach ……
5. Mir gefällt es nicht, ……

2 | a **Welche Präposition passt? Verbinden Sie.** S. 45, A3 Wortschatz / Präpositionen

1. … Rat bitten
2. zuständig sein …
3. verzichten …
4. Erfahrungen machen …
5. gehen …
6. sich gewöhnen …

A an
B um (2x)
C für
D auf
E mit

b **Ergänzen Sie die Sätze mit den passenden Ausdrücken aus a.**

1. Es …… die Frage, wie man Probleme bei der Arbeit am besten lösen kann.
2. Viele Menschen haben gute …… einem Gespräch mit einem Kollegen …… .
3. Sie haben festgestellt, dass es ihnen hilft, einen Kollegen …… .
4. Wenn es einen Kollegen gibt, mit dem Sie sich gut verstehen, sollten Sie auf keinen Fall …… die Möglichkeit ……, mit ihm über Ihr Problem zu sprechen.
5. Dieser Kollege muss gar nicht direkt mit Ihnen zusammenarbeiten. Er kann auch …… einen anderen Bereich …… . Wichtig ist nur, dass er den Betrieb kennt.
6. Allerdings sollten Sie sich auch nicht dar……, alles, auch die kleinsten Dinge, mit Ihren Kollegen zu besprechen. Alltägliche Dinge sollten Sie schon selbst entscheiden.

3 **Ergänzen Sie die passenden Konjunktion.** S. 45, A3 Zweiteilige Konjunktionen

nicht nur … sondern auch | zwar … aber | entweder … oder | sowohl … als auch

1. Marwan Abbas hat sich …… bei der HWO beworben, …… bei einer kleinen privaten Kindertagesstätte.
2. Er hat die Stelle bekommen, weil er …… Erfahrung mit Kindern …… PC-Kenntnisse hat.
3. Er wollte …… nicht so gern eine befristete Vertretungsstelle haben, …… er ist jetzt froh, die Stelle zu haben, weil ihm die Arbeit viel Spaß macht.
4. …… wird er nach einem Jahr in ein unbefristetes Arbeitsverhältnis übernommen …… er muss sich dann neue Arbeit suchen.

4 Ordnen Sie die Redemittel. S. 45, A3 *Redemittel*

Wenn Sie wollen, könnten wir … | Meinen Sie, (dass) …? | Warum machen Sie nicht …? |
Am einfachsten wäre es, … zu …/wenn … | Wäre es besser, wenn … |
Was kann man da machen? | Ich hätte eine Idee … | Was meinen Sie? | Man muss …

um Rat bitten	etwas vorschlagen / einen Rat geben

5 | a Was gehört zusammen? Verbinden Sie. S. 45, A3 *Redemittel*

1 Herr Schmitz kommt jeden Tag zu spät zur Arbeit. Dadurch gibt es immer Stress. Was kann man da machen?

2 Ich soll das Betriebsfest organisieren. Wäre es besser, wenn wir in ein Restaurant gehen oder sollen wir es hier in der Firma machen?

3 Eine Kundin möchte gern die CD mit den Weihnachtsliedern bis morgen haben. Meinen Sie, dass die CD bis morgen da ist, wenn wir sie bestellen?

A Das glaube ich nicht. Ich hätte da aber eine Idee: Rufen Sie doch mal in der Filiale in der Leydenallee an. Vielleicht gibt es dort noch eine. Dann kann die Kundin sie dort noch heute kaufen.

B Warum sagen Sie ihm nicht, dass es für Sie ein Problem ist, wenn er unpünktlich ist. Vielleicht hilft das.

C Wenn Sie wollen, können wir diese Frage auf die Tagesordnung der nächsten Teambesprechung setzen. Dann können die Kollegen sagen, was ihnen lieber ist.

b Unterstreichen Sie in den Äußerungen die Redemittel, mit denen um Rat gebeten wird, und die Redemittel, mit denen etwas vorgeschlagen wird, mit unterschiedlichen Linien.

6 | a Ergänzen Sie die Bitten um Rat. S. 45, A3 *Redemittel*

~~Kunden sich immer beschweren, weil Herr Vollmer so unfreundlich sein~~ |
ich die Kunden mit ihrer Beschwerde zum Chef schicken | ich den Chef informieren sollen |

1. *Die Kunden beschweren sich immer, weil Herr Vollmer so unfreundlich ist.* Was kann man da machen?
2. Meinen Sie, dass ……………………………………………………………………?
3. Oder wäre es besser, wenn ……………………………………………………………?

b Was antwortet der Kollege auf die Fragen aus a? Ergänzen Sie die Ratschläge.

mit ihrer Beschwerde einfach mal zu Herrn Vollmer schicken, vielleicht das helfen |
heute Abend in Ruhe darüber reden | mit Herrn Vollmer mal sprechen

1. Am einfachsten wäre es, ……………………………………………………………
2. Das würde ich nicht tun. Aber wenn Sie wollen, könnten wir ……………………………
3. Wenn die Kunden sich beim Chef beschweren, gibt es unnötigen Ärger. Aber man kann vielleicht die Kunden ……………………………………………………………

7 **Lesen Sie die Vorschläge erst ohne und dann mit den unterstrichenen Wörtern. Sind die Vorschläge mit den Wörtern freundlicher oder strenger?** S. 45, A3 **Modalpartikeln**

1. Wenn Sie wollen, können wir uns einfach (mal) zusammensetzen und alles besprechen.
2. Vielleicht kann man den Raum etwas gemütlicher einrichten.
3. Sie könnten ja mal im Sommer Urlaub nehmen.
4. Sie könnten den Brief doch auch bei mir ausdrucken.

8 **Drücken Sie die Vorschläge freundlicher aus. Formulieren Sie die Sätze mit den angegebenen Modalpartikeln. Manchmal gibt es mehrere Möglichkeiten.** S. 45, A3 **Modalpartikeln**

1. Sie sollten Ihre Kollegin fragen. (vielleicht)
   Vielleicht sollten Sie Ihre Kollegin fragen. Sie sollten vielleicht Ihre Kollegin fragen.
2. Nehmen Sie Ihre Pause pünktlich. (doch)
3. Wenn Sie wollen, könnten wir uns den kaputten Drucker morgen ansehen. (ja mal)
4. Warum versuchen Sie es nicht mit einem Gespräch? (einfach mal)

9 | a **Hier haben sich acht Verben versteckt. Suchen Sie und markieren Sie.** S. 45, A4 **Wortschatz**

verneustigservierausdrückenmenaufstnachkenwidersprechenscheniuontenllenmmenvorschlagen

chenehtlärenkritisierenuchenwollüberzeugenbekoma

generklfenschilderningteuenwürssenschwereinwendenredeinenlöseuegenbeschweren

b **Welches Verb aus a passt? Ergänzen Sie.**

1. die Beschwerde:
2. die Schilderung:
3. der Vorschlag:
4. der Einwand:
5. der Widerspruch:
6. die Kritik:
7. die Überzeugung:
8. der Ausdruck:

10 | a **Lesen Sie die Sätze. Was wird durch den Konjunktiv II ausgedrückt? Ordnen Sie zu.** S. 45, A5 **Konjunktiv II**

etwas vorschlagen | um etwas bitten | jemanden auffordern | irreale Bedingungen ausdrücken

1. Wenn die Weihnachtsfeier ausfallen würde, wären die Kollegen sicherlich enttäuscht.
2. Wäre ich der Chef, würde ich für alle neue Computer kaufen.

3. Sie könnten doch am Montag mit Ihrer Kollegin die Schicht tauschen.
4. An Ihrer Stelle würde ich mich auf die Stelle bewerben.
5. Wie wäre es, wenn Sie morgen etwas später zur Arbeit kommen würden?

6. Sie sollten nach Hause gehen, Sie sind ja krank!

7. Könnten Sie mir bitte helfen?
8. Würden Sie mir bitte erklären, wie der Kopierer funktioniert?
9. Ich hätte gern Papier für den Drucker.

b **Markieren Sie in den Sätzen aus a die Konjunktiv-II-Formen und ordnen Sie sie in die Tabelle ein.**

Vollverb	sein	haben	können + Infinitiv	sollen + Infinitiv
würde ausfallen				

11 **Was würde passieren, wenn Sie das Betriebsfest in einem Restaurant auf Mallorca feiern würden? Formulieren Sie die Sätze im Konjunktiv II.** S. 45, A5 *Konjunktiv II*

1. Alle Kollegen und Kolleginnen müssen mit dem Flugzeug nach Mallorca fliegen.
2. Dort wohnen sie in einem Hotel am Meer.
3. Am Morgen können alle zusammen frühstücken.
4. Danach fahren sie in die Stadt und sehen sich die Sehenswürdigkeiten an.
5. Am Nachmittag gehen alle an den Strand und schwimmen im Meer.
6. Am Abend können alle zusammen das Betriebsfest in einem Restaurant feiern.
7. Das ist toll – aber leider zu teuer.

B über Fehler sprechen

12 **Was gehört zusammen? Verbinden Sie. Manchmal gibt es mehrere Möglichkeiten.** S. 46, B1 *Wortschatz*

1. eine Maschine
2. eine Lösung
3. etwas Wichtiges
4. die Arbeit
5. einen Fehler

A erledigen
B machen
C vergessen
D vorschlagen
E bedienen

13 **Ergänzen Sie die passende Präposition.** S. 46, B1 *Verben mit Präpositionen*

auf | auf | mit | mit | für | vor | zu

Tipps für die Arbeit

1. Sprechen Sie sich immer gut ______ Ihren Kollegen ab.
2. Wenn Ihnen ein Fehler passiert, sollten Sie sich immer sofort da______ entschuldigen.
3. Stehen Sie ______ Ihrem Fehler.
4. Reagieren Sie nie wütend, sondern immer gelassen ______ Kritik.
5. Wenn Sie Kundenkontakt haben, gehört gute Kleidung ______ Ihrer Arbeit.
6. Beim Umgang mit Kunden kommt es besonders ______ Ihr Benehmen an. Seien Sie immer höflich.
7. Gehen Sie immer vorsichtig ______ Maschinen um. So vermeiden Sie Arbeitsunfälle.
8. Achten Sie auf die Schilder am Arbeitsplatz, sie warnen ______ Gefahren.

14 **Hier haben sich zehn Adjektive versteckt. Suchen Sie und markieren Sie.** S. 46, B1 *Wortschatz*

rechtzeitignülichsteubrennigstepeinlichchtigealsetwasesperfektlschieregenvölligorsichonderöfl

kisouveränährlimgehechtsaörttlochstaatlichsewuequenterfolgreichalsuttgeg

edarvorzuschanerkanntshjkätqwamzusaklomgrznoleckerthostremüslklettetzqaliähnlich

15 **Wie kann man es anders sagen? Ordnen Sie zu.** S. 46, B2 *Wortschatz*

Mir war nicht klar, dass … | Auskunft geben | Es geht um … | Konsequenzen haben | etwas auf die Tagesordnung setzen | Bescheid wissen

1. Das Thema ist …: ……
2. Folgen haben: ……
3. informieren: ……
4. Ich wusste nicht, dass …: ……
5. informiert sein: ……
6. demnächst über etwas auf einer Sitzung sprechen: ……

16 **Was sagen Sie dem Kunden? Ergänzen Sie die passenden Wörter bzw. Ausdrücke.** S. 46, B2 *Wortschatz*

in Zukunft | selbstverständlich | sinnvoll | unbedingt | frühzeitig

1. Wenn Sie den Fernseher zu einem bestimmten Termin brauchen, sollten Sie ihn …… bei uns bestellen.
2. Bevor Sie das Gerät aufstellen, sollten Sie …… die Bedienungsanleitung lesen.
3. Bei einem Problem mit dem Fernseher können Sie sich …… an uns wenden.
4. Wenn es notwendig und …… ist, schicken wir einen Techniker.
5. Dieser Service steht Ihnen auch …… zur Verfügung.

17 | a **Lesen Sie den Blog-Eintrag und unterstreichen Sie alle Verbteile.** S. 46, B4 *Satzklammer*

Hallo!

(1) Mein Kollege ist gestern aus dem Zimmer gegangen. (2) Kurz danach hat sein Diensttelefon vier Mal geklingelt. (3) Ich wollte gerade den Anruf annehmen, (4) da kam er schon zurück. (5) Ich habe ihm sofort das Telefon gegeben. (6) Nach dem Telefonat hat er sich fürchterlich aufgeregt: (7) Er würde niemals an mein Telefon gehen. (8) Ich könnte mich wohl nicht an die Regeln halten. (9) Aber es hätte ja auch ein Kunde am Apparat sein können. (10) Kunden darf man doch nicht warten lassen!
Meine Frage an euch: Wer hat recht?

Gruß Katja

b **Machen Sie aus den Sätzen 1 bis 10 eine Tabelle.**

	Position 2		Ende
Mein Kollege	ist	gestern aus dem Zimmer	gegangen.

18 **Ich hätte alles anders gemacht! Benutzen Sie den Konjunktiv II der Vergangenheit. Beginnen Sie die Sätze mit „An Ihrer Stelle". Schreiben Sie.** S. 46, B4 *Satzklammer*

1. die Arbeit / nicht erst heute / erledigen
2. nicht / so viel Zeit / mit dem Kunden / verbringen
3. höflicher / zu den Kunden / sein
4. nicht / so oft / zu spät / zur Arbeit / kommen
5. rechtzeitig / mit den Kollegen / die Urlaubsplanung / absprechen
6. nicht / vier Wochen / Urlaub / nehmen
7. den kranken Kollegen / eine Woche lang / vertreten
8. die Stelle / erst gar nicht / annehmen

1. An Ihrer Stelle hätte ich die Arbeit nicht erst heute erledigt.

19 **Was muss (darf) alles (nicht) gemacht werden? Schreiben Sie.** S. 46, B4 *Satzklammer*

1.  Schutzhandschuhe benutzen: Hier müssen Schutzhandschuhe benutzt werden.
2.  Schutzkleidung tragen: ……
3.  Rauchen verboten: Hier darf nicht geraucht werden.
4.  Mit Wasser löschen verboten: ……
5.  Kein Trinkwasser/Wasser nicht trinken: ……
6.  Nichts abstellen: ……
7.  Mit Handys telefonieren verboten: ……

20 | a **Lesen Sie die Antworten auf die Umfrage und markieren Sie in den Nebensätzen alle Verbteile.** S. 46, B4 *Satzklammer*

An meinem Arbeitsplatz hat mich am meisten gestört, …
1. dass mein Kollege immer nach Rauch gerochen hat.
2. dass meine Kollegin immer nur laut telefonieren konnte.
3. dass die Tür meistens zu laut zugemacht worden ist.

Mich würde es sehr stören, …
4. wenn der Chef immer unfreundlich mit mir sprechen würde.
5. wenn meine Arbeit immer nur kritisiert würde.

b **Ergänzen Sie die Tabelle.**

Konjunktion		Verb
dass	mein Kollege immer nach Rauch	gerochen hat

21 **Bringen Sie die Satzteile in die richtige Reihenfolge und ergänzen Sie den Schlusspunkt.** S. 46, B4 *Satzklammer*

Absprachen mit Kollegen sind wichtig, ...

1. weil / kennen / seine Aufgaben / muss / jeder
   weil jeder seine Aufgabe kennen muss.
2. damit / vermieden / Konflikte / werden
3. weil / geregelt / dadurch / werden / die Arbeitsabläufe
4. damit / die Arbeit / gerecht / verteilt / wird
5. weil / sonst / würde / kommen / zu keiner guten Zusammenarbeit / es

22 | a **Ist der Satz richtig oder falsch? Kreuzen Sie an.** S. 46, B4 *Satzklammer*

	richtig	falsch
1. Es mich interessieren würde, wie die Urlaubsplanung geregelt ist bei euch.	☐	☐
2. Ich abspreche mit meinen Kollegen mich immer, weil wir nicht dürfen gleichzeitig Urlaub nehmen.	☐	☐
3. Es hat bisher auch immer problemlos funktioniert.	☐	☐
4. Aber in diesem Jahr hat es Ärger gegeben, weil sich diesmal alle sollen schon im Januar für das gesamte Jahr festlegen.	☐	☐
5. Weil möchten machen meine Frau und ich eine Fernreise, geht es nicht anders.	☐	☐
6. Wie ist es bei euch geregelt, wenn einige Kollegen den Urlaub schon ganz früh planen wollen und andere nicht?	☐	☐
7. Ich kann nicht zwingen meine Kollegen, sich jetzt schon festzulegen.	☐	☐
8. Muss gehen ich zum Chef?	☐	☐

b **Korrigieren Sie die falschen Sätze.**

1. Es würde mich interessieren, wie die ...

23 | a **Was passt? Ordnen Sie zu.** S. 46, B4 *Wortschatz*

ansprechen | besprechen | zusagen | warnen | entschuldigen | klären | beraten | kritisieren | überzeugen | schildern | einwenden | widersprechen

1. Kritik mitteilen: ______
2. etwas gegen eine Meinung sagen: ______
3. sagen oder versprechen, dass man etwas tut oder dass etwas geschieht: ______
4. die Antwort auf eine Frage finden, ein Problem lösen: ______
5. Gründe gegen etwas nennen: ______
6. so argumentieren, dass eine Person ihre Meinung ändert: ______
7. auf eine Gefahr hinweisen: ______
8. Rat geben: ______
9. in einem Gespräch mit einem bestimmten Thema beginnen: ______
10. etwas ganz genau erzählen: ______
11. Gründe für ein Verhalten nennen und sagen, dass es leid tut: ______
12. mit anderen über etwas Bestimmtes sprechen: ______

b **Schreiben Sie die Wortformen der Verben aus a in die Tabelle.**

Infinitiv	3. Person Singular Präsens	3. Person Singular Präteritum	3. Person Singular Perfekt

C Termine absagen und verschieben

24 | a **Lesen Sie die Texte. Welcher Betreff passt zu welchem Text? Ordnen Sie zu.** S. 47, C1 *Lesen*

1. Sommerfest Text ……
2. Personalversammlung Text ……
3. Personalgespräch Text ……
4. Vertretung Text ……

A

Liebe Kolleginnen und Kollegen,

wir laden Sie herzlich zu unserer Personalversammlung ein.

15.03.20..
9.00 Uhr–11.00 Uhr im Besprechungsraum

Wir werden unseren Tätigkeitsbericht vorstellen (s. Anlage).
Außerdem diskutieren wir folgende Themen:
1. Gleiche Rechte für Frauen – Ist schon alles erreicht?
2. Flexible Arbeitszeit – Nachteile für die Mitarbeiterinnen und Mitarbeiter?
3. Kündigung demnächst ohne Beteiligung des Personalrats?

Bitte kommen Sie möglichst zahlreich!

Herzlichen Gruß
Peter Mitschernik
(Vorsitzender des Personalrats)

B

Hallo Mirko,

ich muss am Freitag zum 80. Geburtstag meines Opas. Ich müsste schon um 12.00 Uhr fahren. Könntest du mich dann bis 16.00 Uhr vertreten? Ich hab schon mit dem Chef gesprochen. Er ist einverstanden. Wenn es nicht geht, ruf mich bitte heute Abend an.

Danke!
Carolin

C

Hallo Frau Schmid, Bohning hier. Frau Schmid, wir hatten ja für morgen 10.00 Uhr einen Termin für unser Personalgespräch. Den muss ich leider verschieben, mir ist etwas dazwischen gekommen. Ich würde unser Gespräch gern auf den 24. verschieben. Ich hoffe, das passt Ihnen. Rufen Sie mich bitte kurz zurück. Auf Wiederhören.

D

Liebe Kolleginnen und Kollegen,

es ist wieder so weit: Unser diesjähriges Sommerfest findet am 25. Juni statt. Wie immer hoffen wir auf gutes Wetter, damit wir grillen können.
Ich werde für Getränke sorgen und möchte Sie bitten, Salate, Fleisch, Würste und Brot mitzubringen. Sprechen Sie sich bitte ab, wer was mitbringt, damit wir von allem ausreichend haben.
Bitte geben Sie mir bis zum 10. Juni Bescheid, ob Sie kommen können.

Herzliche Grüße
Inge Mertens

b Was ist richtig? Kreuzen Sie an.

1. Der Personalrat berichtet über seine Arbeit. ☐
2. Die flexible Arbeitszeit hat für die Beschäftigten Nachteile. ☐
3. Carolin bittet Mirko, sie am Freitag zu vertreten. ☐
4. Carolin hat mit dem Chef abgesprochen, dass Mirko sie vertreten darf. ☐
5. Frau Bohning möchte morgen um 10.00 Uhr ein Gespräch mit Frau Schmidt führen. ☐
6. Frau Schmidt soll Frau Bohning wegen eines Termins für das Personalgespräch anrufen. ☐
7. Frau Mertens kauft die Getränke für das Sommerfest. ☐
8. Die Beschäftigten sollen spätestens am 10.06. mitteilen, ob sie zu dem Fest kommen werden. ☐

25 Schreiben Sie eine Notiz an Ihre Kollegin Aishe Yildiz und laden Sie sie zur Arbeitsbesprechung ein. Schreiben Sie zu jedem Punkt einen Satz und benutzen Sie die Verben. Denken Sie auch an die Anrede und den Gruß. S. 47, C1 Schreiben

anrufen | passen | besprechen | stattfinden

1. Arbeitsbesprechung: Freitag 16.00 Uhr
2. Thema: Arbeitspläne für die nächste Woche, Urlaubsplanung für das ganze Jahr
3. Frage: Termin okay?
4. Bitte: Rückruf

Hallo Aishe,

26 Was ist eine Zusage (Z), Absage (A), Terminverschiebung (T) oder ein Vorschlag (V)? Ergänzen Sie. S. 47, C2 a Redemittel

1. Ich kann leider nicht kommen, weil ich einen Arzttermin habe. A
2. Könnten wir den Termin eventuell auf den 18.03. verschieben? ......
3. Ich schlage vor, dass wir uns um 12.00 Uhr nach dem Mittagessen treffen. ......
4. Der Termin passt mir sehr gut. ......
5. Wir könnten Folgendes tun: Wir könnten die Sitzung auf den 12.05. verschieben. ......
6. Um 17.00 Uhr habe ich leider keine Zeit, denn ich muss mein Kind vom Hort abholen. ......
7. Gern komme ich am 22.06. zu Ihnen. ......
8. Lässt sich der Termin vielleicht auf 15.00 Uhr verschieben? ......
9. Ich muss leider den Termin am 17.03. absagen, weil wir eine Arbeitsbesprechung haben. ......
10. Würde es Ihnen auch um 10.00 Uhr passen? ......
11. Am einfachsten wäre es, wenn wir uns morgen früh gleich treffen. ......
12. Das geht klar! ......

27 Welche Formulierung für eine Zusage benutzt man eher schriftlich (s), welche eher mündlich (m) und welche für beides (b)? Ergänzen Sie. S. 47, C2 a Redemittel

1. Gern komme ich am 04.05. zum Fest. ......
2. Der Termin passt mir sehr gut. ......
3. Das geht klar! ......
4. Am 04.05. hätte ich Zeit. ......
5. Am 04.05. könnte ich kommen. ......

28 Gründe für eine Absage, die man dem Chef besser nicht nennt. Ergänzen Sie die Sätze. S. 47, C2 a Kausale Satzverbindungen

1. Ich kann leider nicht kommen, weil (gestern zu lange gefeiert haben)
2. Ich muss leider absagen, denn (lieber Tennis spielen gehen)
3. Am 16.11. habe ich leider keine Zeit, weil (lieber mit meinem neuen Freund ins Kino gehen)
4. Um 14.00 Uhr kann ich leider nicht, weil (mit meiner Schwester in der Stadt verabredet sein)
5. Zum Sommerfest kann ich leider nicht kommen, denn (es dort immer fürchterlich langweilig sein)

1. ..., weil ich gestern zu lange gefeiert habe.

29 **Sagen Sie den Termin ab und verschieben Sie ihn. Schreiben Sie. Benutzen Sie für die Absage und für die Terminverschiebung jeweils ein passendes Redemittel.** S. 47, C2 a *Redemittel*

Absage

Ich kann leider nicht kommen, weil | ~~Ich muss leider absagen, denn~~ | Um … kann ich leider nicht, weil

Termin verschieben

Aber um … hätte ich Zeit. | ~~Ließe sich der Termin vielleicht auf den … verschieben?~~ | Würde es Ihnen auch am … um … passen?

1. Situation: Ihr Kind ist krank. Sie können am nächsten Donnerstag.
   Ich muss leider absagen, denn mein …
   Ließe sich der Termin vielleicht auf …
2. Situation: Sie haben heute um 12.00 Uhr einen Termin bei einem Kunden. Sie können ab 15.00 Uhr.
3. Situation: Die Lieferung ist gekommen und Sie müssen sie heute noch in den Laden einräumen. Sie können aber am Mittwoch um 9.00 Uhr.

30 **Was passt nicht? Streichen Sie durch.** S. 47, C2 b *Wortschatz*

1. tauschen:	Schicht	Kleidung	Briefmarken	Ehemann
2. verschieben:	Termin	Sitzung	Geburtstag	Prüfung
3. Termin:	sprechen	absagen	passen	festlegen
4. Bescheid:	geben	nehmen	sagen	wissen

31 | a **In Marcels E-Mail haben sich sieben Fehler versteckt. Unterstreichen und korrigieren Sie sie.** ★★★ S. 47, C2 b *Schreiben*

Lieber Anton,

am Freitag, den 20., würde ich gern mit meinem Kindern zu meinen Eltern fahren. Leider muss ich arbeiten. Ich habe im Arbeitsplan gesehen, das Du freitags immer frei hast. Könntest Du vielleicht mit mir die Schicht tauschen? Ich konnte dann am Donnerstag Deine Spätschicht übernehmen und Du am Freitag mein Frühschicht. Ware das möglich? Das wäre super!!!

Bitte geb mir schnell Bescheid!

Herzlichen Grüße
Marcel

meinen

b **Beantworten Sie die E-Mail. Schreiben Sie zu jedem Punkt einen Satz. Denken Sie an die Anrede und Grußformel.**

1. Schreiben Sie, dass Sie am Freitag, den 20., wegen des Geburtstags Ihrer Frau keine Zeit haben.
2. Schlagen Sie Marcel vor, die Reise um eine Woche zu verschieben.
3. Schreiben Sie, dass Sie am 27. tauschen könnten.
4. Bitten Sie um eine schnelle Antwort.

32 **Was passt? Verbinden Sie.** S. 47, C3 *Wortschatz*

1. Marwan Abbas muss heute nicht arbeiten.
2. Er muss auch morgen nicht arbeiten,
3. Er hatte noch Anspruch auf 10 Tage Urlaub,
4. Er ist an die Ostsee verreist.

A aber jetzt hat er seinen Urlaub genommen.
B Denn er ist jetzt zwei Wochen im Urlaub.
C Er hat heute frei.
D weil er seine Schicht mit einer Kollegin getauscht hat.

Lernwortschatz

S. 44 | Marwan Abbas hat eine Vertretungsstelle

Nomen

die Elternzeit, -en
die Elternzeitvertretung, -en
der Erzieher, - / die Erzieherin, -nen
der Frauenberuf, -e
die Kindertagesstätte, -n (Kita)
die Krippe, -n (in Kita)
die Leitung, -en (z. B. eines Betriebs)
die Migration, -en
der Migrationshintergrund (Sg.)
die Übernahme (hier: Sg.)
der Umgang (Sg.) mit (+ Dat.)
das Verhältnis, -se
die Vertretung, -en
die Vertretungskraft, ⸚e
die Vertretungsstelle, -n

Verben

anerkennen
ausüben (einen Beruf)
senden*

Adjektive

anerkannt
interkulturell
staatlich

S. 45 | A sich mit Kollegen beraten

Nomen

die Folge, -n
die Schilderung, -en
der Widerspruch, ⸚e

Verben

ausdrücken
sich beraten* mit
hinstellen
kritisieren
schildern
überzeugen
vermissen
verzichten auf (+ Akk.)
widersprechen*

Adjektive

selbstverständlich

weitere Wörter

eben
ein wenig
statt (+ Dat.)
überhaupt
zwar … aber

S. 46 | B über Fehler sprechen

Nomen

die Änderung, -en
die Anschaffung, -en
die Gruppenraum, ⸚e
die Konsequenz, -en
die Schicht, -en (Arbeit)
der Schichtwechsel, -
das Verhalten, -
die Verschiebung, -en
der Wochenplan, ⸚e
der Zeitplan, ⸚e

Verben

sich absprechen* mit (+ Dat.)
ansprechen* (ein Thema)
sich auswirken auf (+ Akk.)
bedienen (eine Maschine)
dranhängen*
eintragen* in (+ Akk.)
sich entschuldigen für (+ Akk.)
erledigen
gehören zu (+ Dat.)

kaputtgehen*
klären mit (+ Dat.)
warnen vor (+ Dat.)
zusagen

Adjektive

peinlich
perfekt
sinnvoll
souverän
völlig

weitere Wörter

stattdessen

S. 47 | C Termine absagen und verschieben

Nomen

der Anbieter, -
das Anmeldeformular, -e
der Fortbildungskurs, -e
die Fortbildungsveranstaltung, -en
das Schulungszentrum, -zentren
das Zentrum, Zentren

Verben

verschieben auf (+ Akk.)

Adjektive

ähnlich
weiter-

weitere Wörter

anbei
direkt (nach)

Welche Wörter möchten Sie noch lernen? Notieren Sie:

TIPP

Laufen & Lernen

Bewegung hilft beim Lernen: Wer beim Lernen läuft, lernt schneller und besser. Legen Sie die Lernwortschatz-Liste in die Küche und einen leeren Zettel ins Wohnzimmer. Decken Sie die linke Spalte des Lernwortschatzes zu, schauen Sie sich ein Wort in Ihrer Muttersprache an, gehen Sie ins Wohnzimmer und schreiben Sie das Wort und die deutsche Übersetzung auf den Zettel. Machen Sie das mit allen Wörtern, die Sie lernen wollen.

Lektion 9

A Kunden beraten und über Waren informieren

1 **Welches Wort passt nicht? Streichen Sie es.** S. 49, A1 *Wortschatz*

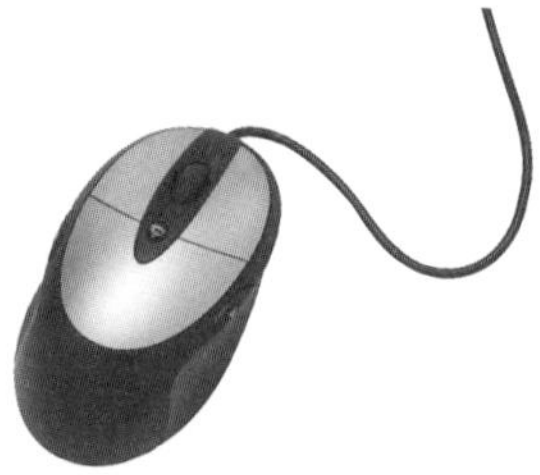

1. Hardware, Laptop, Software, Notebook, Computer
2. Monitor, Laserdrucker, Toner, Papiermagazin
3. Tinte, Patrone, Daten, Tintenstrahldrucker, Farbdrucker
4. Multifunktionsgerät, Drucker, Tastatur, Scanner, Kopierer
5. einscannen, ausdrucken, drücken, kopieren

2 **Welche Produkteigenschaften können den Kunden wichtig sein? Ordnen Sie zu.** S. 49, A1 *Wortschatz*

die Geschwindigkeit | die Haltbarkeit | die Farbechtheit | der Anschaffungspreis | die Farbe | die Qualität | die Druckkosten bzw. Verbrauchskosten | das Modell | das Aussehen | die Marke bzw. der Hersteller

1. Auto: ....
2. Computer: ....
3. Drucker: ....
4. Kleidung: ....
5. Waschmaschine: ....

3 **Lesen Sie, wozu Herr Schmidt das Auto braucht. Wann wird das Verb als Nomen verwendet? Achten Sie auf Groß- und Kleinschreibung und ergänzen Sie.** S. 49, A1 *zu / um ... zu*

bringen | entspannen | fahren | kommen | transportieren | verreisen

„Also, ich brauche ein neues Auto. Es soll groß sein, weil ich es manchmal zum .... (1) von Möbeln nehmen muss. Es soll aber nicht zu groß sein, denn auch meine Frau benutzt den Wagen zum .... (2). Für sie sind zu große Autos nichts! Aber es muss innen genug Platz haben, denn ich brauche den Wagen, um meine fünf Kinder in die Schule zu .... (3). Und er muss auch zum .... (4) mit der ganzen Familie geeignet sein. Und ganz wichtig: Das Auto soll natürlich auch schnell sein. Mein Weg zur Arbeit ist nämlich weit und ich brauche ein Auto, um möglichst schnell zur Arbeit zu .... (5). Aber es soll natürlich auch sicher sein und es soll gute Sitze zum .... (6) haben. Und schick und sportlich soll es aussehen, so ein bisschen wie ein Rennwagen …“

4 **Ordnen Sie die Partikeln. Arbeiten Sie – wenn nötig – mit dem Wörterbuch.** S. 49, A2 *Partikeln*

~~sehr~~ | ~~nicht so~~ | besonders | gar nicht | total | echt | nicht besonders | ausgesprochen | wirklich | ~~ziemlich~~ | ~~überhaupt nicht~~ | bedeutend | erheblich | weit

Das Auto ist .... schnell.

++	+	–	––
sehr	ziemlich	nicht so	überhaupt nicht

5 Positiv oder negativ? Kreuzen Sie an.

S. 49, A2 Partikeln

	positiv	negativ
1. Diese Spülmaschine hat einen ausgesprochen niedrigen Wasserverbrauch.	☐	☐
2. Das Geschirr ist nicht besonders schnell trocken.	☐	☐
3. Man kann sie echt leicht bedienen.	☐	☐
4. Sie ist überhaupt nicht laut.	☐	☐
5. Wir können sie Ihnen sehr bald liefern.	☐	☐
6. Ihr Preis ist ziemlich hoch.	☐	☐

6 Was passt wo? Ergänzen Sie.

S. 49, A2 Partikeln

1. ● Guten Tag, ich hätte gern einen Wintermantel, der *sehr* warm ist. Er muss *viel* wärmer sein als mein alter. (sehr / viel)
2. ◆ Schauen Sie, hier der rote ist ________ warm und auch modisch. Der blaue Mantel hier ist allerdings ________ wärmer. Den können Sie gut bei minus 10 °C anziehen, ohne zu frieren. (ausgesprochen / erheblich)
3. ● Ist das Ihr Ernst? Der blaue Mantel ist ________ hässlich und völlig unmodern. Haben Sie denn nicht einen Mantel, der richtig warm und ________ hübscher und eleganter ist? (sehr viel / wirklich)
4. ◆ Ja, sehen Sie diesen braunen Mantel hier: Der ist ________ elegant. Den können Sie auch abends ins Theater anziehen. Ein wunderschönes Stück. Er ist allerdings auch ________ teurer als der blaue. (bedeutend / besonders)
5. ● Sie haben recht. Er ist wirklich ________ schöner als die anderen Mäntel. Er gefällt mir ________ gut. Wie viel soll er denn kosten? (weit / total)
   ◆ 1265 Euro. Er ist aber auch aus bestem Material und …
6. ● Nein, der kommt leider ________ infrage. Das ist ________ mehr, als ich ausgeben möchte. (überhaupt nicht / erheblich)

7 Wie kann man es anders sagen? Ordnen Sie zu. Manchmal passen mehrere Redemittel.

S. 49, A3 Redemittel

1	2	3	4	5	6
A					

1. Das geht nicht, weil wir nicht genügend Zeit dafür haben.
2. Sie sollten dieses Gerät kaufen.
3. Dieses Gerät ist für Sie auch geeignet.
4. Dieses Gerät ist für Sie ausgesprochen gut geeignet.
5. Was möchten Sie?
6. So ein Gerät verkaufen wir nicht.

A Bis dahin werden wir es leider nicht schaffen.
B Dieses Gerät kann ich Ihnen nur empfehlen
C Es tut mir leid, solche Geräte führen wir nicht.
D Guten Tag, Sie wünschen?
E Dieses Gerät wäre ideal für Sie.
F Ich befürchte, dass das ein wenig zu kurzfristig ist.
G Kann ich Ihnen behilflich sein?
H Sie könnten aber auch dieses Gerät nehmen
I Nein, das ist zu kurzfristig.
J (Wie) kann ich Ihnen helfen?
K Dieses Gerät käme auch infrage.

8 **Ergänzen Sie die Redemittel.** S. 49, A3 *Redemittel*

kann ich Ihnen helfen? | haben wir nicht auf Lager | Sie wünschen? |
kann ich Ihnen … nur empfehlen | wären ideal | Es tut mir leid, das führen wir nicht. |
Kann ich Ihnen behilflich sein? | Es kämen aber auch … infrage | hätte(n) den Vorteil, dass

1. V ______
   K Ich suche ein Geburtstagsgeschenk für meine Mutter. Sie wird 70.
   V Da ______ dieses Buch ______
   Es ist wunderbar geschrieben und gefällt unseren älteren Kunden sehr.
   K Super! Das nehme ich.
2. V ______
   K Ich hätte gern ein Bio-Brot.
   V ______
   V Schade, dann muss ich woanders hingehen.
3. V Guten Tag, ______
   K Ich brauche dringend Toner für meinen Laserdrucker.
   V Welches Gerät haben Sie denn?
   K Einen XP 4390. Hoffentlich haben Sie den. Ich brauche ihn sofort!
   V Es tut mir leid, den ______
   Ich muss ihn bestellen. Aber vor morgen Vormittag ist der nicht da.
4. K Guten Tag, ich brauche ein Paar schwarze Lederstiefel.
   V Diese hier ______ für Sie: Sie sind nicht zu elegant, nicht zu sportlich und aus weichem Leder. ______ diese hier ______
   Die ______ sie ausgesprochen bequem sind.
   K Das ist eine schwere Entscheidung …

9 **Wie sprechen Sie mit dem Kunden? Verwenden Sie die Redemittel.** S. 49, A3 *Redemittel*

… wäre(n) ideal … | Kann ich Ihnen behilflich sein? |
Sie könnten … nehmen | Es käme(n) aber auch … infrage |
allerdings hätte(n) … den Nachteil, dass …

1. Ein Kunde bringt sein Handy zur Reparatur und braucht es morgen wieder. Sie müssen das Ersatzteil aber bestellen und schaffen es frühestens bis übermorgen.

   Ich fürchte, das ist ein wenig kurzfristig. Ich muss das Ersatzteil bestellen. Es ist frühestens übermorgen da.

2. Ein Kunde steht im Laden und braucht Hilfe. Sie sprechen ihn an.

   ______

3. Eine Kundin sucht einen Geburtstagskuchen. Sie empfehlen ihr die leckere Schwarzwälder Kirschtorte.

   ______

4. Eine Großmutter möchte für ihren Enkel Süßigkeiten kaufen. Sie lassen sie zwischen Schokolade und Kaugummizigaretten wählen, weisen aber auf den Nachteil hin, dass Kaugummis von kleinen Kindern verschluckt werden können.

   ______

B eine Anfrage verstehen und ein Angebot erstellen

10 **Was gehört zusammen? Verbinden Sie.** S. 50, B1 *Textbausteine*

1. Wir danken Ihnen für
2. Wir unterbreiten Ihnen
3. Bei den Preisangaben handelt es sich
4. Hinzu kommt
5. Die Lieferung ist
6. Dieses Angebot gilt

A die gesetzliche Mehrwertsteuer.
B Ihre Anfrage.
C bis zum 01.01.20...
D um Netto-Preisangebote.
E das folgende Angebot.
F frei Haus.

11 **Was muss in einem Angebotsschreiben an welcher Stelle stehen? Ergänzen Sie die Tabelle.** S. 50, B1 *Textbausteine*

Datum des Angebots | Verkaufs- und Lieferbedingungen | Dank für das Interesse des Kunden | Angaben zu Beschaffenheit, Menge, Preis (inkl. Mehrwertsteuer) der Ware | Angabe zum Inhalt des Angebots (z.B. „5 Esstische") | Einschränkung des Angebots (unverbindlich, Befristung) | Angabe des Einzelpreises und des Gesamtpreises

Betreffzeile	Einleitungssatz	Hauptteil

12 **Lesen Sie das Angebot. Es fehlen drei Angaben aus 11. Ergänzen Sie sie an der richtigen Stelle.** S. 50, B1 *Wortschatz*

Drechsler & Co. GmbH – Dreilindenufer 7 – 14722 Rathenow

Bäckerei Halm
Lange Straße 7
14712 Rathenow

Angebot
Bäckerbekleidung

Sehr geehrter Her Schneider,
wir danken Ihnen für Ihre Anfrage vom 12.04.20.. und möchten Ihnen das folgende Angebot unterbreiten:

Position	Menge	Artikel-Nummer	Produkt	Größe	Einzelpreis	Gesamtpreis
1	4	105508	Bäckerhose	50	26,69	107,76
2	4	205057	Bäckerjacke Kurzarm	50	37,99	151,96
3	10	30126	Vorbinder (Schürze)		4,90	49,00
Summe						**308,72**

Bei allen Preisangaben handelt es sich um Netto-Preisangaben. Hinzu kommt die gültige gesetzliche Mehrwertsteuer.

Mit freundlichen Grüßen
i.A. Ingrid Schulz

13 | a Lesen Sie die Texte. Ergänzen Sie das passende Wort. S. 50, B2 *Lesen*

Anfrage | ~~Lieferschein~~ | Rechnung | Angebot | Bestellung

A

Holz & Co. GmbH – Salzstraße 7 – 14722 Rathenow

Restaurant Italia
Hauptstraße 77
14722 Rathenow

Lieferschein Nr.: 22/9781 Kunden-Nr.: 404 124 Bestellt am: 25.08.20..
Lieferdatum: 31.08.20..

Kontrollieren Sie die Lieferung auf Vollständigkeit und Beschädigungen. Reklamationen sind nur am Tag der Lieferung möglich.

Position	Menge	Artikelnummer	Bezeichnung
1	10	22221	Holztisch, grün
2	40	88888	Holzstuhl, schwarz

Ich habe die Ware in ordnungsgemäßem Zustand erhalten

31. 8. 20.. Mazzini
Ort, Datum Unterschrift

B

Holz & Co. GmbH – Salzstraße 7 – 14722 Rathenow

__________ vom 15.08.20..

10 Tische, 40 Stühle

Sehr geehrter Herr Mazzini,
besten Dank für Ihre Anfrage vom 01.08.20... Wir können Ihnen Folgendes anbieten:

Position	Menge	Artikelnummer	Bezeichnung	Einzelpreis	Gesamtpreis
1	10	22222	Holztisch, schwarz	229,–	2290,–
2	40	88888	Holzstuhl, schwarz	49,–	1960,–
Gesamtpreis					**4250,–**

Hinzu kommt die gesetzliche Mehrwertsteuer. Lieferung frei Haus. Das Angebot gilt bis zum 31.12.20...

Mit freundlichen Grüßen
Heinz Holtmann

C

Holz & Co. GmbH – Salzstraße 7 – 14722 Rathenow

Nr.: 22/9781 Kunden-Nr.: 404 124 Datum: 31.08.20..

Pos.	Artikel	Mehrwerteuer	Einzelpreis	Stück	Gesamtpreis
1	Holztisch, grün Artikel Nr. 22221	19 %	272,51	10	2725,10
2	Holzstuhl, schwarz Artikel Nr. 88888	19 %	58,31	40	2332,40

Nettobetrag: 4250,–
zuzüglich 19% Mehrwertsteuer: 807,50

Gesamtbetrag: 5057,50

Der gesamte Betrag ist innerhalb von 7 Werktagen zu zahlen.

D 1

Restaurant Italia · Hauptstraße 77 · 14722 Rathenow

An
Holz & Co. GmbH
Salzstraße 7
14722 Rathenow

Rathenow, den 25.07.20..

Sehr geehrte Damen und Herren,
für unser Restaurant benötigen wir 10 schwarze Holztische für vier Personen und 40 dazu passende Stühle.
Bitte schicken Sie uns ein unverbindliches Angebot.
Vielen Dank für Ihre Mühe!

Mit freundlichen Grüßen
Franco Mazzini

E

Restaurant Italia · Hauptstraße 77 · 14722 Rathenow

An
Holz & Co. GmbH
Salzstraße 7
14722 Rathenow

Rathenow, den 25.08.20..

Sehr geehrte Damen und Herren,
gemäß Ihrem Angebot vom 15.08.20.. bestellen wir 10 Holztische (Art. Nr. 22221) und 40 Holzstühle (Art. Nr. 88888).

Mit freundlichen Grüßen
Franco Mazzini

b Was kommt zuerst, was dann? Ordnen Sie in a.

c Was wollte Herr Mazzini kaufen, was hat er erhalten?

d Wer ist für den Fehler verantwortlich, Herr Mazzini oder die Firma Holz & Co. GmbH? Markieren Sie in den Texten die fehlerhaften Stellen.

14 Eine Kita benötigt 20 Kinderbetten aus Holz, zum Stapeln, mit den Maßen ca. 1,20 m x 0,60 m und mit Matratzen. Schreiben Sie eine Anfrage. Nehmen Sie die Anfrage aus 13 als Vorlage. ★★★ S. 50, B2 *Schreiben*

15 Schreiben Sie ein Angebot für die Kita. ★★★ S. 50, B3 *Schreiben*

Benutzen Sie die Angaben aus dem Katalog.
Nehmen Sie das Angebotsschreiben aus Aufgabe 15 zu Hilfe.
Denken Sie an alle Teile eines formellen Briefs.
Ist alles da? Kontrollieren Sie mithilfe von Aufgabe 14.

stapelbares Krippenbett inkl. Matratze

159,– inkl. Mehrwertsteuer

- lieferbar innerhalb von 4 Wochen
- Lieferung frei Haus
- Artikelnummer 1234567

C telefonisch reklamieren und auf eine Reklamation reagieren

16 | a In dem Wortgitter haben sich sechs Nomen rund um die Bestellung versteckt. S. 51, C1 *Wortschatz*

R	I	N	X	L	I	E	F	E	R	U	N	G	G	G	T	H	S
L	E	A	O	V	T	D	G	N	E	X	P	N	M	Y	K	F	R
Q	S	C	N	I	X	O	U	K	A	C	A	U	B	O	V	M	E
Y	D	N	H	P	T	R	I	N	B	W	N	L	E	E	U	S	M
O	K	H	T	N	E	A	G	O	P	D	R	L	S	M	I	F	S
S	Q	N	N	F	U	E	M	G	D	U	R	E	T	A	K	G	H
K	N	Z	E	E	B	N	Z	A	W	X	A	T	E	C	L	R	R
Z	P	I	W	O	T	O	G	J	L	J	G	S	L	C	D	M	A
F	L	I	T	W	D	I	Q	J	Q	K	E	E	L	S	N	I	L
B	E	Z	A	H	L	U	N	G	K	U	E	B	U	I	H	C	U
V	E	K	T	V	U	Y	C	Y	U	U	D	R	N	D	L	U	L
S	Z	H	O	A	N	F	R	A	G	E	Y	Q	G	P	T	R	A
I	D	R	L	L	H	F	F	F	S	Q	V	W	O	A	U	L	F
E	K	O	S	T	E	N	V	O	R	A	N	S	C	H	L	A	G
I	W	X	L	U	Y	I	N	V	J	R	Q	A	J	F	T	H	G

b **Was kommt zuerst? Schreiben Sie die Wörter aus a mit Artikel in der richtigen Reihenfolge auf.**

1. die Anfrage
2. ……
3. ……
4. ……
5. ……
6. ……

17 | a **Wie melden Sie sich am Telefon richtig, wenn Sie auf der Arbeit angerufen werden? Kreuzen Sie an.** S. 51, C1 *Redemittel*

1. Firma ELTEC, Müller. ☐
2. Hallo. Firma ELTEC. ☐
3. Firma ELTEC, Sie sprechen mit Anna Müller. Guten Tag. ☐
4. Müller, Firma ELTEC, guten Tag. ☐
5. Anna, Firma ELTEC, guten Tag. ☐

b **Wie melden Sie sich am Telefon richtig, wenn Sie jemanden anrufen? Kreuzen Sie an.**

1. Firma ELTEC, Anna Müller, guten Tag. ☐
2. Guten Tag. Hier spricht Anna von der Firma ELTEC. ☐
3. Guten Tag. Firma ELTEC. Mein Name ist Anna Müller. ☐
4. Guten Tag. Mein Name ist Anna Müller von der Firma ELTEC. ☐
5. Hallo. Hier ist Anna Müller. ☐

c **Welche der richtigen Möglichkeiten gefällt Ihnen am besten? Schreiben Sie sie auf und setzen Sie Ihren Namen und Ihre Firma ein.**

Wenn ich in meiner Firma angerufen werde, melde ich mich so: ……

Wenn ich beruflich jemanden anrufe, melde ich mich so: ……

18 **Ordnen Sie die Redemittel.** S. 51, C2 a *Redemittel*

Ist das tatsächlich so (gewesen)? | Ja, das mag sein, aber … | Das ist/war ein Versehen | Ich bin ganz sicher | (Entschuldigung,) das hatte ich falsch verstanden | Ja schon, (aber)… | Sind Sie sicher, dass …? | Das weiß ich genau | Das ist so nicht richtig, denn … | Da ist etwas schiefgegangen | Das werde ich gleich … | Da haben Sie recht, (aber) …

widersprechen	Fehler eingestehen	versichern/beteuern	sich vergewissern

19 **Was passt zusammen? Verbinden Sie. Manchmal gibt es mehrere Möglichkeiten.** S. 51, C2 a *Redemittel*

1. Das stimmt, aber
2. Das ist so nicht richtig,
3. Entschuldigung,
4. Es tut mir leid, dass
5. Sind Sie sicher, dass
6. Das werde ich gleich

A das hatte ich leider falsch verstanden.
B Sie drei Kühlschränke bestellt haben?
C nach unseren Unterlagen haben Sie alles erhalten.
D wir das falsche Modell geliefert haben.
E denn in Ihrer Bestellung stehen nur zwei Kühlschränke.
F mit meinem Chef besprechen.

20 **Lesen Sie das Gespräch und ergänzen Sie.** S. 51, C2 a **Redemittel**

das werde ich gleich | Da ist etwas schiefgegangen. | das ist so nicht richtig | Gut. | Es tut mir leid, dass | Das weiß ich genau. | Sind Sie sicher, dass | Das ist dann ja mein Fehler. | das stimmt

1. ● Peres, Kita Kinderland, guten Tag. Wir hatten bei Ihnen eine Regalwand bestellt und wollten Sie jetzt aufbauen. In der Lieferung fehlt aber so einiges: Schrauben und Streben. ……………

2. ◆ …………… die Sachen fehlen? Die Streben kleben wir immer an den Böden fest.
   ● Ja, die Streben sind nicht da. Wir haben sie aber bestellt und auch schon bezahlt.
3. ◆ …………… Ich schau mir kurz die Bestellung und den Lieferschein an. Das mit der Bestellung, ……………, denn hier stehen keine Streben.
4. ● Oje. …………… Aber Schrauben habe ich bestellt. ……………
5. ◆ Ja, …………… . …………… wir die Schrauben nicht mitgeliefert haben.
   ● Können Sie uns vielleicht noch heute die Streben und die fehlenden Schrauben liefern? Ich würde Ihnen gleich den Bestellschein für die Streben per Mail schicken.
7. ◆ Ja, …………… dem Lager melden. Sie bekommen die Sachen heute Nachmittag. Reicht Ihnen das?
   ● Ja, vielen Dank! Auf Wiederhören.

21 **Was sagt der Verkäufer dem Kunden? Ergänzen Sie das passende Redemittel.** S. 51, C2 a **Redemittel**

Das ist so nicht richtig, denn | Das stimmt, aber | Das ist ein Versehen | Es tut mir leid, dass | Ist das tatsächlich so, dass

1. ● Ich habe bei Ihnen einen Schrank für 599,– Euro bestellt. Von meinem Konto sind aber 699,– abgebucht worden!
   ◆ Entschuldigen Sie bitte. …………… . Das Geld wird sofort auf Ihr Konto zurücküberwiesen.
2. ● Meine Kollegin hat bei Ihnen gestern Druckerpapier bestellt. Das sollte schon gestern ankommen, aber bis jetzt ist noch nichts geliefert worden.
   ◆ …………… das Papier schon gestern geliefert werden sollte? Das kann eigentlich nicht sein, weil wir das Papier bestellen müssen und das dauert dann immer ein bis zwei Tage.
3. ● Ich habe gestern bei Ihnen einen Laptop gekauft. Als ich ihn ausgepackt habe, war die Klappe hinten abgebrochen. Hier, sehen Sie?
   ◆ …………… das Gerät beschädigt ist. Sie bekommen sofort ein neues.
4. ● Sie haben mir gestern gesagt, dass ich mein Auto heute abholen kann!
   ◆ …………… ich habe Ihnen gesagt, dass wir versuchen, Ihr Auto bis heute zu reparieren. Uns haben aber Ersatzteile gefehlt …

5. ● Sie haben mir gesagt, dass die Reparatur ungefähr 200 Euro kostet. Und jetzt sind es 500 Euro.
   ◆ ______________________ ich konnte nicht wissen, dass ich auch einen neuen Motor einbauen muss. Deshalb ist die Rechnung so viel höher.

22 | a Was sagen Sie dem Verkäufer? Beschreiben Sie den Fehler. S. 51, C2 b **Schreiben**

1. Laptop vor drei Tagen gekauft – er jetzt nicht mehr angehen – gegen neues Gerät umtauschen?
   Ich habe vor drei Tagen bei Ihnen einen Laptop gekauft. Jetzt geht er
2. Druckerpapier vor zwei Wochen bestellt haben – aber noch nicht geliefert sein – dringend brauchen
3. 10 Matratzen und 5 Betten bestellt haben, aber 5 Matratzen und 10 Betten geliefert werden – morgen Gäste ankommen – Lieferung heute möglich sein?
4. schwarze Tische bestellt haben, aber grüne Tische erhalten haben – heute Eröffnungsfeier des Restaurants sein – richtige Tische sofort brauchen – was tun können?
5. bei Ihnen Waschmaschine bestellt – Rechnung viel höher sein als Preis im Katalog

b Was sagt der Verkäufer zu den Reklamationen aus a? Schreiben Sie. ★★★

1. Gerät so schnell kaputtgegangen sein – Umtausch gegen neues Gerät nicht möglich sein, sondern Reparatur
   Es tut mir leid, dass *das Gerät so schnell kaputtgegangen ist. Aber ein Umtausch gegen ein neues Gerät ist nicht möglich, sondern nur eine Reparatur.*
2. Papier vor zwei Wochen bestellt haben – Ihre Bestellung nicht finden können – Sie sie vielleicht nicht abgeschickt haben?
   Ist es tatsächlich so, dass Sie ______________________
3. Sie 5 Matratzen und 10 Betten bestellt haben – aber heute noch 5 Betten liefern können
   Ich bin ganz sicher, dass ______________________
4. auf Bestellschein grüne Tische stehen – aber wir noch heute schwarze Tische liefern und grüne Tische zurücknehmen
   Das ist so nicht richtig, denn ______________________
5. Sie denn den aktuellen Katalog haben? – neuer Katalog vor zwei Wochen erschienen sein
   Ja, das mag sein, aber ______________________

Lernwortschatz

S. 48 | Das Service-Team von PC-Expert

Nomen

der Auszubildende, -n ....
das Bedürfnis, -se ....
der Händler, - ....
die Hardware, -s ....
der Internetauftritt, -e ....
die Kombination, -en ....
der/das Laptop, -s ....
das Notebook, -s ....
der Service, -s ....
die Software, -s ....
der Versand (Sg.) ....
der/das Virus, Viren ....

Verben

ausbilden ....
beraten* ....
entfernen ....
verstehen* von (+ Dat.) ....

Adjektive

besondere ....
erhältlich ....
individuell ....
umfassend ....
virtuell ....

S. 49 | A Kunden beraten und über Waren informieren

Nomen

der Ausdruck, -e ....
das Doppelte, -n ....
der Farbdrucker, - ....
die Kapazität, -en ....
der Kopierer, - ....
das Multifunktionsgerät, -e ....
das Papiermagazin, -e ....
die Patrone, -n ....
das Plus, - ....
der Probedruck, -e ....
der Scanner, - ....
das Spitzenmodell, -e ....
der Toner, - ....
der Vorteil, -e ....

Verben

befürchten ....
einscannen ....
sich entscheiden* für/gegen (+ Akk.) ....

....
führen (eine Ware) ....
nutzen ....
überfliegen* ....

Adjektive

ausgesprochen ....
bedeutend ....
echt ....
erheblich ....
gelegentlich ....
ideal ....
kurzfristig ....
maximal ....
professionell ....
total ....

S. 50 | B eine Anfrage verstehen und ein Angebot erstellen

Nomen

die Ahnung, -en ....
die Bedingung, -en ....
die Befristung, -en ....
die Beschaffenheit, -en ....
die Betreffzeile, -n ....
die Einschränkung, -en ....
der Einzelpreis, -e ....
die Form, -en ....
der Gesamtpreis, -e ....
der Hauptteil, -e ....
der Hinweis, -e ....
die Lieferbedingung, -en ....
der Lieferschein, -e ....
das Netto-Preisangebot, -e ....
die Position, -en ....
die Preisangabe, -n ....
der Typ, -en ....
die Verkaufsbedingung, -en ....
die Vorschrift, -en ....

Verben

einholen

unterbreiten

Adjektive

folgend

gebunden an (+ Akk.)

unverbindlich

weitere Wörter

hinzu

S. 51 | C telefonisch reklamieren und auf eine Reklamation reagieren

Nomen

die Annahme, -n

die Anzahl an (+ Dat.) (Sg.)

die Bestellung, -en

die Elektronik, -en

der Geschäftskunde, -n

der Großhandel, -

der Lieferant, -en

die Reklamation, -en

die Warenannahme, -n

Verben

erfassen (Daten)

sich herausstellen

hervorgehen* aus (+ Dat.)

mitliefern

mitschicken

reichen* (+ Dat.)

reklamieren

weitergeben* (Information)

Adjektive

fehlerhaft

weitere Wörter

extra

Welche Wörter möchten Sie noch lernen? Notieren Sie:

TIPP **Mit der Hand schreiben**

Was man mit der Hand schreibt, merkt man sich besser. Schreiben Sie also neue Wörter immer wieder mit der Hand – nicht nur mit dem Computer.

Lektion 10

A über Entwicklungen in einer Firma sprechen

1 **Was passt? Ordnen Sie zu.** S. 57, A1a *Wortschatz*

~~steigen~~ | konstant bleiben | abnehmen | zunehmen | auf demselben Niveau bleiben | übertreffen | sich verbessern | sinken | unverändert sein | reduzieren | senken | ansteigen | gleich bleiben

gleich →	**mehr ↗**	**weniger ↘**
	steigen	

2 | a **Wie heißt das passende Verb? Schreiben Sie.** S. 57, A1a *Wortschatz*

1. die Zunahme: ……
2. die Verbesserung: ……
3. die Steigerung: ……
4. der Anstieg: ……
5. die Abnahme: ……
6. die Reduktion: ……
7. die Senkung: ……
8. die Veränderung: ……

b **Schreiben Sie die Verben in a in die Tabelle und ergänzen Sie die Verbformen.**

Infinitiv	**3. Person Präsens**	**3. Person Präteritum**	**3. Person Perfekt**
zunehmen	es nimmt zu	es nahm zu	es hat zugenommen

3 **Lesen Sie die Aussagen. Welches Verb passt? Ergänzen Sie es in der passenden Form. Manchmal gibt es zwei Möglichkeiten.** S. 57, A1a *Wortschatz*

ansteigen | senken | zunehmen | reduzieren | verbessern

Zahlen, Zahlen

1. Die Zahl der Kunden …… im letzten Jahr um 10 % ……. (↗)
2. Damit …… sich unsere Einnahmen erheblich ……. (↗)
3. Leider …… auch unsere Kosten ……, nämlich um 15 %. (↗)
4. Deshalb müssen wir unbedingt die Zahl der Mitarbeiter ……. (↘)
5. Wir könnten unsere Kosten aber auch dadurch …… (↘), dass wir unsere Ware günstiger einkaufen.
6. Wir könnten das erst einmal versuchen. Aber wenn sich die Zahlen dann nicht wesentlich …… (↗), müssen wir doch Mitarbeiter kündigen.

4 **Welches Verb passt? Verbinden Sie.** S. 57, A1b *Wortschatz*

1. instand
2. eine Rolle
3. im Vordergrund
4. Wert auf etwas
5. sich negativ/positiv
6. wesentlich zu hoch/groß/klein
7. etwas deutlich

A stehen
B machen
C halten
D entwickeln
E sein
F spielen
G legen

5 **Wie heißt das passende Nomen? Schreiben Sie das Nomen mit Artikel und Pluralform an die passende Stelle in der Tabelle.** ★★★ S. 57, A1 b *Wortschatz*

~~sich entwickeln~~ | präsentieren | ablaufen | verfahren | ändern | schwanken | sich verbessern | ausgleichen | hinweisen | ausreißen | ansteigen | vorschreiben

-ung	ohne Endung	-ation	-er
die Entwicklung, -en			

6 **Zeit – Wie kann man es anders sagen? Lesen Sie die Aussagen und ersetzen Sie die unterstrichenen Ausdrücke durch die passende Bezeichnung.** S. 57, A1 b *Wortschatz*

die Jahreshälfte | das Vorjahr | das Quartal | das laufende Jahr | der Jahresverlauf | ~~in den ersten Monaten~~ | in Zukunft

Krankenstand

In den ersten Monaten
~~Am Anfang~~ (1) des letzten Jahres haben sich erfreulich wenige Mitarbeiter krankgemeldet. Die Zahl lag im ersten Vierteljahr (2) bei 2,7 %, auch nach den ersten sechs Monaten (3) lag sie nur etwas höher, nämlich bei 2,8%. Die Zahl der Krankmeldungen ist während des Jahres (4) leider wieder etwas angestiegen auf 3 %. Trotzdem haben wir Grund zur Freude: Im letzten Jahr (5) hatten sich wesentlich mehr Mitarbeiter krankschreiben lassen: 3,5 %. Wir hoffen, dass sich die positive Entwicklung in den nächsten Jahren (6) so fortsetzt und unsere Mitarbeiter durch unser Gesundheitsprogramm immer seltener krank sind. Die Zahlen aus diesem Jahr (7) lassen uns hoffen.

7 **Wie kann man es klar und deutlich sagen? Ergänzen Sie das passende Wort.** S. 57, A1 b *Wortschatz*

insgesamt | strikt | wenig | erheblich | absolut

1. Die Mitarbeiter müssen sich .... an die Sicherheitsvorschriften halten.
2. Wenn sie das nicht tun, können sie sich .... verletzen.
3. Es ist .... wichtig, dass an allen gefährlichen Stellen Warnschilder aufgestellt werden.
4. .... erfreulich ist, dass die Zahl der Unfälle leicht gestiegen ist.
5. Unsere Sicherheitsvorschriften reichen aber .... aus, um Arbeitsunfälle zu vermeiden.

8 **Lesen Sie den Auszug aus einer Präsentation. Finden Sie zehn Rechtschreib- oder Grammatikfehler. Unterstreichen und korrigieren Sie sie.** S. 57, A2 a *Lesen*

Unser Sport-Fit-Gesundheitsprogramm waren in diesen Jahr erfolgreich: Unsere Mitarbeiter sind weniger krank, Sie sind motivierter und zufriedener. Damit haben wir unser Zil erreicht! Aber wir wollen noch meer tun – wir wollen unser Essen verbessern. Das ist eine weiter Masnahme für die Gesundheit unserer Mitarbeiter. In unserer Kantine will es jeden Tag ein gesunde Essen geben. Diese Empfehlung kommt von unseren Betriebsarzt.

9 **Welche Aussage gehört zu welcher Grafik? Ordnen Sie zu.** S. 57, A3 **Redemittel**

A

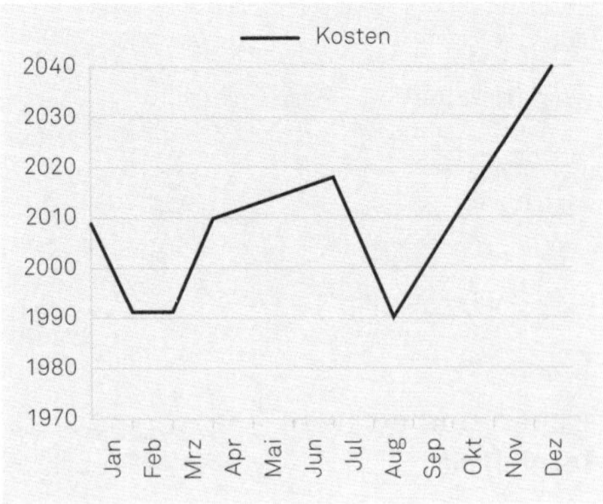

B

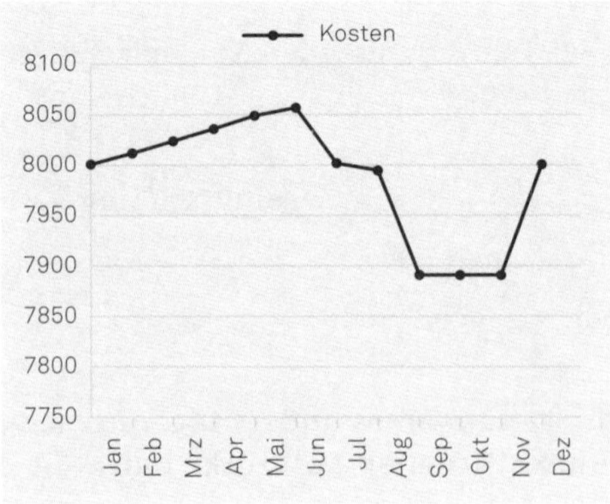

1. Die Grafik zeigt, dass die Kosten zwischen Februar und März auf demselben Niveau geblieben sind. Grafik: A
2. Aus der Grafik geht hervor, dass die Kosten ab August stark angestiegen sind. Grafik: ……
3. Wie man sehen kann, sind die Kosten zwischen September und November konstant geblieben. Grafik: ……
4. Auffällig ist, dass die Kosten in der ersten Jahreshälfte zunehmen. Grafik: ……
5. Im Vergleich zum Jahresbeginn sind die Kosten am Jahresende erheblich höher. Grafik: ……
6. In den Monaten Juni bis September sind die Kosten immer gesunken. Grafik: ……
7. Seit August nehmen die Kosten zu. Grafik: ……

10 | a **Sehen Sie die Grafik an. Welche Informationen sind richtig? Kreuzen Sie an.** S. 57, A3 *Lesen / Redemittel*

	richtig	falsch
1. Es werden immer weniger Bücher in Deutschland verkauft.	☐	☐
2. Die Verkaufszahlen sind seit 2002 immer gesunken.	☐	☐
3. Von 2004 auf 2005 hat die Zahl der verkauften Bücher zugenommen.	☐	☐
4. Zwischen 2002 und 2004 sank die Zahl der verkauften Bücher um ca. 11 Mio. auf ca. 380 Mio.	☐	☐
5. Von 2003 bis 2004 ist die Menge der verkauften Bücher konstant geblieben.	☐	☐
6. Am wenigsten Bücher wurden 2004 verkauft.	☐	☐
7. Die Zahl der verkauften Bücher hat zwischen 2002 und 2003 am stärksten abgenommen.	☐	☐
8. Die Verkaufszahlen verbesserten sich nur 2005.	☐	☐
9. 2003 und 2006 sind die Verkaufszahlen gleich.	☐	☐
10. Die Zahl der verkauften Bücher ist von 2002 bis 2006 um ca. 11 Mio. gesunken.	☐	☐
11. Die meisten Bücher konnten 2002 verkauft werden.	☐	☐

b **Ergänzen Sie mit Informationen aus den angegebenen Sätzen aus a.**

1. Die Grafik zeigt, dass in Deutschland immer weniger Bücher verkauft werden. (1)
2. Es fällt auf, dass …… (7)
3. Wie man sehen kann, …… (6)

4. Im Vergleich mit .... (11)
5. In den Jahren von 2002 bis 2006 hat .... abgenommen. (10)
6. Aus der Grafik geht hervor, dass .... (8)
7. Interessant ist, dass .... (3)

B über Unfallgefahren sprechen, eine Unfallmeldung machen

11 Lesen Sie den Text. Ergänzen Sie das passende Nomen. S. 58, B1 *Wortschatz*

Sicherheit | Warnschilder | Vordergrund | Vorschriften | Gebotsschilder | Unfallgefahr | Schutz | Arbeitsunfälle | Verbotsschilder

.... (1) am Arbeitsplatz ist ein Muss. Deshalb gibt es in den Unternehmen .... (2), die die Mitarbeiter unbedingt beachten müssen, um .... (3) zu vermeiden: .... (4) geben an, was man tun muss, ... (5) zeigen, was man nicht darf. Solche .... (6) gibt es für alle Orte in der Firma, an denen eine .... (7) für die Mitarbeiter besteht. Die Gesundheit der Beschäftigten steht in jedem Unternehmen im .... (8). Außerdem gibt es viele gesetzliche Regelungen zum .... (9) der Beschäftigten.

12 | a Was wird ausgedrückt – Erlaubnis, Verbot, Notwendigkeit, Rat oder Wunsch? Ordnen Sie zu. S. 58, B1 *Modalverben*

Erlaubnis	Verbot	Notwendigkeit	Rat	Wunsch
		1		

1. Bei einem Achtstundentag müssen (1) alle Arbeitnehmer 30 Minuten Pause machen.
2. Doch wann man seine Pause macht, kann (2) man in vielen Firmen selbst bestimmen.
3. In der Pause darf (3) man normalerweise die Firma verlassen, man muss (4) es aber nicht machen.
4. Urlaub soll (5) man rechtzeitig beantragen.
5. Wenn Sie zur gleichen Zeit wie Ihr Kollege Urlaub nehmen wollen (6), sollten (7) Sie unbedingt mit ihm sprechen und sich mit ihm einigen.
6. Wenn Sie keine Lösung finden, muss (8) Ihr Chef entscheiden.
7. Man soll (9) immer etwas früher bei der Arbeit sein, als man muss (10).
8. Auch wenn man Geburtstag hat, darf (11) man nicht einfach später kommen.
9. Insgesamt: Alle müssen (12) die Arbeitszeiten einhalten und können (13) nicht einfach später kommen oder früher gehen.
10. Bei der Arbeit kann (14) eben nicht jeder machen, was er will (15)!

b Ergänzen Sie die Verbformen in der Tabelle.

dürfen	müssen	können	sollen	wollen
ich	ich	ich	ich	ich ......
du	du	du	du	du ......
er/sie/es darf	er/sie/es muss	er/sie/es kann	er/sie/es soll	er/sie/es will
wir	wir	wir	wir	wir ......
ihr	ihr	ihr	ihr	ihr ......
sie/Sie	sie/Sie müssen	sie/Sie können	sie/Sie	sie/Sie wollen

c **Setzen Sie die Sätze aus a ins Präteritum.**

1. Bei einem 8-Stunden Tag mussten alle Arbeitnehmer 30 Minuten Pause machen.
2. Doch wann man seine Pause machte, ...

d **Ergänzen Sie die Präteritumformen in der Tabelle.**

dürfen	müssen	können	sollen	wollen
ich	ich	ich	ich	ich
du	du	du	du	du
er/sie/es durfte	er/sie/es musste	er/sie/es konnte	er/sie/es sollte	er/sie/es wollte
wir	wir	wir	wir	wir
ihr	ihr	ihr	ihr	ihr
sie/Sie	sie/Sie	sie/Sie	sie/Sie	sie/Sie

13 **Der Praktikant hat viele Fragen an Herrn Schneider, den Chef. Welches Modalverb passt? Ergänzen Sie *können*, *müssen* oder *sollen* in der richtigen Form. Manchmal gibt es zwei Möglichkeiten.** S. 58, B1 **Modalverben**

1. ● Herr Schneider, was ________ ich tun? Wasser läuft durch die Decke.
2. ◆ Du ________ einen Eimer holen!
3. ● ________ Sie mir sagen, wo ein Eimer ist?
4. ◆ Du ________ in die Küche gehen. Da ist einer.
5. ● In dem Eimer ist Wasser. Wo ________ ich das hintun?
6. ◆ Das ________ du ins Klo gießen.
7. ● Wo ________ ich den Eimer hinstellen?
8. ◆ Du ________ ihn da hinstellen, wo das Wasser durch die Decke läuft!
9. ● Ich weiß, Sie haben es nicht gern, wenn ich Ihren Laptop anfasse, aber ________ ich ihn jetzt zur Seite stellen oder ________ ich den Eimer auf den Laptop stellen?
   ◆ Mein Laptop!!!

14 | a **Was für ein schrecklicher Arbeitsplatz! Was muss man, was darf man dort (nicht)? Kreuzen Sie an.** S. 58, B1 **Modalverben**

Unsere Mitarbeiter ...
1. ☐ müssen ☐ dürfen keinen Alkohol trinken.
2. ☐ müssen ☐ dürfen sich nicht mit den Kollegen unterhalten.
3. ☐ müssen ☐ dürfen jeden Tag andere Kleidung tragen.
4. ☐ müssen ☐ dürfen nie zu spät kommen.
5. ☐ müssen ☐ dürfen immer gut angezogen sein.
6. ☐ müssen ☐ dürfen immer unbezahlte Überstunden machen.
7. ☐ müssen ☐ dürfen während der Arbeitszeit immer lächeln.
8. ☐ müssen ☐ dürfen kündigen, wenn ihnen unsere Regeln nicht gefallen!

b **Was muss/darf (nicht) gemacht werden? Schreiben Sie Sätze im Passiv.** ★★★

1. Man muss jeden Abend seinen Arbeitsplatz aufräumen.
2. Abends muss man alle Geräte ausschalten.
3. Den Urlaub muss man schon im Januar beantragen.
4. Man darf sein Auto nicht vor dem Eingang parken.

1. Der Arbeitsplatz muss jeden Abend aufgeräumt werden.

15 **Tipps für ein gutes Arbeitsklima. Schreiben Sie die Tipps als Ratschläge für Ihren Kollegen.** S. 58, B1 *Modalverben*

1. Suche am Arbeitsplatz keine Freunde!
2. Akzeptiere, dass jeder Mensch anders ist – auch wenn er ganz anders ist, als du es gern hättest!
3. Beteilige dich nicht an Tratsch und Klatsch, d.h. an Geschichten über Kollegen oder den Chef!
4. Beleidige niemanden und sei zu allen freundlich und höflich!
5. Bedanke dich immer für Kritik!
6. Entspanne dich kurz, wenn du mal eine kurze Pause hast!

1. Sie sollten am Arbeitsplatz keine Freunde suchen.

16 **Kosten sparen – Worauf muss ein Unternehmen achten? Ordnen Sie die Sätze und schreiben Sie sie.** S. 58, B1 *Modalverben*

1. achten / Ein Unternehmen / auf seine Kosten / muss / immer / .
2. eingespart / Wenn / sollen / werden / Kosten / / viele Dinge / werden / überlegt / müssen / .
3. werden / Sollen / gekauft / neue, bessere Maschinen / / können / um Personal / zu / einsparen / ?
4. sollen / bei den neuen Aufgaben / zusammenarbeiten / Welche Mitarbeiter / ?
5. werden / die Mitarbeiter / können / Wie / gut und günstig / fortgebildet / ?
6. geachtet / darauf / Natürlich / muss / immer / werden, / / dass / zufrieden / die Mitarbeiter / sind / und / sichergestellt / die Qualität der Produkte / ist.

1. Ein Unternehmen muss ...

17 | a **Rund um den Unfall. Was passt? Verbinden Sie.** S. 58, B2 a *Wortschatz / Schreiben*

1. Ruhe	A einweisen
2. Unfall	B beachten
3. den Unfallort	C versorgen
4. den Verletzten	D absichern
5. Anweisungen	E entfernen
6. den Krankenwagen	F bewahren
7. Schaulustige	G melden

b **Wie verhält man sich bei einem Unfall? Was macht man zuerst, was dann? Schreiben Sie. Verwenden Sie die Wörter im Schüttelkasten.**

zuerst | dann | danach | anschließend | schließlich

1. Wenn ein Unfall passiert, muss man Ruhe bewahren.
2. Zuerst muss man ...
3. Dann ...

18 **Was braucht man alles, wenn ein Unfall passiert ist? Lesen Sie und ordnen Sie zu. Schreiben Sie das Nomen mit Artikel und Pluralform.** S. 58, B2 b *Wortschatz*

Verband | ~~Sanitätsstation~~ | stabile Seitenlage | Notarzt | Rettungswagen | Erste-Hilfe-Kasten | Rettungsdecke

1. Dort können Verletzte oder Kranke im Betrieb hingebracht werden: die Sanitätsstation, die Sanitätsstationen
2. Hiermit wird der Verletzte abgeholt und in ein Krankenhaus gebracht: ……
3. Diese Person kümmert sich um den Verletzten, bis er im Krankenhaus ist: ……
4. Hierin befinden sich alle wichtigen Sachen für den Notfall: ……
5. Hiermit deckt man den Verletzten zu: ……
6. Wenn ein Verletzter bewusstlos ist, legt man ihn so hin: ……
7. Das macht man auf die Wunde: ……

19 **Lesen Sie die E-Mail und schließen Sie die Lücken. Jedes Wort passt nur einmal.** S. 58, B2 b *Lesen / Wortschatz*

aber | alles | ansprechen | aufstehen | einfach | gefallen | gekommen | gestürzt | mindestens | ob | rufen | Schreck | Schreckliches | sofort | warum

Liebe Christine,

gestern ist mir etwas ______ (1) passiert: Als ich nach der Arbeit nach Hause gegangen bin, ist ein alter Mann neben mir gelaufen und plötzlich ______ (2). Er ist direkt auf sein Gesicht ______ (3) und lag regungslos am Boden. Ich habe einen großen ______ (4) bekommen. Natürlich weiß ich, dass man ihn ______ (5) und in die stabile Seitenlage bringen soll. Aber ich konnte es ______ (6) nicht. Glücklicherweise sind noch andere Leute ______ (7). Eine Frau hat sich ______ (8) um den Mann gekümmert. Aber er konnte nicht ______ (9). Deshalb musste ich den Unfallwagen ______ (10). Was die mich ______ (11) gefragt haben! Sie wollten wissen, wie alt der Mann ist, ______ (12) er gefallen ist, ______ (13) er ansprechbar ist. Das Telefonat hat ______ (14) zehn Minuten gedauert. Dann ist der Unfallwagen ______ (15) schnell gekommen.

20 | a **Lesen Sie den Zeitungsbericht.** S. 58, B2 c *Lesen / Schreiben*

Bei einem Brand in der Bäckerei Müller in der Münchener Straße 34 ist ein Schaden von etwa 20 000 Euro entstanden. Das Feuer war gestern Nacht gegen 0.50 Uhr im Lager ausgebrochen. Der Brand wurde schnell entdeckt, weil zwei Angestellte schon bei der Arbeit waren. Karl Brunn und Carola Lange versuchten, das Feuer zu löschen. Dabei verbrannte sich Carola Lange am Bein und stürzte. Ihr Kollege rief sofort den Krankenwagen und die Feuerwehr, die nach wenigen Minuten am Unfallort eintrafen. Das Feuer konnte schnell gelöscht werden, Carola Lange kam ins Krankenhaus.

b **Was ist in der Nacht passiert? Unterstreichen Sie in der Zeitungsmeldung die wichtigen Informationen, machen Sie Notizen und ergänzen Sie die Tabelle.**

Wer meldet?	Karl Brunn
Was ist passiert, bevor der Krankenwagen gekommen ist?	
Wo ist es passiert?	
Wie viele Verletzte gibt es?	

c **Karl Brunn ruft den Notarzt und macht eine Unfallmeldung. Was sagt er? Schreiben Sie.**

1. Wer meldet? ______
2. Was ist passiert? In der Bäckerei ist ein Feuer ausgebrochen. Frau Lange und ich haben versucht, ______
3. Wo ist es passiert? ______
4. Wie viele Verletzte gibt es? ______

C einen Text über Qualitätsmanagement verstehen

21 | a Finden Sie elf Wörter mit *Qualität-*, *Kunde-* und *Arbeit-*. S. 59, C1 *Wortschatz*

Management | Service | Prozess | Unfall | Orientierung | Ziel | Wunsch | Zufriedenheit | Schutz | Ablauf | Sicherung

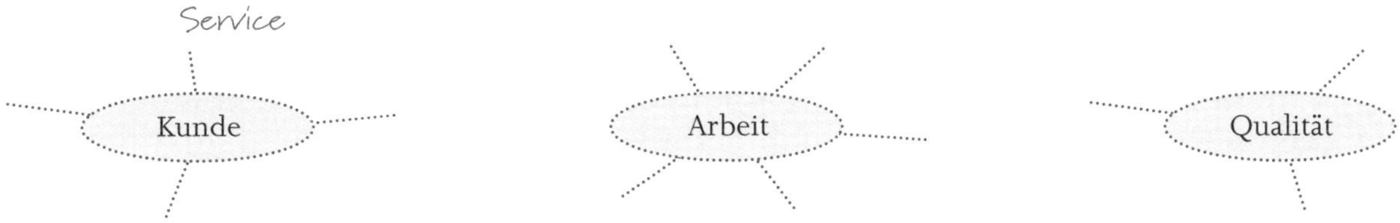

b Schreiben Sie die Wörter mit Artikel. Unterstreichen Sie die Buchstaben, durch die die Wörter verbunden sind (Fugen).

1. der Kunden<u>en</u>service

22 Lesen Sie den Text und ergänzen Sie die passenden Wörter. S. 59, C1 *Wortschatz*

Erfolg | Verkehrsmitteln | Messung | Zufriedenheit | Fragebögen | Markt | ~~Dienstleistungen~~ | Grünanlagen | Qualitätssicherung | Auswertung | Mitarbeiter

Was muss sein, damit wir zufrieden sind?

Wenn wir für Dienstleistungen (1) bezahlen, möchten wir, dass die Mitarbeiter zu uns freundlich sind und dass alles gut funktioniert. Zum Beispiel bei öffentlichen .... (2) wie dem Bus erwarten wir, dass der Busfahrer höflich ist und wir pünktlich ankommen. Auch bei .... (3) sind wir anspruchsvoll: Ein Park soll sauber und gepflegt sein, damit wir gern hingehen. Unsere .... (4) ist wichtig, denn zufriedene Kunden und auch motivierte .... (5) spielen bei der .... (6) eine wichtige Rolle. Und gute Qualität bedeutet für das Unternehmen .... (7) auf dem .... (8). Unsere Zufriedenheit wird manchmal mit .... (9) gemessen. Die .... (10) soll dann zeigen, wie zufrieden wir sind. Doch ist die .... (11) von Zufriedenheit überhaupt möglich?

23 Lesen Sie den Text und ergänzen Sie die Verben in der passenden Form. S. 59, C1 *Wortschatz*

verhalten | verbessern | gewährleisten | verlangen | sicherstellen | erkennen | prüfen

Sicherheitsvorschriften am Arbeitsplatz

Die Sicherheit am Arbeitsplatz wird durch viele Vorschriften .... (1). Arbeitgeber sind durch das Gesetz verpflichtet, die Sicherheit und den Gesundheitsschutz aller Beschäftigten während der Arbeitszeit zu .... (2). In den letzten einhundert Jahren hat sich der Schutz der Arbeitnehmer wesentlich .... (3). Das Arbeitsschutzgesetz verpflichtet jeden Arbeitgeber zu bewerten und zu .... (4), welche Gefahren es in seinem Unternehmen gibt. Wichtig ist, dass auch die Mitarbeiter .... (5), dass sie sich an die Vorschriften halten müssen. Denn die meisten Arbeitsunfälle passieren, weil die Beschäftigten sich nicht so .... (6), wie es die Sicherheitsvorschriften von ihnen .... (7).

24 | a Welches Verb passt? Verbinden Sie. S. 59, C1 *Wortschatz*

1. eine Eigenschaft	A sein
2. zu etwas bereit	B erreichen
3. in Kauf	C besitzen
4. auf dem neuesten Stand	D sein
5. das Ziel	E nehmen

b Ergänzen Sie den passenden Ausdruck aus a in der richtigen Form.

1. Die Qualität eines Produktes ist gut, wenn es die geplanten und vom Kunden gewünschten ……………… ……………… .
2. Viele Kunden ………………, für hochwertige Produkte mehr zu bezahlen.
3. Kunden, die weniger Geld haben, kaufen billigere Produkte und ……………… eine schlechtere Qualität ……………… .
4. Besonders Männer kaufen sich immer den aktuellen Computer oder das neueste Handy von guter Qualität. Sie möchten immer ……………… .
5. Mit guter Werbung und hoher Qualität haben schon viele Unternehmen ……………… ………………, auf dem Markt eine führende Position zu bekommen.

25 | a Lesen Sie den Bericht. Welche Überschrift passt zu welchem Abschnitt? Ordnen Sie zu. S. 59, C1 *Lesen*

Qualitätskontrolle | Ausstattung | Arbeit mit den Kindern | Personal | Zusammenarbeit mit den Eltern

Qualitätsmanagement im Kindergarten

Die Qualität von Kindergärten ist für die Kinder, deren Eltern und die Gesellschaft von großer Bedeutung. Denn die Zeit im Kindergarten ist wichtig für die Entwicklung der Kinder und ihren Start in der Schule. Doch was macht die Qualität aus?

………………

Wichtig ist besonders der Umgang mit den Kindern, d.h. wie die Erzieher die Kinder behandeln. Erzieher sollten freundlich und ernsthaft mit den Kindern sprechen und ihre Fragen beantworten. Außerdem müssen die Kinder z.B. durch Lernspiele gefördert werden. Nur so sind sie nachher fit für die Schule. Aber auch das Sozialverhalten der Kinder muss trainiert werden und sich entwickeln können. In der Kita sollten Gruppenspiele und gemeinsame Ausflüge durchgeführt werden, damit sich ein Wir-Gefühl entwickeln kann. Gleichzeitig darf aber das einzelne Kind als Individuum nicht vergessen werden. Jedes Kind hat seine eigenen Bedürfnisse, Besonderheiten und Vorlieben.

………………

Ein wichtiges Qualitätszeichen eines Kindergartens ist es, dass ein Erzieher nicht zu viele Kinder betreut. Hinzu kommt, dass möglichst alle Beschäftigten eine entsprechende Ausbildung haben. Beides sind Voraussetzungen dafür, dass ein stressfreier Umgang mit den Kindern möglich ist und die Kinder möglichst gut gefördert werden.

………………

Ein weiteres Qualitätskriterium ist die Ausstattung der Kita: Sind die Gruppenräume, die Toiletten bzw. Waschräume sauber und groß genug? Besitzt die Kita einen Garten? Auch die Möbel hier spielen eine Rolle. Es sollten ausreichend Tische, Stühle, Betten in einem guten Zustand vorhanden sein. Wichtig ist auch, dass genügend unterschiedliches Spielzeug vorhanden ist ebenso wie Bücher, damit die Kinder gern in die Kita gehen und sich nicht langweilen.

………………

Die Eltern sollten in ständigem Kontakt mit den Erziehern stehen. Die Kita sollte sie über die pädagogische Arbeit informieren. Außerdem sollten regelmäßig Gespräche über die Entwicklung des Kindes stattfinden.

Zur Qualitätsprüfung und -sicherung werden Interviews mit den Eltern und auch mit den Erziehern durchgeführt. Neben dieser mündlichen Befragung werden auch Fragebögen verteilt. Außerdem kommen Experten in den Kindergarten, die sich die Einrichtung und Ausstattung ansehen und ein paar Tage in der Kita die Abläufe und den Umgang der Erzieher mit den Kindern beobachten.

b Was steht im Text? Kreuzen Sie an.

1. Die Qualität eines Kindergartens
   - ☐ spielt für die Zukunftschancen der Kinder eine wichtige Rolle.
   - ☐ ist für Eltern und Kinder wichtig, weil sich die Gesellschaft weiterentwickelt.
   - ☐ spielt für Kinder, Eltern und Gesellschaft eine wichtige Rolle, weil die Kinder dort lesen lernen.
2. Ein guter Kindergarten
   - ☐ bereitet die Kinder hauptsächlich auf die Schule vor.
   - ☐ fördert das Lernen und Sozialverhalten der Kinder.
   - ☐ darf nicht zu viel Rücksicht auf die Wünsche und Besonderheiten des einzelnen Kindes nehmen.
3. In einem guten Kindergarten
   - ☐ arbeiten fast nur ausgebildete Erzieher.
   - ☐ sollten die Mitarbeiter möglichst viele verschiedene Ausbildungen haben.
   - ☐ sollten sich die Mitarbeiter regelmäßig entsprechend fortbilden.
4. Die Ausstattung des Kindergartens
   - ☐ ist das wichtigste Qualitätskriterium.
   - ☐ betrifft die Räume, die Möbel, das Spielzeug und den Außenbereich und ist ein Kriterium für die Qualität.
   - ☐ ist dann gut, wenn er große Gruppenräume und Toiletten, Tische, Stühle und Betten und einen Garten hat.
5. Die Qualität eines Kindergartens wird
   - ☐ durch Befragungen, Fragebögen und externe Experten gemessen.
   - ☐ durch mündliche und schriftliche Befragung von Eltern und durch Experten ermittelt.
   - ☐ durch Befragungen, Fragebögen und Experten, die im Kindergarten beschäftigt sind, ermittelt.

26 | a Lesen Sie die Äußerung eines Kunden über seine Anforderungen an ein Handy. Ergänzen Sie die Textbausteine. S. 59, C2 *Lesen / Schreiben*

Absolut unverzichtbar ist für mich auch | Und was auf keinen Fall fehlen darf | Für mich ist auch wichtig | Ein Qualitätskriterium ist

Welche Eigenschaften sollte ein qualitativ hochwertiges Handy besitzen?

Ein richtig gutes Handy sollte klein und handlich sein. .... (1), dass es leicht zu bedienen ist und ich nicht erst lange die Bedienungsanleitung lesen muss .... (2) eine lange Akkulaufzeit: Der Akku eines richtig guten Handys sollte mindestens vier Tage halten – auch wenn man viel damit telefoniert oder surft. .... (3) auch, dass ausreichend Speicherplatz vorhanden ist, es sollte schon genügend Platz für viele SMS und Kontakte sein. .... (4) ist eine gute Kamera. Eine Kamera mit guter Auflösung sollte ein gutes Handy unbedingt haben.

b Welche Eigenschaften sollte ein teurer Urlaub haben? Schreiben Sie. Benutzen Sie die Textbausteine aus a. Folgende Wörter helfen Ihnen. ★★★

Anreise | Service | Mitarbeiter | Essen | Ausstattung des Zimmers/Appartements | Ausstattung des Hotels | Lage des Hotels …

Ein richtig guter Urlaub sollte mit einer stressfreien Anreise beginnen. Für mich …

Lernwortschatz

S. 56 | Jannis Passadakis wartet Flugzeuge

Nomen

die Auswertung, -en
die Dienstleistung, -en
der Fragebogen, ¨
die Instandhaltung, -en
die Kundenzufriedenheit (Sg.)
die Messung, -en
die Qualitätssicherung (Sg.)
die Sicherheit (hier nur Sg.)
der Vordergrund (Sg.)

Verben

auswerten
gewährleisten
instand halten*
kontrollieren
sicherstellen
steigern
warten (ein Auto)

Adjektive

stressfrei

weitere Wörter

vergleichsweise

S. 57 | A über Entwicklungen in einer Firma sprechen

Nomen

der Anstieg, -e
der Arbeitsablauf, ¨-e
der Arbeitsunfall, ¨-e
der Ausreißer, -
die Automation, -en
die Empfehlung, -en
die Entwicklung, -en
die Grafik, -en
die Jahreshälfte, -n
die Maßnahme, -n
das Quartal, -e
die Schwankung, -en
die Sicherheitsvorschrift, -en
das Verfahren, -
das Volumen, -
das Vorjahr, -e
die Wartung (Sg.)
die Wartungsarbeit, -en

Verben

aufwenden* für
ausgleichen*
einhalten*
einsparen
hinnehmen*
hinweisen* auf (+ Akk.)
vortragen*
zurückführen auf

Adjektive

absolut
strikt
wesentlich

S. 58 | B über Unfallgefahren sprechen, eine Unfallmeldung machen

Nomen

das Gebot, -e
das Piktogramm, -e
der Sanitäter, -
die Unfallgefahr, -en
die Unfallmeldung, -en
der Verletzte, -n
die Versorgung (eines Verletzten)

Verben

absichern (des Unfallortes)
entgegennehmen*
erfragen (Informationen)
erkennen (sehen)
melden (Unfall)
sich trauen
sichern (die Unfallstelle)
verständigen (eine Person)

Adjektive

umgekehrt

S. 59 | C einen Text über Qualitätsmanagement verstehen

Nomen

der Arbeitsprozess, -e
der Arbeitsschutz (Sg.)
die Ausstattung, -en
das Design, -s
die Erhaltung (Sg.)
die Gestaltung
der Gesundheitsschutz (Sg.)
das Know-How (Sg.)
die Konkurrenz (hier Sg.)
die Kundenorientierung (Sg.)
der Markt, ¨-e (Wirtschaft)
die Norm, -en
das Qualitätsmanagement, -s
die Schulung, -en
die Standardisierung, -en
die Steigerung, -en
der Unternehmer, -/die Unternehmerin, -nen
die Verarbeitung (Sg.)

Verben

ausstatten
bedenken*
betreffen*
sich bemühen um (+ Akk.)
sich orientieren an (+ Dat.)
zählen zu (gehören)

Adjektive

hochwertig
normalerweise
qualitativ
unerlässlich

Welche Wörter möchten Sie noch lernen? Notieren Sie:

TIPP

Notieren Sie sich zu den Vokabeln Wörter, die Sie bereits kennen, oder kurze Sätze.
Beispiel:
stressig – der Stress – gestresst – Das stresst mich.

Lektion 11

A ein Angebot nachverhandeln, eine Bestellung schreiben

1 Was passt? Ergänzen Sie die Präpositionen in den Aushängen. S. 61, A1 *Temporale Präpositionen*

am | am | am | um | vom … bis | in | ab

1

Wir machen Urlaub.
Unser Geschäft bleibt ______ 07.06. ______ 30.06. geschlossen.
Ihr Schuster

2

______ 08. Januar ist unser Geschäft ______ 14.00 Uhr wegen Inventur geschlossen.
______ 09. Januar haben wir wie immer ______ 8.00 Uhr den ganzen Tag für Sie geöffnet.
Ihr Supermarkt

3

Unsere Praxis ist ______ 31. 12. geschlossen.
Ihr Praxisteam

4

Pizzeria Roma
Wir bauen für Sie um.
Neueröffnung schon ______ 12 Tagen.

2 So lange? Ergänzen Sie die Präpositionen und die passenden Endungen. Manchmal gibt es zwei Möglichkeiten. Eine Lücke bleibt leer. S. 61, A1 *Temporale Präpositionen*

von … an | über | vor | zwischen … und … | von … bis … | seit

Weil das Angebot, das Herr Haffner erstellt hat, nur ______ zwei Woche ______ (1) gilt, hat Herr Ivanov ______ drei Tag ______ (2) die Hölzer bestellt. Die Lieferung sollte ______ 10.00 Uhr ______ 11.00 Uhr (3) ankommen.
Es ist jetzt schon 13.00 Uhr und die Lieferung sollte eigentlich schon ______ mindestens zwei Stunde ______ (4) da sein, aber der Lkw steht im Stau. Herr Ivanov muss im Büro bleiben, obwohl er eigentlich ______ 13.00 Uhr ______ 13.30 Uhr (5) Mittagspause hat.
Jetzt ist schon 13.15 Uhr. Er wartet schon ______ drei Stunde ______ (6). Endlich kommt der Lkw. Herr Ivanov hat ______ 9.30 Uhr ______ (7) auf die Lieferung gewartet – jetzt muss er schnell etwas essen.

3 *Vor* oder *seit*? Was passt? Kreuzen Sie an. S. 61, A1 *Temporale Präpositionen*

1. ☐ Vor ☐ Seit zwei Stunden ist die Ware angekommen.
2. ☐ Vor ☐ Seit einer Stunde haben wir angefangen, die Ware in die Regale zu räumen.
3. ☐ Vor ☐ Seit einer halben Stunde ist der Laden aber voller Kunden.
4. ☐ Vor ☐ Seit dieser Zeit müssen wir Kunden bedienen und können die Lieferung nicht mehr einräumen.
5. ☐ Vor ☐ Seit fünf Minuten ist Herr Schmitz gekommen, um zu helfen.
6. ☐ Vor ☐ Seit dieser Zeit kann die Ware wieder eingeräumt werden.

4 **Was darf man als Arbeitnehmer? Ergänzen Sie die passende Präposition. Manchmal gibt es zwei Möglichkeiten.** S. 61, A1 *Temporale Präpositionen*

außerhalb | während | nach | innerhalb

1. Bei einem Arbeitstag von acht Stunden muss der Arbeitnehmer spätestens ………… sechs Stunden eine Pause von 30 Minuten machen.
2. Der Arbeitnehmer darf ………… seiner Pause einkaufen gehen.
3. Der Arbeitnehmer muss ………… seiner Arbeitszeit für den Arbeitgeber nicht erreichbar sein.
4. ………… der Probezeit kann der Arbeitgeber kündigen, ohne Gründe dafür anzugeben.
5. Der Arbeitgeber kann seinen Mitarbeitern verbieten, ………… der Arbeitszeit privat zu telefonieren.
6. In vielen Firmen bekommen Arbeitnehmer ohne schulpflichtige Kinder zumeist nur ………… der Schulferien Urlaub. Einen gesetzlich festgelegten Urlaubsanspruch ………… der Schulferien haben aber auch Mitarbeiter mit Kindern nicht.
7. Wird einem Arbeitnehmer gekündigt, kann er ………… von drei Wochen etwas dagegen tun; er sollte sich unbedingt einen Rechtsanwalt nehmen.

5 **Welches Verb passt? Verbinden Sie.** S. 61, A2 *Wortschatz*

1. ein Angebot	A haben
2. die Lieferzeit: … drei Wochen	B haben
3. etwas auf Lager	C betragen
4. frei Haus	D anbieten
5. Bedarf	E unterbreiten
6. einen Rabatt	F abnehmen
7. größere Mengen einer Ware	G liefern

6 **Lesen Sie das Angebot und ergänzen Sie das passende Verb in der richtigen Form.** S. 61, A2 *Wortschatz*

betragen | freuen | danken | berechnen | sein | liefern | sein | unterbreiten

Sehr geehrte Damen und Herren,

wir ………… (1) Ihnen für Ihre Anfrage vom 06.08.20..
und möchten Ihnen folgendes Angebot ………… (2):

5 Bürostühle TOPSEAT 10 SU schwarz **je 189,99 € netto**

Ab einer Auftragssumme von 750 € ………… (3) wir frei Haus, ansonsten ………… (4) wir eine Lieferpauschale in Höhe von 49 €.

Die Lieferzeit ………… (5) 14 Tage ab Auftragseingang.
Der Gesamtbetrag ………… (6) innerhalb 14 Tagen zahlbar.
Das Angebot ………… (7) bis 18. September gültig.
Über einen Auftrag würden wir uns sehr ………… (8).

Mit freundlichen Grüßen

Ulirch Neumann

7 **Finden Sie in der Wortschlange zehn Nomen rund um das Thema Bestellung und Lieferung. Schreiben Sie die Nomen mit Artikel und Pluralform.** S. 61, A3 *Wortschatz*

Lieferzeitauftragseingangrechnungsdatumverhandlungsergebniszahlungsbedingung

angebotsnummerzentrallagertourskontoauftragsbestätigung

8 **Ergänzen Sie in den Textbausteinen für eine Bestellung die Verben in der passenden Form.** S. 61, A3 *Wortschatz*

gewähren | bitten | bestellen | erfolgen | vereinbaren

1. Im Anschluss an unser Telefongespräch .... ich fünf Schreibtische Typ TOPTABLE ZY 701 zu je 379,50 €.
2. Als spätesten Liefertermin haben wir den 28.07.20.. ....
3. Die Lieferung .... frei Haus.
4. Für die Bezahlung innerhalb 14 Tagen .... Sie mir bitte 2 % Skonto.
5. Ich .... um sofortige Bestätigung meines Auftrages.

9 **Lesen Sie die Bestellung. Ergänzen Sie die passende Information.** S. 61, A3 *Wortschatz*

frei Haus | Folgendes | 5 % Rabatt | innerhalb 14 Tagen | den 15.03.20..

Sehr geehrte Frau Fröhlich,

im Anschluss an unser Telefongespräch vom 01.03.20.. möchte ich .... bei Ihnen bestellen:

5	Schreibtische	Typ TOPTABLE ZY 701	je 379,50 €
7	PC-Schreibtische	Typ GERMANY SY	je 178,49 €

Als spätesten Liefertermin haben wir .... vereinbart.
Die Lieferung ist ....

Für die Bezahlung .... gewähren Sie mir bitte, wie besprochen, ...

Ich bitte um sofortige Bestätigung meines Auftrages.

Mit freundlichen Grüßen
Andreas Leiner

10 **Schreiben Sie eine Bestellung wie in 9 zum Angebot in 6.** S. 61, A3 *Schreiben*

– Nehmen Sie Bezug auf Ihr Telefongespräch am 10.08.20..
– Bestellen Sie 7 Bürostühle TOPSEAT 10 SU schwarz.
– Geben Sie den vereinbarten Liefertermin an.
– Nennen Sie die Lieferbedingungen (frei Haus).
– Bitten Sie um 2 % Skonto, wenn Sie in den nächsten zwei Wochen zahlen.
– Bitten Sie darum, dass Ihr Auftrag sofort schriftlich bestätigt wird.

B über Transportwege und Lieferbedingungen sprechen

11 **Rätsel: Für welches Transportunternehmen arbeite ich? Schreiben Sie die Antwort.** S. 62, B1 *Wortschatz*

Post | Kurierdienst | Spedition | Reederei

Wir transportieren …

1. Waren ausschließlich auf dem Seeweg.
   Du arbeitest für eine ……………
2. Waren mit dem Lkw auf dem Landweg, d.h. auf der Straße.
   ……………
3. vor allem kleinere Sachen, Dokumente, Briefe, die schnell und zuverlässig innerhalb der Stadt ankommen müssen.
   ……………
4. Pakete, Päckchen, große und kleine Briefe auf dem Land-, See- oder Luftweg.
   ……………

12 | a **Lesen Sie den Internetbeitrag. Welche Überschrift passt zu welchem Abschnitt? Ordnen Sie zu.** S. 62, B1 *Lesen*

Luft | Schiene | Wasser | Straße

Transportwege in Deutschland

……………

63 Prozent der Waren, das sind jährlich mehr als 3 Milliarden Tonnen Güter, werden in Deutschland mit Lastwagen transportiert. Diese werden von Berufskraftfahrern gefahren. Zu den Aufgaben eines Berufskraftfahrers gehört es nicht nur, die verschiedensten Waren wie Nahrungs- und Genussmittel zum Zielort zu befördern, sondern ein Berufskraftfahrer plant auch die genaue Route, die er mit dem Lkw fährt. Außerdem muss er das Fahrzeug regelmäßig auf seine Funktionsfähigkeit und Straßensicherheit überprüfen.

……………

Aber nicht nur mit dem Lkw, sondern auch mit der Bahn werden viele Waren transportiert: Güterzüge befördern 22 Prozent der Waren in Deutschland. Damit nimmt die Bahn den zweiten Platz unter den Transportwegen ein. Für den Transport sind Lokführer zuständig. Sie führen Loks und Triebfahrzeuge im Nah- und Fernverkehr und transportieren Personen und Güter.

……………

Güter, die nicht schnell transportiert werden müssen, können mit Schiffen befördert werden. In Deutschland werden ca. 12 Prozent der Waren so transportiert. Eine wichtige Rolle spielen dabei Schifffahrtskaufleute. Sie planen und organisieren den Transport und müssen darauf achten, dass die Schiffe möglichst voll beladen sind. Hafenschiffer sind für die praktische Arbeit zuständig: z.B. für das Be- und Entladen der Schiffe.

……………

Einige Güter, bei denen der Transport über den Land- oder Wasserweg zu lange dauern würde, werden mit dem Flugzeug transportiert. Flugzeuge spielen als Transportmittel innerhalb Deutschlands nicht zuletzt wegen der hohen Kosten eine geringe Rolle: Nur ca. 0,1 Prozent der Waren kommen mit dem Flugzeug. Am Flughafen arbeiten z.B. Servicekaufleute im Luftverkehr, sie sind für die ankommenden Güter zuständig. Zu ihren Aufgaben gehört es aber auch, Fluggäste am Flughafen oder im Flugzeug zu betreuen.

b **Ergänzen Sie das Diagramm.** ★★★

Schiff | Lkw | Flugzeug | Bahn

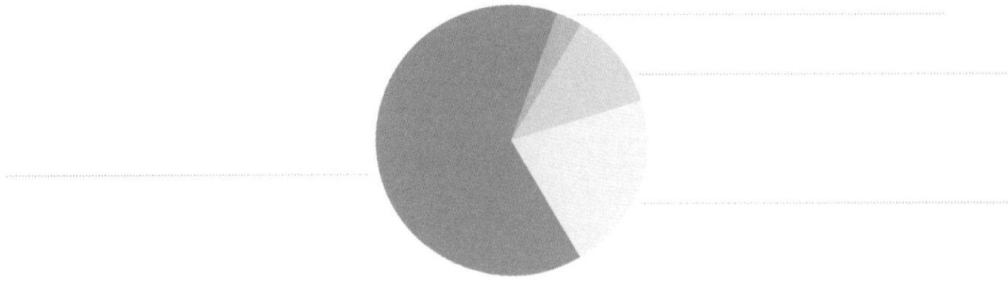

c **Richtig oder falsch? Kreuzen Sie an.**

	richtig	falsch
1. Zwei Drittel der Waren werden in Deutschland auf dem Landweg transportiert.	☐	☐
2. Berufskraftfahrer transportieren Ware im Lkw, entscheiden, welchen Weg sie fahren, und kontrollieren das Fahrzeug.	☐	☐
3. Ein Fünftel der Güter werden innerhalb Deutschlands auf der Schiene vom Ausgangsbahnhof zum Zielbahnhof gefahren.	☐	☐
4. Lokführer sind vor allem für den Gütertransport zuständig.	☐	☐
5. Mit dem Flugzeug werden nur wenige Waren innerhalb Deutschlands transportiert, weil das sehr teuer ist.	☐	☐
6. Ein Servicekaufmann kann sich sowohl um den Transport von Waren als auch um Fluggäste kümmern.	☐	☐
7. Ungefähr ein Zehntel der Waren werden auf dem Wasserweg transportiert.	☐	☐
8. Hafenschiffer organisieren, dass die Schiffe möglichst immer Ladung haben.	☐	☐
9. Für das Be- und Entladen und die Wartung der Schiffe sind Schiffskaufleute zuständig.	☐	☐

13 | a **Finden Sie in der Wortschlange zehn Verben zum Thema „Kosten".** S. 62, B2 a *Wortschatz*

ladohlortibezahlenrenandenvicgenbentdigverursachentierenursachmernnensenkenägtsteil

esbenrnimsspareneforentwiplädstenübernehmengenbentdigverureduzierenlenrenandchmer

nschätzeneilesbenrnimspamengenbebetragenrnimsparsinkenntsterrstchenlagrneueentstehen

b **Schreiben Sie die Verben und ihre Verbformen in die Tabelle.**

Infinitiv	3. Person Singular Präsens	3. Person Singular Präteritum	3. Person Singular Perfekt
bezahlen	*er bezahlt*	*er bezahlte*	*er hat bezahlt*

14 **Wer trägt die Transportkosten? Was ist richtig? Kreuzen Sie an.** S. 62, B2 a *Wortschatz*

1. „Unfrei": Der ☐ Käufer ☐ Verkäufer trägt die gesamten Transportkosten.
2. „Unfrei ab Bahnhof": Der ☐ Käufer ☐ Verkäufer trägt die Transportkosten bis zum Bahnhof, die Transportkosten ab dem Bahnhof übernimmt der ☐ Käufer ☐ Verkäufer.
3. „Frachtfrei": Der ☐ Käufer ☐ Verkäufer trägt die Transportkosten ab dem Bahnhof, alle Transportkosten, die zwischen dem Lager und dem Bahnhof entstehen, bezahlt der ☐ Käufer ☐ Verkäufer.
4. „Ab Lager": Der ☐ Käufer ☐ Verkäufer trägt die Transportkosten ab Lager.
5. „Frei Haus": Der ☐ Käufer ☐ Verkäufer trägt alle Transportkosten.

15 **Was wird durch *hat ... zu* in den folgenden Aussagen ausgedrückt? Ordnen Sie zu.** S. 62, B2 a ***haben ... zu***

Notwendigkeit	Forderung	Verbot
müssen	*sollen*	*nicht dürfen*
1		

1. Nach den Vorschriften hat ein Lkw-Fahrer nach spätestens 4,5 Stunden eine Pause zu machen.
2. Ein Lkw-Fahrer hat täglich nicht mehr als 9 Stunden zu fahren, ansonsten muss er eine Strafe zahlen.
3. Alle Lkw haben möglichst voll beladen zu sein, um Kosten zu sparen.
4. Bei einer Lieferung frei Haus hat der Verkäufer die Transportkosten zu tragen.
5. Wird eine Lieferung frei Lager vereinbart, hat der Verkäufer vom Käufer keine Transportkosten zu verlangen.

16 **Was passiert beim Lieferanten? Welches Verb passt? Verbinden Sie.** S. 62, B2 b ***Wortschatz***

1. die Spedition	A bereitstellen
2. die Ware versandfertig	B schicken
3. den Lieferschein	C verladen
4. die Ware auf den Lkw	D überprüfen
5. die Versandanzeige an Kunden	E ausstellen
6. die Lieferbarkeit	F machen
7. die Ware für den Versand	G beauftragen

17 | a **Lesen Sie den Bericht über den Ablauf der wöchentlichen Dienstbesprechung. Setzen Sie ihn ins Passiv.** S. 62, B2 b ***Passiv***

(1) Am Anfang beschreibt jeder Mitarbeiter kurz die Arbeit der letzten Woche. (2) Danach besprechen wir den Arbeitsplan für die neue Woche. (3) Anschließend verteilen wir die Arbeit. (4) Schließlich besprechen wir neue Ideen und neue Projekte. (5) Zum Schluss diskutieren wir noch offene Fragen und Probleme.

(1) Am Anfang wird kurz die ...

b **Lesen Sie den Bericht im Aktiv und den im Passiv. Wozu wird das Passiv benutzt? Kreuzen Sie die richtige Regel an.**

☐ Das Passiv wird benutzt, wenn die Person wichtig ist, nicht die Tätigkeit.
☐ Das Passiv wird benutzt, wenn die Tätigkeit wichtig ist, nicht die Person.

18 | a **Setzen Sie die Sätze ins Passiv.** S. 62, B2 b ***Passiv***

1. In der Serviceabteilung telefonieren alle Mitarbeiter viel mit den Kunden.
   In der Serviceabteilung wird viel mit den Kunden telefoniert.
2. Dabei verhandeln sie meistens erfolgreich über den Preis.
3. Nach der Bestellung fakturieren sie.
4. Dann verschicken Sie die Rechnungen per Post.
5. In dieser Abteilung arbeiten die Mitarbeiter viel und feiern oft.

b **Schreiben Sie die Sätze noch einmal. Beginnen Sie die Sätze mit einem anderen Wort.**

1. Mit den Kunden wird sehr lange telefoniert.
2.
3.
4.
5.

19 **Sie verkaufen ein Buch über das Internet. Wie funktioniert das? Schreiben Sie.** S. 62, B2 b **Schreiben**

1. Käufer: Buch über Internet bestellen
   Ein Käufer bestellt das Buch über das Internet.
2. Bestellung an Internetversand übermitteln
   Sofort wird die
3. Bestellung prüfen
   Dort
4. Sie über die Bestellung informieren
   Anschließend werden
5. Sie: Buch verpacken und an Käufer schicken
   Am selben oder am nächsten Tag verpacken
6. Internetversand über Versand informieren
   Danach
7. Internetversand: Rechnung an Käufer schicken
   Der Internetversand
8. Käufer: Geld an Internetversand überweisen
   Der Käufer
9. Geld an Sie weiterleiten
   Das Geld wird sofort

C den Versand organisieren

20 | a **Die Silben stammen von zehn Wörtern mit *liefer*. Setzen Sie sie zusammen.** S. 63, C1 *Wortschatz*

~~-bar~~ | -bar- | -kos- | -ten | Aus- | -zeit | -ter- | -ung | -min | -be- | -schein | -din- | -keit | -gung | -ant

liefer — lieferbar

b **Schreiben Sie die acht Nomen in der Lösung von a mit Artikel und Pluralform.**

21 **Lesen Sie den Werbeflyer des Weinguts. Ergänzen Sie die passenden Wörter.** S. 63, C1 *Wortschatz*

machen | Ladung | frei Haus | Kalenderwoche | Touren | Posten

So kommt unser Wein zu Ihnen nach Hause

Wir liefern mit unserem eigenen Lkw ab einem Bestellwert von 75 € .... (1).

Unsere .... (2) in alle Regionen Deutschlands finden regelmäßig, zumeist in der 19. und 46. .... (3), statt. In unserer Nähe beliefern wir Sie auch häufiger, wenn wir genügend .... (4) für eine Tour haben.

Wählen Sie einfach auf unserer Weinkarte, die .... (5) aus, die Sie interessieren und füllen Sie das Bestellformular aus. Wir melden uns dann bei Ihnen und teilen Ihnen mit, wann wir unsere nächste Tour .... (6).

22 **Was gehört zusammen? Verbinden Sie.** S. 63, C2 *Wortschatz*

1. Fracht wird auf einen Lkw geladen, der schon Ladung hat.
2. Fracht wird auf einen Lkw geladen.
3. Ein Lkw wird mit einer Ladung gefüllt.
4. Ein Lkw wird geleert.
5. Fracht wird von einem Lkw geladen.

A entladen
B beladen
C abladen
D verladen
E zuladen

23 **Lesen Sie den Text. Was passt? Kreuzen Sie an und ergänzen Sie.** S. 63, C2 *Lesen / Wortschatz*

Wenn eine Spedition einen Tourenplan macht, muss sie zwei Punkte *berücksichtigen* (1): 1. Welche Aufträge sollen zu .... (2) Tour zusammengefasst werden? In welcher Reihenfolge soll jedes Fahrzeug zu den Kunden fahren, bei .... (3) Fracht zugeladen oder abgeladen werden soll? Da eine Spedition oft viele Fahrzeuge .... (4) einsetzt und die Kosten möglichst niedrig halten möchte, ist ein guter Tourenplan sehr wichtig. So sollen die Anzahl der .... (5) Fahrzeuge, die Länge der zurückgelegten Strecke und die Einsatzzeit möglichst gering gehalten werden. Gleichzeitig muss die Spedition berücksichtigen, ... (6) ein Fahrzeug beim Kunden eintreffen muss. Außerdem kann sich die Auftragslage während .... (7) Planung ständig ändern, zum Beispiel wenn Aufträge neu hinzukommen oder storniert werden.
Oft .... (8) eine Tour vorgezogen oder nach hinten verschoben werden. Dann muss .... (9) werden, in welches Fahrzeug die Fracht noch passt und welches Fahrzeug in der Nähe des Kunden sein wird. Gerade bei .... (10) Speditionen mit vielen Fahrzeugen ist die Tourenplanung so kompliziert, dass Computerprogramme eingesetzt werden.

1. ☒ berücksichtigen ⓑ machen ⓒ beantworten
2. ⓐ eine ⓑ einer ⓒ einem
3. ⓐ denen ⓑ dem ⓒ der
4. ⓐ gleich ⓑ gleichfalls ⓒ gleichzeitig
5. ⓐ eingesetzte ⓑ eingesetzten ⓒ eingesetzter
6. ⓐ wann ⓑ wenn ⓒ weil
7. ⓐ die ⓑ dem ⓒ der
8. ⓐ darf ⓑ soll ⓒ muss
9. ⓐ ausgerechnet ⓑ auszurechnen ⓒ ausgerechnen
10. ⓐ großen ⓑ große ⓒ größere

24 **Ordnen Sie die Redemittel.** S. 63, C3 *Redemittel*

Das geht leider nicht. Ich … | Könnten Sie nicht doch …? | O.k., ich versuche es. | Wenn Sie wollen, könnten wir … | Was kann/könnte man da machen? | In Ordnung. | Das würde ich gern tun, aber … | Vielleicht wäre es möglich … | Könnten wir nicht …? | Das macht nichts. Sie können … | Warum … Sie nicht …? | Wir könnten Folgendes tun: … | Alles klar. | Aber ich … | Meinen Sie, (dass) …? | Ah, sehr gut. | Ich schlage vor, dass … | Vielleicht gibt es doch eine Möglichkeit. Ich … | Am einfachsten wäre es, wenn …

zustimmen	einwenden	nachhaken / nach einer Lösung fragen

einlenken	vorschlagen

25 **Ordnen Sie die Sätze und schreiben Sie sie.** S. 63, C3 *Redemittel*

1. morgen / Könnten / Sie / liefern / nicht doch schon / ?
2. möglich / es / wäre / doch / Vielleicht / , / / zu / liefern / morgen / schon am Nachmittag / .
3. eine Möglichkeit / Vielleicht / es / doch / gibt / , / / liefern / am frühen Nachmittag / morgen / die Ware / zu / .
4. wollen / Wenn / Sie / , / / nächste Woche / liefern / einen Teil / wir / und / den Rest der Lieferung / könnten / morgen / .
5. einen größeren Lkw / nehmen / nicht einfach / für die Lieferung / Sie / Warum / ?
6. Sie / Meinen / , / / es / dass / ist / möglich, / / sprechen / zu / mit dem Lieferanten / , / / am Montag / wir / damit / ganz sicher / haben / die Ware / ?

26 | a **Lesen Sie zuerst die E-Mail. Ergänzen Sie dann in dem Telefongespräch die passenden Informationen in der richtigen Form.** S. 63, C3 *Redemittel / Lesen*

Sehr geehrte Damen und Herren,

vor einer Woche habe ich eine Waschmaschine WASH 121 gekauft. Sie wurde vorgestern geliefert, aber nicht wie versprochen angeschlossen. Bitte rufen Sie mich an, damit wir einen Termin für den Anschluss der Waschmaschine machen können. Meine Handynummer ist 0157 776 69 90.

Mit freundlichen Grüßen
Emilia Schneider

heute alle Monteure beschäftigt sein | Das ist eine gute Idee. | morgen ich nicht freinehmen können | ~~morgen Monteur vorbeischicken~~ | einfach heute Nachmittag Monteur schicken | Sie morgen Nachbarn Schlüssel geben, dann unser Monteur kommen können

Blei: Guten Tag Frau Schneider. Es tut mir leid, dass es mit dem Waschmaschinenanschluss nicht geklappt hat. Wenn Sie wollen, könnten wir *morgen einen Monteur vorbeischicken*.

Schneider: Das geht leider nicht, ... Warum .... Sie nicht .... ?

Blei: Das würde ich gern tun, aber .... Vielleicht wäre es möglich, dass .... ?

Schneider: In Ordnung. ....

b Herr Blei spricht mit dem Monteur, Herrn Schmitz. Ergänzen Sie die passenden Informationen in der richtigen Form.

Keine Ahnung! | Kundin aber versprochen haben, dass Waschmaschine morgen angeschlossen werden | meinen Kollegen fragen, ob er meinen Kunden in Müllerstraße übernehmen können | morgen schon so viele Kunden haben, das unmöglich sein!

Blei: Herr Schmitz, morgen müssen Sie noch einen Termin in der Ahornstraße dazwischenschieben.

Schmitz: Aber ich ....

Blei: Ich .... Was kann man da machen?

Schmitz: .... Einen Moment, vielleicht gibt es doch eine Möglichkeit. Ich ....

c Herr Schmitz spricht mit seinem Kollegen, Herrn Keser. Ergänzen Sie die passenden Informationen in der richtigen Form.

Termin doch verschieben | tauschen: Kunde in Müllerstraße übernehmen und ich einen in Nähe Ahornstraße? | 10 Uhr schon anderen Termin haben | morgen Kinder vom Kindergarten abholen müssen

Schmitz: Sag mal, könntest du morgen Nachmittag einen Kunden von mir übernehmen, ich habe einen anderen dringenden Termin?

Keser: Das geht leider nicht. Ich ....

Schmitz: Könnten wir nicht ....

Keser: Wann ist denn der Termin in der Müllerstraße?

Schmitz: 10 Uhr.

Keser: Das geht leider nicht, ...

Schmitz: Das macht nichts. Du kannst ....

Keser: O.k., ich versuche es.

Lernwortschatz

S. 60 | Simion Ivanov bestellt Holz

Nomen

der Auftrag, ¨-e (Bestellung)
der Fachhändler, -
der Großhändler, -
der Hersteller, -
der Meister, -
der Spezialversender, -

Verben

anfertigen
sich spezialisieren auf (+ Akk.)

S. 61 | A ein Angebot nachverhandeln, eine Bestellung schreiben

Nomen

die Angebotsnummer, -n
die Auftragsbestätigung, -en
der Auftragseingang, ¨-e
die Lieferzeit, -en
das Rechnungsdatum, -daten
das Skonto, Skonti
die Tour, -en
die Verhandlung, -en
das Verhandlungsergebnis, -se
der Verhandlungspunkt, -e
die Zahlungsbedingung, -en
das Zentrallager, -

Verben

abnehmen (Ware)
betragen*
sich lohnen

Adjektive

gültig
recht
treu
zahlbar

S. 62 | B über Transportwege und Lieferbedingungen sprechen

Nomen

der Ausgangsbahnhof, ¨-e
der Expressdienst, -e
die Fracht, -en
der Kurierdienst, -e
der Landweg (Sg.)
die Lieferbarkeit (Sg.)
die Lieferkosten (Pl.)
der Luftweg (Sg.)
die Reederei, -en
der Seeweg (Sg.)
die Spedition, -en
der Transportweg, -e
die Versandanzeige, -n
der Versandauftrag, ¨-e
das Werk, -e
der Zielbahnhof, ¨-e
der Zielort, -e

Verben

ausstellen (Lieferschein)
beauftragen
bereitstellen
fakturieren
tragen* (Kosten)
übernehmen* (Kosten)
verladen* (Ware)
versandfertig machen
versenden

Adjektive

frachtfrei
lieferbar
unfrei

weitere Wörter

ab Lager/Werk
frei Haus/Lager
inzwischen

S. 63 | C den Versand organisieren

Nomen

die Auslieferung, -en

der Engpass, ¨-e

die Kalenderwoche, -n

die Ladung, -en (Lkw)

der Lösungsversuch, -e

die Palette, -n

der Posten, -

die Priorität, -en

der Spediteur, -e

Verben

abladen*

akzeptieren

ausrechnen

bestätigen (Auftrag)

einlagern

hinhauen

hinkriegen

vorverlegen

vorziehen*

zuladen*

Adjektive

knapp

komplett

weitere Wörter

etwas auf Lager haben

sicherheitshalber

wieso

Welche Wörter möchten Sie noch lernen? Notieren Sie:

TIPP

Machen Sie ein Memo-Spiel mit zusammengesetzten Wörtern.

Beispiel:

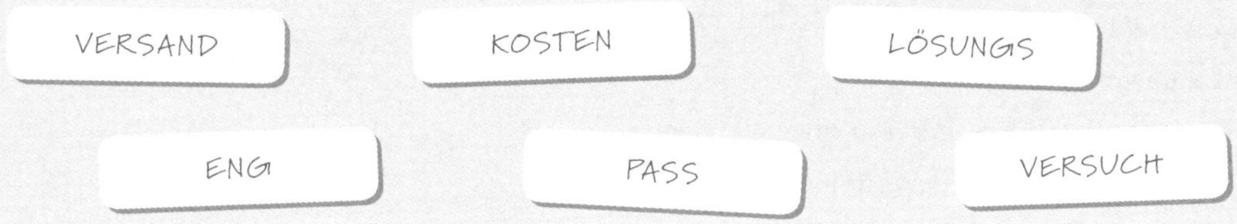

Lektion 12

A ein Bankgespräch verstehen

1 **Wie heißt das Wort richtig? Ergänzen Sie.** S. 65, A1 *Wortschatz*

1. am Bankautomaten Geld abheben — auBankmatoten
2. die .... in ein Formular eintragen — zahlleitBank
3. die .... eingeben — heimzahlGe
4. die .... angeben — numtoKonmer
5. eine .... zahlen — bührGe
6. .... bekommen — senZin
7. .... haben — denSchul

2 | a **Welche zehn Verben zum Thema Geld haben sich hier versteckt? Markieren Sie sie.** S. 65, A1 *Wortschatz*

f	e	i	n	z	a	h	l	e	n	a	ü	z	s	z
h	j	k	l	e	u	r	a	n	d	y	b	e	i	u
w	w	e	c	h	s	e	l	n	z	e	e	h	e	r
e	r	m	ö	p	g	e	u	e	a	g	r	n	m	ü
a	e	g	a	w	e	t	i	a	b	l	w	p	b	c
v	i	l	s	e	b	e	z	a	h	l	e	n	e	k
l	o	h	u	t	e	z	ä	l	e	q	i	t	z	l
s	p	a	r	e	n	a	e	k	b	a	s	w	r	e
ü	l	w	p	f	a	l	q	u	e	ä	e	a	b	g
w	a	u	s	z	a	h	l	e	n	w	n	k	l	e
n	ä	i	a	k	e	e	m	m	a	n	l	s	t	n
i	s	t	v	e	r	d	i	e	n	e	n	i	a	e

b **Welches Verb aus a passt? Ergänzen Sie.**

Geld …

1. zurücklegen: ....
2. vom Konto nehmen: ....
3. bar auf die Bank bringen: ....
4. von einem Konto auf ein anderes Konto schicken: ....
5. in einer anderen Währung bekommen: ....

3 | a **Welche Ausdrücke haben sich hier versteckt? Markieren Sie die Wortenden und notieren Sie die Ausdrücke. Achten Sie dabei auf die Groß- und Kleinschreibung.** S. 65, A2 *Wortschatz*

eine|überweisung|ausfüllen|perlastschriftzahleneingeschäftskontoeröffnen

einendauerauftrageinrichteneinenkontoauszugausdruckenperbankeinzugzahlen

1. eine Überweisung ausfüllen
2. ....
3. ....
4. ....
5. ....
6. ....

b Welcher Ausdruck aus a passt? Ergänzen Sie die Sätze.

1. Meine Miete muss ich ja jeden Monat bezahlen. Ich habe deshalb ______________________________ .
2. Bei uns können Sie mit Karte, bar, ______________________________ oder ______________________________ .
3. Wie viel Geld du ausgegeben oder überwiesen, eingezahlt oder verdient hast, siehst du, wenn du ______________________________ .
4. Wer sich selbstständig macht, geht meistens zur Bank, um ______________________________ .
5. Wer von seinem Konto Geld auf ein anderes Konto transferieren möchte, muss ______________________________ .

4 | a Welches Wort passt? Lesen Sie die Zeitungsausschnitte und ergänzen Sie. S. 65, A3 b *Lesen*

Angestellten | eröffnen | leihen | sich selbstständig machen

1

Renata Janowska, 46, Polin, Mutter von zwei Kindern und gelernte Krankenschwester, hat große Pläne: Sie will ______________________________ und ein Pflegeheim für Senioren ______________________________: mit 30 Pflegeplätzen, mehreren ______________________________ und ihr selbst als Chefin. Nächstes Jahr möchte sie im Norden von Stuttgart bauen. Das Geld, das sie für ihre Investition braucht, wird sie sich von einer Bank ______________________________ .

beschäftigt | Einwanderer | Kundenstamm | wächst

2

Vor sechs Jahren hat Meryem Aydin ihre Apotheke in der Münchner Schillerstraße aufgemacht. Ihr ______________________________ ist so multikulturell wie das Stadtviertel, in dem sie ihre Medikamente verkauft. Und er ______________________________ immer noch. Meryem Aydin ______________________________ deshalb mehrere Mitarbeiter und plant sogar, eine zweite Apotheke zu eröffnen. Ihre Eltern, ______________________________ aus der Türkei, sind auf ihre erfolgreiche Tochter sehr stolz.

arbeitslos | häufig | schaffen | die Selbstständigkeit

3

Dönerköche, Pizzabäcker, Gemüsehändler – viele Migranten machen sich ______________________________ in der Gastronomie und im Handel selbstständig. So gehört jede zehnte Gaststätte in Deutschland einem Italiener. Für Guiseppe Roselli war ______________________________ aber nie ein Traum: „Es war eine Notwendigkeit. Wenn ich nicht auf die Idee mit der Pizzeria gekommen wäre, wäre ich ______________________________ gewesen. Das wollte ich auf keinen Fall. Ich wollte es ______________________________, in Deutschland zu leben und zu arbeiten."

b **Um welche Person aus a geht es? Lesen Sie die Texte noch einmal und kreuzen Sie an.**

	R. Janowska	M. Aydin	G. Roselli
1. … wollte sich eigentlich nie selbstständig machen.	☐	☐	☐
2. … wird ein Unternehmen gründen und es auch leiten.	☐	☐	☐
3. … möchte eine zweite Filiale eröffnen.	☐	☐	☐
4. … gewinnt immer noch neue Kunden hinzu.	☐	☐	☐
5. … braucht einen Kredit.	☐	☐	☐
6. … arbeitet in einer Branche, in der viele Einwanderer tätig sind.	☐	☐	☐

5 | a **Was bedeuten die unterstrichenen Ausdrücke? Ordnen Sie zu.** S. 65, A3 b *Redemittel*

1. Das ist <u>machbar</u>.	A … realisieren.
2. Ich <u>führe</u> ein Konto.	B … abgebucht.
3. Das Geschäft <u>läuft gut</u>.	C … muss gezahlt werden.
4. Die Gebühr <u>ist fällig</u>.	D … hat Erfolg.
5. Die Gebühr wird <u>eingezogen</u>.	E … ist unmöglich.
6. Das lässt sich <u>machen</u>.	F … habe … .
7. Das <u>geht auf keinen Fall</u>.	G … möglich.

b **Welche Antwort (A–C) passt am besten? Lesen Sie und ordnen Sie zu.**

1. Ich hätte eine Frage an Sie: Ist es machbar, dass meine Kunden per Lastschrift zahlen können? Ich führe bei Ihnen allerdings nur ein Girokonto. Antwort ……
2. Entschuldigen Sie, aber wie kann es sein, dass ich im letzten Monat eine Kontoführungsgebühr von über neun Euro zahlen musste? Antwort ……
3. Wäre es möglich, einen Geschäftskredit in Höhe von 10 000 Euro zu bekommen? Meine Firma läuft so gut, dass ich in ein größeres Gebäude ziehen möchte. Antwort ……

A Ich nehme an, dass nicht genug Geld auf Ihrem Konto eingegangen ist. Wenn das der Fall ist, wird die Gebühr fällig. Sie wird dann automatisch von uns eingezogen.
B In dieser Frage kann ich Ihnen leider nicht weiterhelfen. Ich bin nur für Privatkunden zuständig. Geschäftskunden wie Sie werden von meiner Kollegin Frau Fuchs betreut.
C Das lässt sich schon machen. Sie müssten dazu aber ein Geschäftskonto eröffnen und eine Lastschriftvereinbarung mit uns schließen. Mit einem Girokonto geht das auf keinen Fall.

6 **Wie sind die Sätze aus Tabelle 1 in 5b formuliert? Suchen Sie die Sätze und unterstreichen Sie sie. Schreiben Sie sie dann in Tabelle 2.** S. 65, A4 *Passiv*

1. Aktiv

Wer? (Nom.)	Verb 1	Wen? / Was (Akk.)		Verb 2
Meine Kollegin Frau Fuchs	betreut	Geschäftskunden wie Sie.		
Wir	ziehen	die Gebühr	dann automatisch	ein.

2. Passiv

Wer? (Nom.)	Verb 1 Hilfsverb	Von wem? (Dat.)		Verb 2 Partizip II
Geschäftskunden wie Sie				
Die Gebühr				

7 **Vergleichen Sie die Tabellen in 6 und ergänzen Sie die Regeln.** S. 65, A4 Passiv

1. Das Akkusativobjekt des Aktiv-Satzes ist im Passivsatz das ________ und steht im ________.
2. An zweiter Stelle folgt in einem Passiv-Aussage-Satz das ________, an letzter Stelle steht das ________.
3. Das Subjekt (Nominativ) im Aktiv erscheint im Passiv mit der Präposition ________ und dem Dativ. Es kann in Passiv-Sätzen aber auch ganz wegfallen: *Die Gebühr wird dann automatisch ~~von uns~~ eingezogen.*
4. In ________-Sätzen wird betont, was passiert; in Aktiv-Sätzen, wer etwas macht.

8 **Ergänzen Sie das Verb im Passiv.** S. 65, A4 Passiv

1. Wann überweist die Buchhaltung eigentlich euer Gehalt? – Unser Gehalt ________ immer eine Woche vor Monatsende ________. (überweisen)
2. Sollen wir dich mitnehmen? – Das ist nicht nötig. Ich ________ heute von meiner Freundin ________. (abholen)
3. Bucht deine Bank eigentlich Kontoführungsgebühren ab? – Ich glaube, die ________ nur ________ (abbuchen), wenn ich nicht genug Geld auf mein Konto einzahle.
4. Sitzt du ab jetzt immer im Büro deines Kollegen? – Ja, mein Büro ________ doch gerade ________. (renovieren)
5. Unser Betriebsrat ________ im nächsten Jahr wieder neu ________, oder? (wählen)
6. Hast du schon gehört, dass unsere IT-Abteilung ________ ________ soll? (schließen)
7. Die Aufgaben ________ angeblich von einer Firma in Indien ________. (übernehmen)

9 **Wie werden Passiv-Sätze im Präteritum und im Perfekt gebildet? Unterstreichen Sie wie im Beispiel und ordnen Sie zu.** S. 65, A4 Passiv

1. Bankchef Maier wurde gestern in den Ruhestand verabschiedet.
2. In diesem Jahr sind wieder deutlich mehr Autos als im Vorjahr produziert worden.
3. Bei einem Unfall ist letzte Nacht ein Jugendlicher leicht verletzt worden.
4. Aus der Kasse eines Supermarkts wurden gestern 1000 Euro gestohlen.

Passiv Präteritum	Passiv Perfekt
Bankchef Maier wurde gestern in den Ruhestand verabschiedet.	

10 | a Wie heißen die Sätze im Passiv Präteritum? Schreiben Sie. S. 65, A4 Passiv

1. Warum / sein Vorschlag / ablehnen / ?
   Warum wurde sein Vorschlag abgelehnt?
2. Wegen Sparmaßnahmen / das Werk / schließen / .
3. Wie viele Auszubildende / letztes Jahr / übernehmen / ?
4. Die Bankräuber / von der Polizei / überraschen / .
5. Mein Antrag auf Urlaub / noch nicht / genehmigen / .
6. Der Betriebsausflug / dieses Jahr / von der Geschäftsleitung / organisieren / .

b Schreiben Sie die Sätze aus a im Passiv Perfekt.

1. Warum ist sein Vorschlag abgelehnt worden?
2.
3.
4.
5.
6.

11 Wussten Sie das schon? Lesen Sie und ergänzen Sie die Verben im Passiv in der angegebenen Zeitform. S. 65, A4 Passiv

Wussten Sie, dass …

1. im alten China Waren mit einer Kette aus Muscheln bezahlt wurden ? (Passiv Präteritum: bezahlen)
2. die ersten europäischen Geldscheine im Jahr 1601 in Schweden ________ ? (Passiv Perfekt: drucken)
3. in Deutschland viel häufiger mit Bargeld als mit Karte ________ ? (Passiv Präsens: bezahlen)
4. das Papiergeld in China ________ ? (Passiv Perfekt: erfinden)
5. die ersten Banken in islamischen Ländern ________ ? (Passiv Präteritum: gründen)
6. auf den Euro-Scheinen absichtlich keine realen Bauwerke ________ ? (Passiv Präsens: abbilden)

Die Kaurimuschel gilt als ältestes Zahlungsmittel der Welt.

Schöner und sicherer: die neuen Euro-Scheine

12 Bilden Sie mit den angegebenen Modalverben Sätze im Passiv. S. 65, A4 Passiv mit Modalverben

1. Rechnung / heute noch / bezahlen müssen
   Die Rechnung muss heute noch bezahlt werden.
2. Die Unterlagen / nicht an Dritte / weitergeben dürfen

3. Vor Vergabe eines Kredits / die finanzielle Situation des Kreditnehmers / prüfen müssen

4. In bestimmten Fällen / ein Kredit / auch nicht / genehmigen können

5. Bei einer Zahlung per Lastschrift / nicht zu viel Geld / einziehen dürfen

13 **Wie können Sie die Sätze noch formulieren? Ergänzen Sie.** S. 65, A5 *Wortschatz*

1. Das lässt sich machen. → Das ist machbar.
2. Die Aufgaben können leicht gelöst werden. → Sie sind leicht lösbar.
3. Der Text lässt sich gut lesen. → Er
4. Das Wort kann nicht getrennt werden, oder? → Nein, es
5. Die Regale können leider nicht mehr geliefert werden.
   → Sie
6. Mit den richtigen Leuten lässt sich das Projekt realisieren.
   → Mit den richtigen Leuten
7. Manche Dinge können nicht im Voraus geplant werden.
   → Manche Dinge
8. Das Projekt kann nur mit einem Kredit finanziert werden.
   → Das Projekt

B Auskünfte über einen Geschäftskredit einholen

14 **Was passt? Ergänzen Sie.** S. 66, B1 *Wortschatz*

Abwicklung | bonitätsabhängig | effektiver Jahreszins | Finanzsituation | flexibel | Kreditsumme | Laufzeit | Ratenschutzversicherung

1. Ein anderes Wort für den Geldbetrag, den eine Bank verleiht, ist .
2. So werden die jährlichen Gesamtkosten für einen Kredit (Zinsen und Gebühren) bezeichnet: .
3. Die Zinsen werden nach der Dauer des Kredits berechnet, also nach seiner .
4. Die Dauer kann der Kreditnehmer selbst festlegen, sie ist .
5. Wenn ein Bankkunde seine Bonität (das deutsche Wort dafür ist *Kreditwürdigkeit*) beweisen kann, hat er meistens Geld gespart, er ist also schuldenfrei und hat eine gute .
6. Bekommt ein Kunde einen Kredit oder nicht? Diese Entscheidung trifft die Bank. Sie ist .
7. Wenn man einen Kredit sehr leicht bekommen kann, spricht man von einer einfachen .
8. Sie schließt man ab, damit der Kredit pünktlich an die Bank zurückgezahlt wird – auch dann, wenn man als Kreditnehmer wegen eines Unfalls oder einer Krankheit nicht mehr arbeiten kann: .

15 **In diesem Text haben sich insgesamt elf Fehler versteckt. Lesen Sie und korrigieren Sie sie.** ★★★ S. 66, B1 Wortschatz / Strukturen

Kredit ist nicht gleich Kredit. Es gibt den Dispositionskredit, den Ratenkredit und noch viele andere Kredite. Allen Krediten gemeinsam ist, das der Kunde von der Bank Geld bekommt, das er selbst nicht hat, aber dringend für eine Anschaffung braucht: für Möbel für sein Geschäft, elektronische Geräte, ein Auto oder eine gute Ausbildung. Doch wer sich aus der Bank Geld leiht, muss Zinsen zahlen. Das kann teuer werden.

Bankkunden, die nur kurzfristig einen Kredit brauchen und ein regelmäßiges Abkommen haben, entscheiden sich am ehesten für einen Dispositionskredit. Er ist zwar der teuerste Kredit, aber mit jeder Gehaltszahlung wird das Minus auf dem Girokonto wenig. Für den Kreditnehmer ist das gut, weil die Zinsen müssen nur auf den jeweils offenen Kreditbetrag gezahlt werden.

Jede Bank, der einen Kredit vergibt, will wissen, wie die Kreditwürdigkeit – die Bonität – des Kunden ist. Um dies zu erfahren, fragen Banken oft bei der Schufa nach. Wenn Bankkunden kein Kredit bekommen oder nur zu schlechte Konditionen, sollten sie bei der Schufa um eine Eigenauskunft bieten. Sie können so falsche Informationen über sich korrigieren lasen und damit ihre Kreditwürdigkeit verbessern.

ist gemeinsam

16 | a **Zu welchem Smiley (☹😐☺)passen die Redemittel? Ergänzen Sie.** S. 66, B2 a Redemittel

A Aber natürlich, ganz wie Sie wünschen. | **B** Da sehe ich keine Lösung. | **C** Nein, auf keinen Fall. | **D** Das lässt sich machen. | **E** Nein, niemals! | **F** Ja, das ist machbar. | **G** Das ist selbstverständlich möglich. | **H** Da sehe ich keinen Weg.

☹ 😐 ☺

b **Wie beurteilen Sie die Kreditwürdigkeit? Ordnen Sie die Redemittel A–H aus a zu.**

(Achtung: Die Redemittel c und e würden zwar bei manchen Aufgaben passen, sind aber für ein Gespräch mit einem Kunden nicht höflich genug.)

„Könnte ich einen Kredit bekommen? …
1. Ich habe aber leider 100 000 Euro Schulden.“ Antwort B, H
2. Meine Firma hat nämlich zehnmal so viel Umsatz wie letztes Jahr gemacht.“ Antwort
3. Mein Kundenstamm wächst von Jahr zu Jahr, ich brauche neue Arbeitsgeräte.“ Antwort
4. Ich habe in den letzten drei Jahren schon vier Firmen gegründet. Die sind aber alle schlecht gelaufen.“ Antwort

17 **Formulieren Sie zu den Stichpunkten die Fragen des Kunden (K) und die Antworten des Bankberaters (B).** ★★★ S. 66, B2 b Schreiben

1. K: (Mindestkreditsumme?)
   B: (Selbstständig, kleines Unternehmen: 5000 Euro)
2. K: (Sofortkredit: Vorteile?)
   B: (Abwicklung: einfach, Auszahlung: schnell)
3. K: (Auszahlung des ersten Geldes nach Kreditantrag: Wann?)
   B: (Abhängig von Höhe des Kredits: drei Tage bis mehrere Wochen)
4. K: (Absicherung des Kredits: Möglichkeiten?)
   B: (Empfehlung: Abschluss einer Ratenschutzversicherung)

C ein Mahnschreiben verfassen

18 | a Wie heißen die Komposita? Verbinden Sie. S. 67, C1 *Wortschatz*

1. die Zahlungs- A schein
2. das Mahn- B betrag
3. der Liefer- C schreiben
4. die Artikel- D eingang
5. der Zahlungs- E preis
6. der Rechnungs- F bezeichnung
7. der Einzel-/der Gesamt- G erinnerung

b Welches Nomen aus a passt? Ergänzen Sie.

Das …

1. bezeichnet eine Ware näher: ……………
2. muss der Kunde zahlen, wenn er noch offen ist: ……………
3. unterschreibt man, wenn man eine Ware geliefert bekommt: ……………
4. sind die Kosten für mehrere Waren zusammen: ……………
5. ist ein Geldbetrag, der auf ein Konto eingezahlt wurde: ……………
6. bekommt man, wenn man vergessen hat, eine Rechnung zu bezahlen:
……………
7. erhält man, wenn man 6. schon bekommen hat, die Rechnung aber immer noch nicht bezahlt hat:
……………

19 | a Welche Wörter passen nicht? Streichen Sie. S. 67, C1 *Textbausteine*

~~Damit~~ / Hiermit bestelle ich *dank / gemäß* Ihrem Angebot eine Nähmaschine der Marke „Professional 1265" *zum Preis von / in Höhe von* 1148 Euro. Sollten *dazwischen / zwischenzeitlich* die Nähmaschinennadeln der Firma Best wieder lieferbar sein, bitte ich Sie, mir *möglichst bald / nach Ablauf dieser Frist* vier Päckchen à 4,75 Euro zuzuschicken.

b Verwenden Sie die Wörter aus a, die Notizen unten und schreiben Sie selbst eine Bestellung. ★★★
(Vergessen Sie nicht, den Betreff, Ihren Namen und Ihre Adresse anzugeben.
Denken Sie auch an die Anrede und die Grußformel.)

Ansprechpartnerin: Frau Walther (walther@schmitt-schneiderbedarf.de)
Ware 1: Angebot – zehn Flaschen Nähmaschinenöl – Marke „Oily" – Gesamtpreis 12 Euro
Ware 2: Jetzt wieder lieferbar? – Fünf Schneiderscheren – Marke „Schnippschnapp" à 18,95 Euro.

20 | a Wie heißen die Nomen-Verb-Verbindungen? Verbinden Sie. S. 67, C2 a Wortschatz

1. gerichtliche Maßnahmen
2. ein Schreiben als gegenstandslos
3. Zahlung
4. sich gezwungen
5. einen Zahlungseingang

A betrachten
B feststellen
C sehen (, etwas zu tun)
D leisten
E einleiten

b Was bedeuten die Ausdrücke aus a? Ordnen Sie zu.

1. etwas tun müssen, keine andere Wahl haben ……
2. sehen, dass Geld eingegangen ist ……
3. rechtliche Schritte unternehmen ……
4. zahlen ……
5. ignorieren können ……

21 | a Welche Frage passt zu welchem Textabschnitt? Lesen Sie und ordnen Sie zu. S. 67, C2 a Lesen

1. Was müssen Sie bei einem Mahnschreiben beachten? ……
2. Welche Vorteile hat eine mündliche, welche eine schriftliche Mahnung? ……
3. Wann haben Sie Anspruch auf Ihr Geld? ……
4. Warum sollten Sie nicht gleich gerichtliche Maßnahmen einleiten? ……

Was können Sie tun, wenn Ihr Kunde nicht zahlt?

Sie haben gute Arbeit geleistet, eine Rechnung geschrieben und dem Kunden geschickt und trotzdem können Sie keinen Zahlungseingang auf Ihrem Konto feststellen? Wie ärgerlich! Lesen Sie hier, wie Ihnen ein einfaches, aber klares Mahnverfahren helfen kann, schneller an Ihr Geld zu kommen.

A Falls Sie auf Ihrer Rechnung oder dem Kaufvertrag ein genaues Datum für die Zahlung angegeben haben und Ihr Kunde nicht zum vereinbarten Termin zahlt, tritt ein Zahlungsverzug ein. Haben Sie jedoch auf der Rechnung oder im Vertrag kein Datum angegeben, so ist die Rechnung zwar sofort zahlbar, wird aber erst nach 30 Tagen fällig. Rechtlichen Anspruch auf Ihr Geld haben Sie in diesem Fall also erst nach Ablauf der dreißigtägigen Frist.

B Juristisch gesehen müssen Sie Ihrem Kunden im Falle eines Zahlungsverzugs keine Mahnung schreiben. Um Ihr Geld zu bekommen, könnten Sie gleich rechtliche Maßnahmen einleiten. Im Geschäftsleben ist es allerdings üblich, den Kunden zunächst einmal an seine Pflicht zu erinnern und zu mahnen. Die Gründe dafür sind klar: Eine Mahnung zu schreiben ist meistens preiswerter, als gleich das Gericht einzuschalten. Außerdem würde man seinen Kunden sehr verärgern und vermutlich verlieren, wenn man gleich mit gerichtlichen Schritten drohen würde.

C Eine mündliche Mahnung per Telefon hat den Vorteil, dass Ihr Kunde sich nicht verstecken kann, Sie ihn also direkt „zur Rede stellen" und um eine Erklärung für sein Verhalten bitten können. Außerdem sparen Sie die Kosten für Papier und Porto. Untersuchungen haben darüber hinaus gezeigt, dass mündliche Mahnungen schneller wirken. Schriftliche Mahnungen haben dagegen den Vorteil, dass Sie beweisen können, Ihren Kunden gemahnt zu haben. Das kann wichtig sein, wenn es später doch zu gerichtlichen Maßnahmen kommt. Je nach Kunde kann es auch zeitsparender sein, ein Mahnschreiben loszuschicken anstatt zu telefonieren.

D Eine schriftliche Mahnung sollte immer freundlich, aber bestimmt formuliert werden. Wenn Sie sich für ein mehrstufiges Mahnverfahren entschieden haben, ist das erste Mahnschreiben eine freundliche und das zweite eine etwas strengere Erinnerung, mit der Sie den Kunden zur Zahlung auffordern. Das dritte Mahnschreiben ist schließlich die letzte Zahlungsaufforderung Ihrerseits mit der Ankündigung gerichtlicher Maßnahmen. In allen Mahnungen sollten Sie genau angeben, welche Rechnung fällig ist. Geben Sie deshalb immer die Rechnungsnummer und das Rechnungsdatum, den Rechnungsbetrag und das Fälligkeitsdatum an. Sollte Ihre Bankverbindung nicht auf dem Briefbogen stehen, geben Sie auch diese im Mahnschreiben an: So machen Sie es Ihrem Kunden leichter, seine Zahlungspflicht zu erfüllen.

b **Lesen Sie noch einmal und unterstreichen Sie im Text die Antworten auf die Fragen 1 bis 4 in a. Formulieren Sie dann die Antworten auf die Fragen 1 bis 4 schriftlich und mit eigenen Worten.** ★★★

1. Eine Mahnung soll freundlich, aber bestimmt sein. Wenn man mehrere Mahnungen schreiben muss, ...

22 | a **Wie gehen die Sätze weiter? Ergänzen Sie.** S. 67, C3 *Textbausteine*

betrachten Sie dieses Schreiben bitte als gegenstandslos | auf das unten angegebene Konto zu überweisen | sehen wir uns gezwungen, gerichtliche Maßnahmen einzuleiten | konnten wir bislang keinen Zahlungseingang feststellen | und vier Packungen Nähmaschinennadeln der Firma *Best* erhalten.

Sehr geehrte Frau Berger,

...... Wir fordern Sie daher auf, den noch offenen Rechnungsbetrag in Höhe von 1167 Euro zuzüglich einer Mahngebühr von 3 Euro bis 30. April ....

...... Wenn nach Ablauf dieser Frist der Rechnungsbetrag noch nicht eingegangen ist, ...

...... Trotz unserer Zahlungserinnerung vom 12. April ....

5 Sollten Sie zwischenzeitlich Zahlung geleistet haben, ...

...... am 15. März haben Sie eine Nähmaschine der Marke Professional 1265 ....

Mit freundlichen Grüßen

Anna Urban

b **Bringen Sie die Sätze in eine sinnvolle Reihenfolge.**

c **Unterstreichen Sie im Mahnschreiben in a die Wörter 1 bis 5. Was ist die richtige Bedeutung? Verbinden Sie.**

1. offen	A inzwischen, in der Zwischenzeit
2. auffordern	B bis jetzt, bis heute
3. zwischenzeitlich	C deshalb, aus diesem Grund
4. bislang	D (dringend) bitten, an jmdn. appellieren
5. daher	E unbezahlt, fällig

23 **Schreiben Sie ein Mahnschreiben. Gehen Sie in Ihrem Schreiben auf die Punkte 1 bis 5 ein. Überprüfen Sie zum Schluss, ob Sie eine korrekte Anrede und Grußformel gewählt haben.** ★★★ S. 67, C3 *Schreiben*

1. Sicherlich hat der Kunde (Herr Maier) übersehen, dass er die Rechnung in Höhe von 4587,50 Euro noch nicht bezahlt hat (Rechnungsnummer 7792247, Rechnung vom 1. 6. 20.., Betrag fällig am 15. 6. 20..).
2. Bitten Sie Herrn Maier höflich, den fälligen Betrag in den nächsten Tagen zu überweisen.
3. Bitten Sie den Kunden um Verständnis, dass Sie ab der nächsten Mahnung eine Gebühr von fünf Euro berechnen müssen.
4. Schreiben Sie, dass Herr Maier das Schreiben als gegenstandslos betrachten soll, falls sich seine Zahlung mit der Mahnung überschnitten hat.
5. Bei Fragen kann sich Herr Maier gerne telefonisch an Frau Feola wenden. Sie ist unter der Nummer 030/89 11 56 81 erreichbar.

Lernwortschatz

S. 64 | Diêm Nguyen hat sich selbstständig gemacht

Nomen

das Alter (Sg.)

der Einwanderer, - / die Einwanderin, -nen

die Investition, -en

die Krankenversicherung, -en

der Kundenstamm (Sg.)

die Steuer, -n

die Steuervorauszahlung, -en

die Vorauszahlung, -en

die Vorsorge (Sg.)

Verben

beschäftigen

eröffnen

sparen

wachsen*

zurücklegen

Adjektive

arbeitslos

häufig

privat

selbstständig

weitere Wörter

sogar

S. 65 | A ein Bankgespräch verstehen

Nomen

der Bankeinzug, ⸚e

der Dauerauftrag, ⸚e

der Dispositionskredit, -e

die Funktion, -en

die Gebührenordnung, -en

das Geschäftskonto, die -konten

das Girokonto, die -konten

der Internetshop, -s

der Kontoauszug, ⸚e

die Kontoführung (Sg.)

die Kontoführungsgebühr, -en

die Lastschrift, -en

die Lastschriftvereinbarung, -en

der Privatkunde, -n / die Privatkundin, -nen

der / die Selbstständige, -n

Verben

abbuchen von (+ Dat.)

abgehen* von (+ Dat.)

abziehen* von (+ Dat.)

anstellen

eingehen* auf (+ Dat.)

einrichten

eröffnen

das lässt* sich machen

schließen* (Vertrag)

veranlassen (Überweisung)

vorliegen*

Adjektive

fällig

unverschämt

weitere Wörter

umsonst

S. 66 | B Auskünfte über einen Geschäftskredit einholen

Nomen

die Absicherung, -en

die Abwicklung (Sg.)

die Auszahlung, -en

die Bonität (Sg.)

die Finanzierung (Sg.)

die Finanzsituation, -en

in Höhe von

der Jahreszins, -en

der Kredit, -e

die Laufzeit, -en

die Mindestkreditsumme, -n

die Rate, -n
die Schulden (Pl.)
der Schutz (Sg.)
die Summe, -n
der Umsatz, ⸚e
die Versicherung, -en

Verben

keinen Weg sehen*

Adjektive

betrieblich
bonitätsabhängig
effektiv
laufzeitabhängig
machbar
schuldenfrei

S. 67 | C ein Mahnschreiben verfassen

Nomen

der Artikel, -
die Artikelbezeichnung, -en
die Bezeichnung, -en
die Erinnerung, -en
der Gesamtpreis, -e
das Mahnschreiben, -
die Position, -en
zum Preis von …
der Rechnungsbetrag, ⸚e
die Rechnungsnummer, -n
die Zahlung, -en
der Zahlungseingang, ⸚e
die Zahlungserinnerung, -en

Verben

auffordern
einleiten
erhalten*
feststellen
sich gezwungen sehen*
Zahlung leisten

Adjektive

gegenstandslos
gerichtlich
offen
zwischenzeitlich

weitere Wörter

daher
gemäß (+ Dat.)
möglichst
nochmals

Welche Wörter möchten Sie noch lernen? Notieren Sie:

TIPP

Zerschneiden Sie Wörter und legen Sie sie wieder zusammen.

Beispiel:

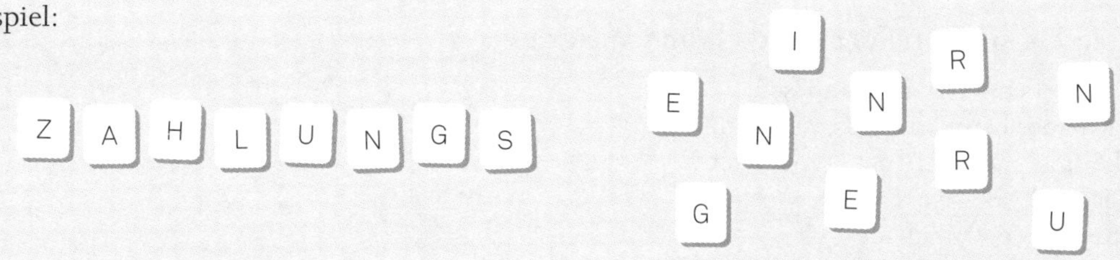

Lektion 13

A Konfliktstrategien verstehen

1 | a Welches Wort passt? Ergänzen Sie. S. 73, A1 *Wortschatz*

Ärger | sich aufregen | beleidigen | sich beschweren | Enttäuschung | kritisieren | streiten | wütend

1. Heute hat mich Frau Müller ______________ : Sie hat tatsächlich „dumme Kuh" zu mir gesagt!
2. Und? Wie war das Gespräch mit deinem Chef? – Nicht gut. Ehrlich gesagt war es für mich eine ziemliche ______________, weil er sich fast keine Zeit dafür genommen hat.
3. Wie geht es deinem Freund? – Na ja. Im Moment hat er viel ______________ mit seinen Kunden.
4. Der Service in diesem Restaurant wird immer schlechter. Wir haben ________ schon ______________, aber es hat sich nichts geändert.
5. Warum möchtest du deine Abteilung wechseln? – Weil bei uns so viel ______________ wird. – Aha. Worüber denn?
6. Herr Zierer wirkt heute so ______________. Was ist denn passiert?
7. Warum ______________ du ______________? Es ist doch normal, dass es in der Arbeit Probleme und Konflikte gibt.
8. Wegen seines unhöflichen Verhaltens wurde er schon oft ______________. Aber höflicher ist er trotzdem nicht geworden.

b Wie heißen die Wörter aus derselben Wortfamilie? Ergänzen Sie. Arbeiten Sie gegebenenfalls mit dem Wörterbuch. Denken Sie bei den Nomen auch an die Artikel, bei den Verben und Adjektiven an die Präposition und den Kasus.

Nomen	Verb	Adjektiv (auch Partizip I und II)
	sich beschweren über + Akk.	–
	–	wütend auf + Akk. / über + Akk.
der Ärger		
	kritisieren	
	sich streiten über + Akk.	–
die Enttäuschung		
	beleidigen	
	sich aufregen über + Akk.	

2 | a Was bedeuten die markierten Ausdrücke? Ordnen Sie zu. S. 73, A1 *Wortschatz*

1. Jemand knallt den Teller auf den Tisch. ______
2. Es kommt leider häufig zu Missverständnissen. ______
3. Jemand kommt mit der Arbeit nicht nach. ______
4. Das Maß ist voll. ______
5. Jemandem platzt der Kragen. ______
6. Jemand hört nur mit halbem Ohr zu. ______
7. Jemanden unter vier Augen sprechen. ______

A Das reicht. Die Geduld ist zu Ende.
B Jemand wird so wütend, dass sie/er seine Gefühle nicht mehr kontrollieren kann.
C … nicht aufmerksam …
D … entstehen …
E … allein, ohne weitere Zuhörer …
F … stellt unvorsichtig, laut und wütend …
G … schafft … nicht mehr.

b Was denkt der unzufriedene Gast über den Kellner? Ergänzen Sie den passenden Ausdruck aus a.

1. Typisch! Da bringt er mir einen Saft, obwohl ich Wasser bestellt habe. (mit halbem Ohr zuhören)
2. Wann kommt denn endlich mein Essen? Das dauert ja ewig hier! (mit der Arbeit nicht nachkommen)
3. Nein, das kann doch nicht sein. Die Suppe ist ja total kalt. (Kragen platzen)
4. Entschuldigung! Wo ist denn der Chef? (unter vier Augen)
5. Was?! Der Chef will nicht mit mir sprechen? (das Maß voll sein)

3 Wie heißt das Verb? Ergänzen Sie. S. 73, A1 *Wortschatz*

1. einer Person sagen, dass man etwas tut, was unangenehme Konsequenzen für sie haben wird = jmdm. d
2. wort- und bildreich erzählen, was man gesehen hat = jmdm. etw. b
3. gegen jemanden protestieren, jemandem widersprechen = sich w
4. etwas Negatives von jemandem behaupten, obwohl man es nicht beweisen kann = jmdm. etwas v
5. jemandem eine Note geben, jemanden beurteilen = jmdn. b
6. den Eindruck machen, aussehen, scheinen: w

4 Wie wird aus dem Partizip Präsens ein Adjektiv? Ergänzen Sie. S. 73, A1 *Wortschatz*

☹

1. stören → störend → ein störendes Verhalten
2. drohen → ____ → ein ____ Ton
3. brüllen → ____ → eine ____ Chefin

☺

4. klären → ____ Gespräche
5. überzeugen → ein ____ Vorschlag
6. ernst zu nehmen → ein ____ Versprechen
7. wirken → eine sympathisch ____ Kollegin

5 | a Welche Überschrift passt zu welchem Abschnitt? Überfliegen Sie den Text und ordnen Sie zu. S. 73, A3 b Lesen / Schreiben

Zwei-Silben-Antworten | Ursachen für Konflikte | Formulierungen, die alles noch schlimmer machen | Konfliktfähigkeit ist Kommunikationsstärke | Hilfreiche Kommunikationsstrategien

Konflikte lösen: Eine Frage der Kommunikation?

A ....

Konflikte beginnen meistens recht harmlos: mit einer unklaren Aufgabenverteilung, einem falschen Wort, mit unterschiedlichen Meinungen oder einem Missverständnis. Wenn dann Stress und Hektik dazukommen, wird aus einem kleinen Problem ein großes und es kommt nicht selten zu einem Konflikt.

B ....

Leider kommt es dann oft vor, dass Stress und Hektik die Konfliktpartner ungeduldig, nervös und gereizt machen. Falsche Worte und Formulierungen lassen den Konflikt „heiß werden" und eskalieren: Unterstellungen *(Du willst ja bloß ..., Sie sind ja nicht bereit ...)*, Drohungen *(Ich gehe jetzt zum Chef ...)* oder Wörter, wie *immer/nie, alle/keiner, unbedingt, sofort, müssen ...* sind für eine Konfliktlösung vollkommen ungeeignet, weil sie dem anderen gegenüber respektlos sind und keine Flexibilität zeigen.

C ....

Wenn man verhindern möchte, dass ein Konflikt eskaliert, ist es in bestimmten Situationen hilfreich, nichts oder nur wenig zu sagen: Wenn die andere Person aggressiv und der Ton immer feindseliger wird, empfiehlt sich die Zwei-Silben-Antwort: *Aha, Soso, Na dann, Ach ja.* Mit diesen Wörtchen gewinnt man Zeit zum Nachdenken und vermeidet eine Eskalation, die oft eine Konsequenz aus Wut und Ärger ist. (Aber Achtung: Seinem Chef oder seiner Chefin sollte man nicht so antworten, denn Zwei-Silben-Antworten können arrogant wirken.)

D ....

Es gibt aber noch bessere Kommunikationsstrategien bei einem Konflikt. Sie helfen den Konfliktpartnern, Klarheit zu schaffen und herauszufinden, wo genau das Problem liegt: *Was genau meinen Sie? Verstehen Sie, was ich meine? Bitte lassen Sie mich das genauer erklären. Bitte geben Sie mir ein Beispiel.* Konfliktpartner, die so miteinander sprechen, verstehen sich schnell besser und können sich leichter auf eine gemeinsame Lösung einigen.

E ....

Konfliktfähige Menschen erkennen Probleme rechtzeitig und wählen den richtigen Zeitpunkt und die richtigen Worte, um ihre Meinungen, Wünsche und Vorschläge zu formulieren. Sie formulieren aber nicht nur, was für sie wichtig ist, sondern hören auch genau zu, was andere sagen und sich wünschen. Ein gutes Kommunikationsverhalten ist deshalb die wichtigste Voraussetzung dafür, einen Konflikt zu lösen.

b Lesen Sie den Text noch einmal. Ergänzen Sie die Satzanfänge zu den fünf Abschnitten mit den Informationen aus dem Text.

1. Oft führen Stress und Hektik dazu, dass ....
2. Wer einen Konflikt lösen möchte, sollte ....
3. Zwei-Silben-Antworten sind besonders dann gut, wenn ....
4. Sätze wie *Bitte lassen Sie mich das genauer erklären* sind empfehlenswert, weil ....
5. Eine Person, die gut mit Konflikten umgehen kann, ...

6 **Was können Sie auf die Sätze 1 bis 5 antworten, damit der Konflikt nicht schlimmer wird? Ergänzen Sie.** S. 73, A3 b *Redemittel*

Was genau reicht Ihnen? Können Sie das bitte genauer erklären? | Könnten Sie mir vielleicht erklären, was Sie so wütend macht? | Was genau stört Sie denn an meinem Ton? | Wann genau war mein Verhalten Ihrer Meinung nach nicht fair? Können Sie mir dafür ein Beispiel geben? | Verstehe ich Sie richtig? Sie sind der Meinung, dass ich in letzter Zeit unpünktlich war?

1. Sie haben sicher wieder verschlafen!
2. Ihr Verhalten ist absolut unfair!
3. Was bilden Sie sich eigentlich ein, in so einem Ton mit mir zu reden?!
4. Jetzt reicht es mir aber!
5. Das muss ich mir nicht bieten lassen!

7 | a **Wie heißen die Synonyme? Ergänzen Sie.** S. 73, A4 *Wortschatz*

le | bracht | feind | ein | ver | fühl | lig | sam | kol | traut | legt | auf | gial | über | ge | se

	Synonym:	verwandte Wörter:
1. rücksichtsvoll, mitfühlend:		
2. freundlich, hilfsbereit:		
3. freundschaftlich, herzlich:		
4. vernünftig, sachlich:		
5. ärgerlich, empört, gereizt:		
6. aggressiv, hasserfüllt, böse:		

b **Zu welchem Adjektiv aus a passen die Wörter? Ordnen Sie in der Spalte „verwandte Wörter" zu.**

der Feind | überlegen | das Vertrauen | sich einfühlen (in + Akk) | der Kollege | die Feindseligkeit | die Kollegialität | jemanden aufbringen (gegen + Akk.) | das Einfühlungsvermögen | die Überlegung

B Konfliktgespräche verstehen

8 | a **Welche Verben passen zu „Medikament"? Suchen und markieren Sie die fünf Verben, die sich hier versteckt haben.** S. 74, B1 a *Wortschatz*

v	e	r	s	c	h	r	e	i	b	e	n	q	m	d	l
e	k	l	p	w	a	s	w	d	e	i	c	n	a	u	r
r	e	q	e	i	n	n	e	h	m	e	n	k	o	m	b
t	w	o	g	r	r	t	e	s	m	n	e	e	n	i	e
r	n	t	f	k	o	t	v	e	r	t	r	a	g	e	n
a	a	b	s	e	t	z	e	n	a	h	k	s	n	ü	e
g	m	d	l	n	a	r	u	k	o	m	b	l	e	n	e

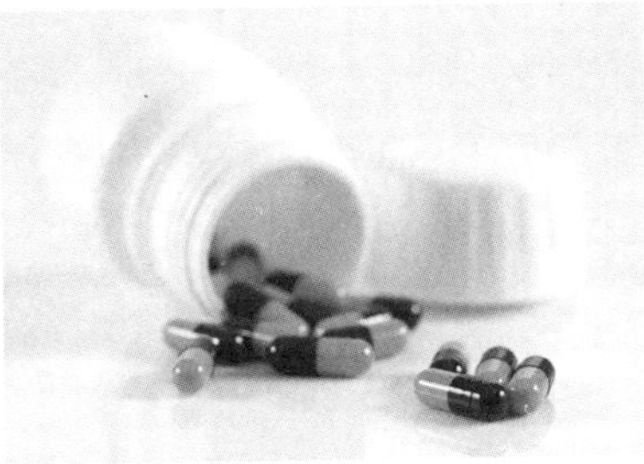

b Ergänzen Sie das passende Verb aus a in der richtigen Form.

1. Welches Medikament hat der Arzt Ihnen denn ……………… ?
2. Ach, das kenne ich. Und wie oft müssen Sie es ……………… ?
3. Sie werden sehen, dass es Ihnen bald besser geht. Das Medikament ……………… sehr schnell.
4. Meine Kollegin hat das Medikament allerdings nicht ……………… : Sie hat überall am Körper rote Punkte bekommen.
5. Der Arzt meinte dann, dass sie es nicht mehr nehmen dürfe. Sie musste es also ……………… .

9 | a Wozu verwenden Sie diese Redemittel? Ordnen Sie zu. S. 74, B2 a *Redemittel*

1. Ich schlage vor, dass … F
2. Ich fasse es nicht. ……
3. Vielen Dank für Ihr Verständnis. ……
4. Jetzt machen Sie mich nicht so an! ……
5. Das tut mir schrecklich leid. ……
6. Das ist doch Ihr Job! ……
7. Wie wäre es, wenn …? ……
8. Entschuldigen Sie bitte vielmals. ……
9. Das ist doch die Höhe! ……
10. Einigen wir uns darauf, dass … ……
11. Also, das geht zu weit. ……
12. Schon gut, das kann ja mal vorkommen. ……

A Unverständnis und Ärger zeigen
B sich wehren
C sich entschuldigen
D eine Entschuldigung annehmen
E Verständnis zeigen, sich dafür bedanken
F einen Lösungsvorschlag machen, eine gemeinsame Lösung finden

b Lesen Sie und ergänzen Sie die passenden Redemittel aus a. Manchmal passen auch mehrere Redemittel zu der Situation.

1. Ihre Kollegin entdeckt, dass ihre Kaffeetasse kaputt ist.

………………

Die Kaffeetasse ist Ihnen runtergefallen. Was antworten Sie der Kollegin?

………………

2. Ihr Mitarbeiter übernimmt kurzfristig die Schicht eines Kollegen. Sie bieten ihm an, dass er dafür die nächsten Tage schon um 15 Uhr mit der Arbeit aufhören kann.

………………

3. Sie erfahren, dass die Geschäftsleitung Ihrer Firma einigen Mitarbeitern kündigen, ihr eigenes Gehalt aber erhöhen will.

………………

4. Ihr Kollege möchte während der Arbeit Radio hören. Sie stört das aber. Wie könnte ein klärendes Gespräch verlaufen?

………………

10 **Partikel verraten viel darüber, was der Sprecher denkt oder eigentlich sagen will. Lesen Sie die Sätze in 1 bis 6 und ordnen Sie A bis F zu.** S. 74, B2 b *Modalpartikeln*

1. **denn** ......
   Wie geht es Ihnen *denn*?
   Wie lief *denn* dein Bewerbungsgespräch?
   Haben Sie *denn* Ihren Urlaub schon beantragt?

2. **doch** (1) ......
   Das habe ich dir *doch* schon erklärt.
   Das müssten Sie *doch* eigentlich können.
   Räumen Sie *doch* Ihren Tisch auf, dann finden Sie die Unterlagen sicher.

3. **doch** (2) F
   Das ist *doch* (*wirklich*) kein Problem.
   Das kann *doch* (*wirklich*) jedem von uns passieren.
   Da brauchst du dich *doch* (*wirklich*) nicht darum zu kümmern.

4. **ja / aber** ......
   Das ist *ja* / *aber* schön, dass wir uns hier treffen!
   Das ist *ja* / *aber* nicht sehr nett von ihm.
   Das ist *ja* / *aber* eine Frechheit!

5. **mal / doch mal / ja mal** ......
   Nehmen Sie das *mal* nicht so ernst.
   Komm *doch mal* vorbei!
   So etwas kann *ja mal* vorkommen, machen Sie sich deswegen keine Sorgen.

6. **wohl** ......
   Er kommt heute *wohl* später.
   Sie hat unseren Termin *wohl* vergessen.
   Das habe ich *wohl* überlesen.

Diese Partikel ...
A zeigt, dass der Sprecher das, was er sagt, nur vermutet.
B benutzt man häufig, um seine Überraschung zu zeigen.
C kommt oft in Fragen vor. Man signalisiert damit freundliches Interesse.
D kann Ungeduld ausdrücken. Der Sprecher meint, dass der andere das eigentlich wissen sollte.
E verwendet man in Ratschlägen, Aufforderungen und auch dann, wenn man jemanden beruhigen möchte.
F unterstreicht und verstärkt das, was der Sprecher sagen möchte.

* *denn* kann in bestimmten Fällen auch Zweifel ausdrücken: Haben Sie *denn* die Unterlagen schon weggeschickt? = Es interessiert mich, aber ich habe auch Zweifel daran, ob Sie die Unterlagen weggeschickt haben.

11 **Ergänzen Sie.** S. 74, B2 b *Modalpartikeln*

deutlich | Mittelfeld | Partikel | Sätze | gesprochenen

1. Modalpartikeln kommen vor allem in der .... Sprache vor.
2. Sprecher können mit Modalpartikeln .... machen, was sie sagen wollen:
   Mach doch das Fenster zu! = Es ist mir wirklich wichtig, dass du das Fenster zumachst.
3. Ein und dieselbe .... kann – abhängig vom Satz – verschiedene Bedeutungen haben (zum Beispiel *doch*) oder mit einer anderen Partikel kombiniert werden (zum Beispiel *ja mal, doch wirklich*).
4. Modalpartikeln stehen im .... eines Satzes.
5. .... mit Modalpartikeln kann man in Sätze ohne Modalpartikeln „übersetzen“:
   Er kommt wohl später. = Ich vermute, dass er später kommt.

12 **Welche Partikeln passen nicht? Streichen Sie.** S. 74, B2 b *Modalpartikeln*

1. Wo müssen Sie ~~*aber*~~ / ~~*ja*~~ / *denn* hin? Oh, ganz in den Norden? Das ist *aber* / *doch* / *mal* weit!
2. Ich habe Kopfschmerzen. Dann mach doch *mal* / *ja* / *wohl* eine Pause!
3. Herr Peters ist nicht an seinem Platz. Er ist *aber* / *denn* / *wohl* in einer Besprechung.
4. Oh, entschuldige, ich wusste nicht, dass das dein Platz war. – Das ist *aber* / *denn* / *doch* nicht so schlimm!
5. Du hast heute Frühschicht? Das ist *denn* / *doch* / *ja* eine Überraschung! Ich auch!
6. Verträgt Frau Simon *denn* / *doch* / *ja* das neue Medikament? Nein? Dann müssen wir es *denn* / *ja* / *wohl* absetzen, was denkst du?

13 **Ergänzen Sie die passende Partikel. Bei einigen Sätzen gibt es mehrere richtige Lösungen.** S. 74, B2 b **Modalpartikeln**

1. ● Ärgern Sie sich ______ nicht so darüber.
   ◆ Das hätte ______ jedem von uns passieren können.
2. ● Der Kunde will seine Rechnung nicht bezahlen? Der ist ______ unverschämt!
   ◆ Stimmt. Er war ______ sehr unzufrieden mit der Ware.
3. Haben Sie ______ unserem Gast etwas zu trinken angeboten? Ja? Das war ______ aufmerksam von Ihnen.
4. Mach ______ das Fenster zu! Wir werden ______ sonst alle krank!
5. Ruf mich ______ am Donnerstag an. Dann können wir in Ruhe darüber sprechen.

14 | a **Wo steht das? Lesen Sie und ordnen Sie die Buchstaben A bis F zu.** S. 74, B3 **Lesen / Schreiben**

1. Mitarbeiter, die keine Möglichkeit haben, ihre Arbeit selbst zu gestalten und nur Aufträge von „oben" erledigen müssen, melden sich oft krank und suchen sich eine andere Stelle. ______
2. Offenheit und Ehrlichkeit bei der Lösung von Konflikten spielen in der Firma eine wichtige Rolle. ______
3. Der Chef spricht nur dann mit seiner Mitarbeiterin, wenn er möchte, dass sie mehr arbeitet, oder es etwas zu kritisieren gibt. ______
4. Eine positive Arbeitsatmosphäre ist der Geschäftsleitung überhaupt nicht wichtig. ______
5. Weil die Kollegen sich gut verstehen, haben sie auch privat Kontakt und in der Arbeit kaum Probleme. ______
6. Die Geschäftsführung hat ihren Angestellten nicht mitgeteilt, was mit der Firma passiert und was das für Konsequenzen hat. ______

Konflikte am Arbeitsplatz? Gibt es die bei Ihnen oder gibt es sie nicht? Wir haben sechs Leute befragt. Lesen Sie, was sie uns geantwortet haben.

A 
Weil wir ein nettes Team sind und uns auch in unserer Freizeit treffen, kommt es bei uns nur selten zu Streitigkeiten oder Konflikten. Einmal im Monat gehen wir nach Feierabend eine Kleinigkeit essen und dann ins Kino. Diejenigen von uns, die keine Familie haben, unternehmen auch mal am Wochenende etwas zusammen.

B 
Wenn mein Vorgesetzter mich zu sich ruft, geht es meistens um Überstunden, Mehrarbeit oder Fehler, für die ich seiner Meinung nach verantwortlich bin. Lob, Anerkennung oder ein nettes Wort höre ich eigentlich nie von ihm. Deshalb frage ich mich oft, warum ich mich eigentlich noch anstrengen und gute Arbeit leisten soll.

C 
Unserem Geschäftsführer ist es total egal, wie die Stimmung im Betrieb ist. Das Wichtigste ist ihm, dass wir „funktionieren" und unsere Arbeit pünktlich und zuverlässig erledigen. Unseren Betriebsrat, der sich für eine Verbesserung des Arbeitsklimas einsetzt, hält er für sinn- und nutzlos.

D 
Unsere Firma wurde von einer anderen Firma übernommen. Das hatte zur Folge, dass einige Abteilungen aufgelöst wurden. Ziemlich viele meiner Kollegen haben deshalb ihren Job verloren. Erfahren haben wir von diesen Entwicklungen und Maßnahmen aber erst, als die ersten ihre Kündigungen erhalten haben. Weil wir nicht rechtzeitig über diese Veränderungen informiert wurden, haben wir das Vertrauen in unsere Führung komplett verloren.

E 
Wer bei uns eine Stelle antritt, bleibt meistens nicht sehr lange. Das liegt meiner Ansicht nach daran, dass es bei uns sehr starre Hierarchien gibt und wir nicht eigenverantwortlich arbeiten dürfen. Auf Dauer macht das die Leute unzufrieden. Viele lassen sich dann krankschreiben und schauen sich nach einem neuen Job um.

F 
Natürlich ist bei uns nicht alles perfekt. Ich finde es aber ganz normal, dass in der täglichen Zusammenarbeit Konflikte entstehen. Schwierigkeiten werden in unserer Firma aber nicht unter den Teppich gekehrt, sondern offen angesprochen und im Gespräch geklärt. Diesen Umgang mit schwierigen Situationen schätze ich sehr.

b Lesen Sie die Texte B bis E noch einmal. Wie könnte man die Konflikte, die dort beschrieben werden, lösen? Wie hätte man sie vermeiden können? Schreiben Sie Sätze wie im Beispiel. ★★★

zu B Wenn der Vorgesetzte seine Mitarbeiterin auch einmal loben würde, wäre diese wieder motivierter.

zu C ....

zu D ....

zu E ....

C in Konfliktsituationen reagieren

15 | a Welches Adjektiv/Adverb passt? Lesen Sie und ergänzen Sie. Bei dieser Übung bleiben drei Adjektive/Adverbien übrig. S. 75, C1 a *Lesen / Adjektive*

ärgerlich | ~~elektronisch~~ | falsch | fehlerfrei | hektisch | höflich | lange | lesbar | schlimm | schneller | kurz | peinlich | verständlich

Eine E-Mail ist eigentlich nichts anderes als ein Brief. Nur, dass dieser Brief elektronisch (1) verschickt und deshalb .... (2) vom Empfänger gelesen, bearbeitet und beantwortet wird. Die Schnelligkeit ist ein Vorteil der E-Mail-Kommunikation. Sie bringt aber auch Nachteile mit sich: Denn wer schnell schreibt, denkt oft nicht .... (3) darüber nach, was er schreibt und wie er schreibt. Fehlende Betreffzeilen, ... (4) geschriebene Namen und Wörter und ungenaue Formulierungen sind die Folge. Das mag vielleicht nicht so .... (5) sein, wenn es sich um eine private E-Mail handelt. Handelt es sich aber um eine berufliche E-Mail, muss man unbedingt darauf achten, dass die Nachricht, die man übermitteln möchte, klar und .... (6) formuliert ist. Schließlich will man ja, dass der Empfänger versteht, worum es geht. Unsere Empfehlungen sind deshalb folgende:

1. Fassen Sie sich .... (7), denn je kürzer und prägnanter Ihre E-Mail ist, desto eher wird sie gelesen und bearbeitet.
2. Zeigen Sie dem Empfänger, dass Sie Respekt vor ihm haben. Achten Sie deshalb darauf, dass der Ton Ihrer E-Mail sachlich und .... (8) ist. Unfreundliche E-Mails werden schnell gelöscht.
3. Vermeiden Sie Großbuchstaben, Smileys und zu viele Ausrufezeichen, damit Ihre E-Mail leichter .... (9) ist.
4. Verzichten Sie auf ironische Bemerkungen, denn diese führen in der schriftlichen Kommunikation oft zu Missverständnissen.
5. Lesen Sie Ihre E-Mail noch einmal durch, bevor Sie sie abschicken und überprüfen Sie die Rechtschreibung. Denn wenn Ihr Text nicht .... (10) ist, nimmt der Empfänger Sie und Ihr Anliegen nicht ernst und hält Sie vielleicht für inkompetent.

b Lesen Sie den Text in a noch einmal und ergänzen Sie die Sätze 1 bis 5.

1. Klare Formulierungen helfen dem Empfänger ....
2. Die Gefahr bei langen E-Mails ist, ...
3. Der Ton in einer E-Mail sollte freundlich sein, ...
4. E-Mails lassen sich nicht gut lesen, ...
5. E-Mails sollten keine Fehler enthalten, ...

16 **Der Ton macht die Musik! Formulieren Sie die Sätze höflicher.** S. 75, C1 a *Redemittel*

1. Erledigen Sie das bitte bis heute Mittag.
   Könnten Sie das bitte bis heute Mittag erledigen?
2. Passt Ihnen der Termin?
   Würde Ihnen der Termin passen?
3. Kommen Sie um zehn Uhr in mein Büro.
   Kommen Sie doch bitte um zehn in mein Büro.
4. Bereiten Sie bitte den Besprechungsraum vor.
5. Machen Sie uns bitte einen Kaffee.
6. Verteilen Sie die Mappen schon mal.
7. Sprechen Sie nicht so laut.

17 **Was bedeuten die markierten Ausdrücke? Ordnen Sie zu.** S. 75, C1 a *Wortschatz*

A unangenehm | **B** Eigentlich | **C** ohne dass ich fragen musste | **D** Gerade

1. Im Prinzip könnte ich das übernehmen. Ich muss nur klären, ob mein Kollege damit einverstanden ist. ......
2. Ausgerechnet heute muss ich früher gehen. Wie schade! ......
3. Es ist mir wirklich peinlich, dass ich so kurzfristig absagen muss. ......
4. Meine Chefin hat von sich aus angeboten, dass ich heute von zu Hause aus arbeiten kann. ......

18 | a **Lesen Sie Leon Bergers E-Mail an Frau Sommer. Was hat er an welcher Stelle falsch gemacht? Lesen Sie noch einmal und markieren Sie in der Farbe ...** ★★★ S. 75, C1 a *Lesen*

Rot die Stellen in der E-Mail, die frech und unverschämt klingen.
Orange die Stellen, in denen Leon Berger Frau Sommer etwas unterstellt.
Grün die Formulierungen, die in einem Gespräch okay wären, aber nicht in einer E-Mail.

Betreff: Bin dann mal weg!

Servus Frau Sommer,

gerade habe ich einen Anruf aus dem Rotkreuz-Krankenhaus bekommen. Sie kennen die Klinik bestimmt, in der Zeitung wurde ja in letzter Zeit viel darüber berichtet ... Ach, richtig: Sie lesen ja, glaube ich, nie Zeitung. ☹
Was ich aber eigentlich schreiben wollte: Meine Freundin Sarah hatte auf dem Weg von der Arbeit nach Hause (ich habe Ihnen doch erzählt, dass sie seit Kurzem eine neue Stelle hat?) einen Fahrradunfall. Jetzt liegt sie mit einem gebrochenen Bein im Gebäude D, auf Station drei im vierten Stock. Zum Glück hat sie da ein ganz nettes Einzelzimmer mit tollem Blick auf den Park.
Ich würd' also den Nachmittag gern freimachen und zu ihr fahren. Bei uns ist heute ja nix los, da kann ich schon mal früher weg, stimmt's? Nur die Sache mit dem Protokoll für Herrn Mader ist dumm. Wie Sie ja wohl wissen, muss das Protokoll unbedingt heute noch geschrieben und Herrn Mader gezeigt werden.
Ich habe da aber schon 'nen echt guten Vorschlag: Schreiben Sie es bitteschön selbst! Nur, weil ich noch in der Ausbildung bin, muss ja nicht immer ICH die doofen Protokolle schreiben!!!
Ich find's super, dass Sie für meine Situation so viel Verständnis haben und sende Ihnen ein dickes Dankeschön! ☺

Mit hektischen Grüßen
Leon Berger

b Welche Informationen sind für Frau Sommer wichtig, welche nicht? Kreuzen Sie an.

	wichtig	nicht wichtig
1. Das Zimmer, in dem Sarah liegt, ist hübsch.	☐	☐
2. Die Freundin von Leon Berger hatte einen Unfall und liegt im Krankenhaus.	☐	☐
3. Leon Berger hat gerade wenig Arbeit.	☐	☐
4. Er möchte sich freinehmen und seine Freundin im Krankenhaus besuchen.	☐	☐
5. In der Presse konnte man viel über das Krankenhaus lesen.	☐	☐
6. Leider schafft Leon Berger es dann nicht, das Protokoll für Herrn Mader zu schreiben.	☐	☐
7. Er findet es schlecht, dass Frau Sommer keine Zeitung liest.	☐	☐
8. Sarah hat gerade erst ihren Arbeitgeber gewechselt.	☐	☐
9. Frau Sommer soll das Protokoll für ihn schreiben.	☐	☐

19 Schreiben Sie eine angemessene E-Mail. Verwenden Sie die Informationen aus 18 b. Wählen Sie auch einen passenden Betreff und eine passende Anrede und Grußformel. S. 75, C1 b *Schreiben*

Betreff: ______

______ Frau Sommer,

gerade habe ich erfahren, dass ______

Da ich Sarah gerne ______

______ Leider ______

______ Deshalb habe ich eine große Bitte an Sie: ______

______ Das wäre wirklich sehr nett von Ihnen.

______ für Ihre Hilfe.

______

Leon Berger

20 Lesen Sie und ergänzen Sie. S. 75, C2 *Redemittel*

A ● Was Sie geschrieben haben, war eine Unverschämtheit!
◆ Oh, entschuldigen Sie. ______
(eigentlich nicht so gemeint sein)

B ● Ich lese sehr gerne Zeitung. Aber nur am Wochenende, wenn ich Zeit dazu habe.
◆ Ach, verzeihen Sie. ______
(falsch verstanden haben)

C ● Wie wäre es, wenn wir die Protokolle abwechselnd schreiben: Eine Woche sind Sie dran, in der nächsten Woche ich?
______
______
(sich darauf einigen können?)
◆ Gerne. Ihr Vorschlag ______
______
______
(guter Kompromiss sein)

Lernwortschatz

S. 72 | Luca Varani platzt der Kragen

Nomen

der Änderungswunsch, ⸚e
der Bestellzettel, -
die Kommunikation (Sg.)
der Konflikt, -e
das Missverständnis, -se
der Service (Sg.)
die Speisekarte, -n
die Streitigkeit, -en

Verben

brüllen
wir kommen (mit der Arbeit) nicht nach
nicken
jemandem platzt der Kragen
sich wehren
jemandem mit halbem Ohr zuhören
zurufen*

Adjektive

empört
ewig

weitere Wörter

das Maß ist voll
in letzter Zeit
vor Kurzem

S. 73 | A Konfliktstrategien verstehen

Nomen

die Frechheit, -en
der Grund, ⸚e
die Konfliktstrategie, -n
der Ton (Sg.)

Verben

abwarten
bewerten
sich bieten lassen*
drohen
sich einbilden
sich einigen auf (+ Akk.)
ernst nehmen*
herumbrüllen
es reicht
jemanden unter vier Augen sprechen
unterstellen
verschlafen*

Adjektive

aggressiv
aufgebracht
ausgemacht
einfühlsam
feindselig
gereizt
klärend
kollegial / unkollegial
störend
überlegt
wohlwollend

weitere Wörter

von sich aus

S. 74 | B Konfliktgespräche verstehen

Nomen

die Übergabe (Sg.)
das Übergabeprotokoll, -e

Verben

absetzen
Bescheid geben*
am Platz sein*
überlesen*
vertragen*

Adjektive

hektisch
schrecklich

weitere Wörter

vielmals

S. 75 | C in Konfliktsituationen reagieren

Nomen

der Besprechungsraum, ¨-e ....

die Mappe, -n ....

im Prinzip ....

Verben

verteilen ....

Adjektive

direkt ....

fordernd ....

unverblümt ....

weitere Wörter

ausgerechnet ....

Welche Wörter möchten Sie noch lernen? Notieren Sie:

....

....

....

....

....

TIPP

Schreiben Sie Dialoge oder Geschichten zu den Wörtern und Redewendungen aus der Lektion.

Beispiel:

- ● Du weißt, dass wir morgen Abend bei Laura und Marco eingeladen sind, oder?
- ◆ Nein, davon weiß ich nichts.
- ● Ich dachte mir schon, dass du nur mit halbem Ohr zugehört hast, als ich dir gestern davon erzählt habe.
- ◆ Oh, dann muss ich dich wohl um Entschuldigung bitten.
- ● Na ja. Das kann ja mal vorkommen. Du hast ja in letzter Zeit auch wirklich viel zu tun.
- ◆ Ja, das stimmt. Im Moment ist es wirklich hektisch bei uns. Danke für dein Verständnis!
- ● Kommst du morgen also zu Laura und Marco mit?
- ◆ Ausgerechnet morgen muss ich länger arbeiten …

Lektion 14

A Urlaubs- und Überstundenregelungen verstehen

1 **Welche Aufgaben einer Personalabteilung haben sich hier versteckt? Markieren Sie die Wortenden und schreiben Sie. Achten Sie auch auf die Groß-/Kleinschreibung der Wörter.** S. 77, A1 Wortschatz

PERSONAL|BESCHAFFEN|STELLENAUSSCHREIBENARBEITSVERTRÄGEABSCHLIESSEN

GEHÄLTERABRECHNENWEITERBILDUNGENORGANISIEREN

VERSETZUNGENPLANENNEBENTÄTIGKEITENGENEHMIGENURLAUBSANTRÄGEBEARBEITEN

ARBEITSRECHTLICHEFRAGENKLÄRENDIESICHERHEITDERARBEITSPLÄTZEÜBERPRÜFEN

1. Personal beschaffen
2. ......
3. ......
4. ......
5. ......
6. ......
7. ......
8. ......
9. ......
10. ......

2 | a **Was passt? Ordnen Sie zu.** S. 77, A2 Wortschatz

einen Antrag | Bestimmungen | ~~eine Regelung~~ | eine Schulung | Überstunden | Urlaub

1. eine Regelung — finden, einhalten, treffen, vereinbaren
2. ...... absolvieren, bekommen, durchführen, machen
3. ...... antreten, beantragen, buchen, machen, nehmen
4. ...... bearbeiten, gegenzeichnen, stellen, unterschreiben
5. ...... beachten, kennen, einhalten, erfüllen
6. ...... abbauen, abfeiern, abbummeln, bezahlen, machen

b **Bilden Sie Kausalsätze mit *weil, deshalb, nämlich, denn.* Achten Sie auf die Position der Wörter im Satz und auf eine sinnvolle Zeitform.** S. 77, A2 Kausale Satzverbindungen

1. Herr Le Dren / die betrieblichen Regelungen nie einhalten / ihm gekündigt werden
   Weil Herr Le Dren die betrieblichen Regelungen nie eingehalten hat, wurde ihm gekündigt.
2. Frau Emin / einen neuen Aufgabenbereich bekommen / eine Schulung machen sollen
3. Herr Aziz / nächste Woche nicht an seinem Arbeitsplatz sein / Überstunden abbauen
4. Frau Zeka / ziemlichen Ärger bekommen / Hygiene-Bestimmungen nicht beachten

5. Herr Yan / keinen Urlaub nehmen dürfen / seinen Antrag nicht rechtzeitig stellen

3 | a **Was passt? Ordnen Sie zu.** S. 77, A2 *Wortschatz*

1. der Urlaubs- ausgleich
2. die Fach- hygiene
3. der Freizeit- urlaub
4. die Unfallschutz- anspruch
5. der Jahres- kraft
6. die Krankenhaus- maßnahme

b **Welches Wort aus a ist gemeint? Ergänzen Sie.**

1. So bezeichnet man die Zeit im Jahr, in der man länger verreist ist bzw. nicht zur Arbeit geht:
2. Eine Person, die eine Ausbildung in einem bestimmten Fachgebiet hat:
3. Eine Bestimmung, die verhindern soll, dass sich jemand am Arbeitsplatz verletzt:
4. Das Recht von Arbeitnehmern auf arbeitsfreie Zeit:
5. Der Abbau von Überstunden, indem man sich freinimmt:
6. Das, was die Sauberkeit in einer Klinik betrifft:

4 **Wählen Sie für den markierten Ausdruck das passende Synonym aus dem Schüttelkasten und schreiben Sie die Sätze damit neu.** S. 77, A2 *Wortschatz / Schreiben*

angewiesen sein auf | Das A und O | am Stück | sich abstimmen | einen Antrag stellen auf | ~~zustehen (+ Dat.)~~

1. Unsere Mitarbeiter haben ein Recht auf sechs Wochen Urlaub.
   Unseren Mitarbeitern stehen sechs Wochen Urlaub zu.
2. Ich nehme meine restlichen Urlaubstage auf einmal.
3. Das Wichtigste bei meiner Tätigkeit ist die Einhaltung der Hygienebestimmungen.
4. Könnten Sie sich bitte einigen, wer von Ihnen den Kunden betreut?
5. Krankenhauspatienten brauchen ärztliche Hilfe.
6. Beantragen Sie doch bitte Freizeitausgleich.

5 **Wählen Sie das passende Verb und ergänzen Sie es in der richtigen Form.** S. 77, A2 *Wortschatz*

bearbeiten – erarbeiten

1. Ich habe Ihren Antrag heute Nachmittag ______ und weggeschickt.
2. Sie hat sich ihre Position als Abteilungsleiterin hart ______.

anfallen – verfallen

3. Warum soll ich meinen Resturlaub bis 31. März nehmen? – Weil er sonst laut Arbeitsvertrag ______________.
4. Ich wollte mich bei Ihnen erkundigen, welche Aufgaben für mich heute ______________.

antreten – vertreten

5. Wann werden Sie Ihre Stelle bei uns ______________?
6. Wer wird dich ______________, wenn du auf Dienstreise bist?

6 | a Welche Antwort passt? Überfliegen Sie die Texte und ordnen Sie zu. S. 77, A3 **Lesen**

1. Meine Mitarbeiter haben ihren Urlaub für dieses Jahr noch nicht beantragt. Das ist ein Problem für mich, weil ich so nicht gut planen kann. Was raten Sie mir? Antwort ____
2. Mein Arbeitgeber hat mir für August 20 Tage Urlaub genehmigt. Mitte Juli meinte er, dass ich meinen Urlaub streichen sollte, weil wir zu viel Arbeit hätten. Darf er das von mir verlangen? Antwort ____
3. Ich arbeite seit Kurzem in einem Reisebüro. Nun möchte meine Chefin, dass ich an Silvester arbeite. Kann sie mich wirklich dazu verpflichten? Antwort ____
4. Mein Mitarbeiter findet, dass er zu viele unbezahlte Überstunden machen muss. Ich bin aber der Meinung, dass zehn Überstunden pro Monat für einen Vollzeitbeschäftigten normal sind und nicht bezahlt oder durch Freizeitausgleich abgebaut werden müssen. Wer von uns beiden hat recht? Antwort ____
5. Ich arbeite in einem Krankenhaus in Schichtarbeit. Da ich alleinstehend und kinderlos bin, möchte die Klinikleitung, dass ich an 20 Sonntagen im Jahr arbeite. Ist das gesetzlich erlaubt? Antwort ____

A Wenn Sie für diesen Tag keinen Urlaub beantragt haben, kann sie das. Denn weder der 24. noch der 31. Dezember sind gesetzliche Feiertage. In den meisten Arbeitsverträgen oder Betriebsvereinbarungen steht deshalb, dass Arbeitnehmer für diese beiden Tage je einen halben Urlaubstag nehmen müssen. Prüfen Sie, welche Arbeitszeitregelungen bei Ihnen gelten.

B Dem Gesetz nach haben Sie Anspruch auf 15 freie Sonntage im Jahr. Dies gilt auch dann, wenn im Arbeitsvertrag oder in der Betriebsvereinbarung etwas anderes steht. Die Anordnung von Arbeit an 20 Sonntagen ist also vollkommen in Ordnung.

C Bitten Sie Ihre Mitarbeiter per E-Mail, ihren Urlaub zu beantragen und setzen Sie einen Termin: Innerhalb der nächsten zwei Wochen sollen Ihnen alle ihre Urlaubswünsche mitteilen. Wer das nicht tut, hat Pech: Denn dann haben Sie das Recht zu bestimmen, wer wann freinehmen darf.

D Laut Gesetz sind zehn Überstunden im Monat für Angestellte in Vollzeit zumutbar, das heißt: in Ordnung. Es dürfen aber auf keinen Fall mehr werden! Anspruch auf Freizeitausgleich oder eine Bezahlung für die Mehrarbeit hat Ihr Mitarbeiter nur dann, wenn das vertraglich vereinbart wurde.

E Nein, das darf er nicht. Wenn Ihnen ein Urlaub von vier Wochen schriftlich genehmigt wurde, haben Sie auch einen rechtlichen Anspruch darauf.

Thomas Gärtner, unser Fachmann für arbeitsrechtliche Fragen

b Lesen Sie die Fragen und Antworten in a noch einmal und streichen Sie in den folgenden Sätzen, was falsch ist.

1. Vorgesetzte können anordnen, wer wann Urlaub nimmt. Das ist der Fall, wenn Angestellte *ihren Urlaub nicht rechtzeitig einreichen. / sich bei der Urlaubsplanung nicht einigen können.*
2. Das Gesetz garantiert *Alleinstehenden / Arbeitnehmern* 15 freie Sonntage im Jahr.
3. Heiligabend und der letzte Tag im Kalenderjahr sind *grundsätzlich / nicht* arbeitsfrei.
4. Wenn Arbeitnehmer mit einer 40-Stunden-Woche zehn Überstunden im Monat machen müssen, ist das *in Ordnung. / nicht in Ordnung.*
5. Mitarbeiter, deren Urlaub genehmigt wurde, müssen in dieser Zeit nicht arbeiten. Das gilt *aber nicht / auch dann*, wenn der Chef Arbeit anordnet.

7 **Bilden Sie aus den Nomen Adjektive mit *-lich*. Ergänzen Sie diese in der richtigen Form.** S. 77, A3 *Wortschatz*

1. Arbeitszeiten sind eigentlich immer vertraglich (Vertrag) geregelt.
2. In rechtlichen (Recht) Fragen kenne ich mich leider nicht gut aus.
3. Er arbeitet ________ (Durchschnitt) 30 Stunden pro Woche.
4. Ihr wurde aus ________ (Betrieb) Gründen gekündigt.
5. Das Rauchen am Arbeitsplatz ist hier ________ (Grundsatz) verboten.
6. Die Geschäftsleitung hat das auch noch einmal sehr klar und ________ (Nachdruck) kommuniziert.
7. Die ________ (Gesetz) Bestimmungen müssen eingehalten werden.

B eine Bekanntmachung verstehen und schreiben

8 | a **Was passt? Ordnen Sie zu.** S. 78, B1a *Wortschatz*

A mitentscheiden | **B** eine Einigung erreichen | **C** zustimmen | **D** sich engagieren (für + Akk.) | **E** diskutieren, besprechen | **F** sich zur Wahl stellen | **G** etwas verändern

1. etwas bewegen ____
2. sich (für eine Person oder Sache) einsetzen ____
3. kandidieren ____
4. mitbestimmen ____
5. verhandeln ____
6. (bei Streitigkeiten) vermitteln ____
7. erlauben ____

b **Lesen Sie den Aushang und ergänzen Sie die Verben.**

bewegen | einsetzen | kandidieren | mitbestimmen | übernehmen | verbessern | verhandeln | vermitteln | ~~vertreten~~ | wählen

Warum Sie unbedingt für den Betriebsrat ________ (1) sollten

Als Betriebsrat vertreten (2) Sie nicht nur die Interessen Ihrer Kolleginnen und Kollegen. Es hat auch für Sie persönlich Vorteile, dieses verantwortungsvolle Amt zu ________ (3).

Denn als Betriebsrat haben Sie die Chance, sich selbst weiterzuentwickeln, indem Sie

- sich für Ihre Kollegen und bessere Arbeitsbedingungen ________ (4)
- Dinge im Unternehmen ________ (5)
- bei wichtigen Entscheidungen ________ (6)
- lernen, besser zu ________ (7)
- trainieren, bei Konflikten zu ________ (8)
- Ihr Organisationstalent und Ihre Teamfähigkeit ________ (9)

Diese Eigenschaften sind nicht nur für die Arbeit als Betriebsrat, sondern auch für Ihren beruflichen Alltag und Ihr Privatleben nützlich. Lassen Sie sich also zum Betriebsrat ________ (10)!

9 **Welche Präposition passt? Ergänzen Sie.** S. 78, B1 *Wortschatz*

für | ~~gegen~~ | in | in | wegen

1. Ein Kollege von mir hat Daten gestohlen und verkauft. Deswegen hat die Firma gegen ihn Anzeige ………… Diebstahls erstattet.
2. Was fällt eigentlich alles ………… den Aufgabenbereich der Personalabteilung?
3. Er will mir den Grund ………… seine schlechte Laune nicht nennen.
4. Entschuldigen Sie, darf ich Ihre Zeit kurz ………… Anspruch nehmen und Sie etwas fragen?

10 | a **Hier sind zwei Bekanntmachungen durcheinandergekommen. Lesen Sie und kennzeichnen Sie mit A und B, was zusammengehört.** S. 78, B3 *Lesen*

…… Herr Volny ist eine ausgebildete Pflegefachkraft und bringt viel Erfahrung auf diesem Gebiet mit.
…… Sie ist unsere Betriebsärztin und wird prüfen, ob wir alle erforderlichen Gesundheitsschutzmaßnahmen getroffen haben und auch einhalten.
…… Wir möchten Sie informieren, dass am 3. März Frau Dr. Welsch in unser Haus kommt.
…… Wir freuen uns auf unseren neuen Mitarbeiter, heißen ihn jetzt schon herzlich willkommen und wünschen ihm einen guten Start!
…… Ab 1. 9. wird Herr Jaroslav Volny seine Stelle bei uns antreten und unser Team unterstützen.
…… Der Betriebsrat und Herr Bukal, unsere Sicherheitsfachkraft, werden sie auf ihrem Rundgang begleiten.

b **Bringen Sie die Sätze in die richtige Reihenfolge und schreiben Sie die Bekanntmachungen.**

Liebe Mitarbeiterinnen und Mitarbeiter,
ab 1. September wird Herr Jaroslav Volny

Zu Ihrer Information:

c **Schreiben Sie mit folgenden Textbausteinen eine Bekanntmachung.**

Wir geben Ihnen hiermit bekannt, … | Der Grund für diese Maßnahme ist, … | Selbstverständlich … | Wir hoffen, …

– ab nächster Woche führen wir regelmäßige Taschenkontrollen durch
– in letzter Zeit sind immer häufiger Gegenstände weggekommen
– die Taschenkontrollen haben wir mit dem Betriebsrat abgestimmt
– Sie haben Verständnis für diese Maßnahme, die wir zum Schutz des Firmeneigentums treffen mussten

11 | a Worum geht es? Überfliegen Sie den Text und kreuzen Sie an. S. 78, B3 *Lesen / Landeskunde*

In dem Text geht es darum, was die Geschäftsleitung …

☐ tun kann, damit alle die Informationen am Schwarzen Brett zur Kenntnis nehmen.

☐ bei Bekanntmachungen am Schwarzen Brett beachten muss.

Wenn Herr Budagashvili frühmorgens in die Arbeit kommt, geht er als Erstes ans Schwarze Brett, um die verschiedenen Bekanntmachungen zu lesen, die dort aushängen. Diesen Morgen ist er mehr als überrascht, als er folgende Mitteilung liest: „Wie wir leider feststellen mussten, melden sich manche Mitarbeiterinnen und Mitarbeiter besonders häufig krank. Mit einem Krankenstand von über 30 Tagen hat Frau Schmidtlein aus der Buchhaltung im letzten Jahr am häufigsten gefehlt. Wir verzichten darauf, ihr aus diesem Anlass zu gratulieren." Herr Budagashvili, der erst vor Kurzem seine Stelle angetreten hat, kann es nicht fassen: Hat die Geschäftsleitung denn wirklich das Recht, diese Information über Frau Schmidtlein am Schwarzen Brett auszuhängen, sodass jeder über den schlechten Gesundheitszustand der Kollegin Bescheid weiß?

Nein, selbstverständlich hat die Geschäftsleitung kein Recht, den Krankenstand einer Person auf diese Weise öffentlich zu machen. Denn es gibt ein Gesetz, das vor einer solchen Verletzung ihrer Persönlichkeitsrechte schützt: das Bundesdatenschutzgesetz (BDSG). Dieses Gesetz verbietet Arbeitgebern, Informationen über Arbeitnehmer öffentlich bekanntzumachen, die dem Ansehen einer Person schaden. Frau Schmidtlein wäre also durchaus berechtigt, gerichtliche Maßnahmen gegen die Geschäftsführung einzuleiten.

Was kann die Geschäftsleitung also tun, wenn sie findet, dass sich manche Mitarbeiter zu oft krankschreiben lassen und fehlen? Darf sie wirklich nichts zum Thema Krankmeldungen und Fehlzeiten am Schwarzen Brett veröffentlichen? Doch, das darf sie schon. Sie darf Zahlen dazu am Schwarzen Brett aushängen – allerdings ohne die Namen bestimmter Mitarbeiter

zu nennen. Im Fall von Frau Schmidtlein sollte die Geschäftsleitung das Thema „Kranksein" in einem Mitarbeitergespräch „unter vier Augen" ansprechen.

Wie sieht es aber mit Bekanntmachungen aus, die ein positives Licht auf eine Arbeitnehmerin bzw. einen Arbeitnehmer werfen? Was passiert, wenn Herr Budagashvili morgens zum Beispiel folgende Nachricht am Schwarzen Brett vorfinden würde: „Auf unseren jungen Mitarbeiter Rahman Abbas sind wir sehr stolz. Er hat vergangene Woche seine Ausbildung als Jahrgangsbester abgeschlossen. Herzlichen Glückwunsch, Herr Abbas." Könnte auch diese Bekanntmachung rechtliche Konsequenzen für die Geschäftsleitung haben?

Nun, anders als Frau Schmidtlein hat Herr Abbas durch diese Bekanntmachung keinen Nachteil. Trotzdem ist es in solchen Fällen ratsam, die Person, die man am Schwarzen Brett namentlich nennen will, vor dem Aushängen der Mitteilung um Erlaubnis zu bitten. Denn vielleicht hat Herr Abbas ja einen Grund, warum er nicht möchte, dass sein gutes Prüfungsergebnis öffentlich gemacht wird. Das sollte die Geschäftsleitung vorher mit ihm klären und bei der Zusammenstellung der Nachrichten fürs Schwarze Brett berücksichtigen.

b Wo finden Sie die Aussagen 1 bis 7 im Text in a? Lesen Sie noch einmal, unterstreichen Sie die Stellen im Text und ergänzen Sie die Zeilennummern.

1. Frau Schmidtlein war im letzten Jahr öfter als ihre Kolleginnen und Kollegen krank. *Zeile* ……… *bis* ………
2. Herr Budagashvili ist neu im Betrieb. *Zeile* ……… *bis* ………
3. Es ist gesetzlich geregelt, dass Arbeitgeber nichts über ihre Angestellten veröffentlichen dürfen, was Nachteile für diese haben könnte. *Zeile* ……… *bis* ………
4. Weil es das Bundesdatenschutzgesetz gibt, könnte Frau Schmidtlein rechtliche Schritte gegen die Geschäftsleitung unternehmen. *Zeile* ……… *bis* ………
5. Die Geschäftsführung darf über den hohen Krankenstand im Betrieb informieren. Sie darf aber keine Namen von Mitarbeitern angeben. *Zeile* ……… *bis* ………
6. Wenn die Geschäftsführung findet, dass Frau Schmidtlein zu oft fehlt, sollte sie das mit ihr persönlich besprechen. *Zeile* ……… *bis* ………
7. Wenn die Geschäftsleitung einen Mitarbeiter für seine gute Leistung in einem Aushang loben möchte, sollte sie prüfen, ob der Mitarbeiter damit einverstanden ist. *Zeile* ……… *bis* ………

C ein Gespräch mit dem Betriebsrat führen

12 | a Bilden Sie aus der Nomen-Verb-Verbindung ein Nomen (wenn möglich ein Kompositum) mit *-ung* und ergänzen Sie es. S. 79, C2 *Wortschatz*

Als Betriebsrätin hilft Dana Scott bei Streitigkeiten, in denen es um die Anordnung von Überstunden (Überstunden anordnen) (1) oder um die .... (Mitarbeiter versetzen) (2) innerhalb des Unternehmens geht. Außerdem vermittelt sie bei Konflikten zwischen Arbeitgebern und Arbeitnehmern, die die .... (Urlaub planen) (3) betreffen.
Dana Scott kämpft gegen eine .... (zur Nachtschicht verpflichten) (4) von jungen Müttern und gegen weitere .... (Personal einsparen) (5). Auch bei Fragen zur .... (Pausen regeln) (6) kann man sich an sie wenden.

b Welcher Ausdruck aus a passt? Ordnen Sie zu.

1. jemandem eine neue Stelle geben, ohne dass die Person die Firma verlassen muss: 2
2. keine neuen Mitarbeiter einstellen, weil gespart werden muss: ....
3. von jemandem fordern, dass er nachts arbeiten muss: ....
4. von jemandem verlangen, dass er mehr arbeiten muss, als im Vertrag steht: ....
5. vereinbaren, wann und wie lange jemand die Arbeit unterbrechen darf, um sich zu erholen: ....
6. überlegen, wann man sich freinehmen möchte: ....

13 | a Ordnen Sie die Redemittel. S. 79, C2 *Redemittel*

Worum geht es? | Was mache ich denn da am besten? | Ich habe folgendes Problem: | Wie wäre es denn, wenn Sie … | Können Sie mir einen Rat geben? | Was ist Ihr Problem? | Wozu raten Sie mir? | Es geht um Folgendes: | Wenn Sie einverstanden sind, könnten … | Ich würde Ihnen vorschlagen, dass …

1. fragen, was das Problem ist: ....
2. erklären, was das Problem ist: ....
3. um Rat fragen: ....
4. Rat geben / einen Vorschlag machen: ....

b Verwenden Sie die Redemittel aus a und schreiben Sie mithilfe der Stichpunkte zwei bis drei Minidialoge. Wenn Sie möchten, können Sie sich auch selbst ein Problem und einen dazu passenden Ratschlag ausdenken. ★★★

Problem:
Frau Seidels Kollegin …
– grüßt Frau Seidel plötzlich nicht mehr. Das macht Frau Seidel sehr unglücklich und ratlos.

– redet seit einiger Zeit mit anderen schlecht über sie. Frau Seidel versteht nicht, warum.
– will auch im Winter bei offenem Fenster arbeiten. Frau Seidel ist deshalb in letzter Zeit oft krank. Die Kollegin muss dann Aufgaben von Frau Seidel übernehmen.
...

Ratschläge:
Frau Seidel sollte / könnte ...
– sagen, was sie beobachtet hat, wie es ihr dabei geht und fragen, was los ist.
– um ein Gespräch mit der Kollegin bitten, über ihr Verhalten sprechen und nach den Gründen dafür fragen.
– der Kollegin erklären, welche Konsequenzen das hat.
...

Betriebsrat Andreas Wahl im Gespräch mit Frau Seidel

● Frau Seidel, worum geht es denn?
◆ Ich habe folgendes Problem: ...

14 | a Beantworten Sie die Fragen mit Ja/Nein oder mit einer Information? Kreuzen Sie an. S. 79, C3 Direkte Fragesätze

	Ja/Nein	Information
1. Muss man auch nach Feierabend für seinen Arbeitgeber erreichbar sein?	☒	☐
2. Wann soll ich meiner Chefin von meiner Schwangerschaft erzählen?	☐	☒
3. Gehört das Anziehen der Dienstkleidung zur Arbeitszeit?	☐	☐
4. Warum verlässt Herr Schmidt die Firma?	☐	☐
5. Darf die Geschäftsleitung Fotos von unserem Betriebsausflug am Schwarzen Brett aushängen?	☐	☐
6. Wann verfällt mein Resturlaub?	☐	☐
7. Soll die Firma wirklich komplett umstrukturiert werden?	☐	☐

b Welche Antwort passt zu welcher Frage aus a? Ordnen Sie zu.

1. Am 31. März. Frage ......
2. Nein. Ohne Genehmigung darf sie das nicht. Frage ......
3. Weil man ihn beim Stehlen erwischt hat und ihm gekündigt wurde. Frage ......
4. Ja. Das gehört zur Arbeitszeit. Frage ......

15 Formulieren Sie die Fragen in 14a als indirekte Fragen. S. 79, C3 Indirekte Fragesätze

1. Weißt du, ob man auch nach Feierabend für seinen Arbeitgeber erreichbar sein muss?
2. Ich weiß nicht, wann ich meiner Chefin von meiner Schwangerschaft erzählen soll.
3. Können Sie mir sagen, ... ?
4. Mich würde interessieren, ...
5. Ich bin nicht sicher, ...
6. Wissen Sie, ... ?
7. Ich möchte unbedingt wissen, ...

16 **Schreiben Sie jeweils die Sätze 3 und 4 aus 14 und 15 in die richtige Tabelle.** S. 79, C3 Fragesätze

A **Ja/Nein-Frage (direkte Frage)**

Verb	weitere Satzteile
Muss	man auch nach Feierabend für seinen Arbeitgeber erreichbar sein?

B **Informationsfrage (direkte Frage)**

Fragewort	Verb	weitere Satzteile
Wann	soll	ich meiner Chefin von meiner Schwangerschaft erzählen?

C **Indirekte Frage**

Einleitung	ob / Fragewort (= Konjunktion)	weitere Satzteile	Verb
Weißt du,	ob	man auch nach Feierabend für seinen Arbeitgeber erreichbar sein	muss?
Ich weiß nicht,	wann	ich meiner Chefin von meiner Schwangerschaft erzählen	soll.

17 **Markieren Sie in 16c die Satzzeichen.** S. 79, C3 Indirekte Fragesätze
Ergänzen Sie dann die Regeln mit den Wörtern aus dem Schüttelkasten.

Fragewort | Fragezeichen | ob | Punkt

1. Wenn man eine Ja-/Nein-Frage als indirekte Frage formuliert, benutzt man die Konjunktion ________.
2. Wenn man eine Informationsfrage als indirekte Frage formuliert, benutzt man das ________ als Konjunktion.
3. Wenn bei indirekten Fragen die Einleitung mit einem Verb beginnt (**Weißt** du … / **Können** Sie mir sagen …), steht am Satzende ein ________.
4. Wenn bei indirekten Fragesätzen die Einleitung mit einem Nomen oder Pronomen beginnt (**Ich** weiß nicht … / **Mich** würde interessieren …), steht am Satzende ein ________.

18 **Punkt oder Fragezeichen? Ergänzen Sie das richtige Satzzeichen.** S. 79, C3 Indirekte Fragesätze

1. Kannst du mir sagen, ob die Sprechstunde heute stattfindet ___
2. Mich würde interessieren, was mein Chef über mich denkt ___
3. Ich bin nicht sicher, ob Frau Yilmaz heute da ist ___
4. Wissen Sie, wann Herr Albiez wieder zurück ist ___

19 **Formulieren Sie mithilfe der Redemittel indirekte Fragen. Denken Sie an das Satzzeichen am Satzende.** S. 79, C3 *Indirekte Fragesätze*

Ich würde gern wissen, | Können Sie mir sagen, | Darf ich fragen, | Ich wollte mich erkundigen, | Weißt du/Wissen Sie, |

1. sein / der Betriebsrat / wofür / zuständig / eigentlich
2. mich / dürfen / versetzen / einfach / mein Vorgesetzter / ob
3. müssen / ich / was / bei meiner Kündigung / beachten
4. beim Mitarbeitergespräch / dabei / ob / die Betriebsrätin / sollen / sein
5. erreichen / eine Gehaltserhöhung / am besten / ich / wie
6. die Betriebsvereinbarung / ob / gelten / für Leiharbeiter / auch
7. wirklich / einen halben Tag Urlaub / bekommen / geschenkt / wir / an Silvester / ob / es / dass / stimmen
8. stimmen / in Asien / das Gerücht / unsere Firma / dass / ob / eröffnet / eine Filiale

20 **Formulieren Sie indirekte Fragen.** S. 79, C3 *Indirekte Fragesätze*

1. Warum wurde Herrn Maier fristlos gekündigt? Weißt du das?
   Weißt du, warum Herrn Maier fristlos gekündigt wurde?
2. Bis wann muss ich meinen Urlaub beantragen? Das ist mir nicht klar.
3. Wann sollen wir den Chef informieren? Das habe ich vergessen.
4. Wieso bist du so ungeduldig, wenn ich nachfragen muss? Das verstehe ich nicht.
5. Sind Sie einverstanden, dass wir gemeinsam zu Frau Klinger gehen? Das hat mich Frau Scott gefragt.
6. Was soll ich denn jetzt am besten machen? Das hat mich Holger gefragt.

21 **Was würden Sie Ihren Betriebsrat gern fragen? Schreiben Sie.** S. 79, C4 *Indirekte Fragesätze*

Ich würde ihn gern fragen,

1.
2.
3.

Lernwortschatz

S. 76 | Dana Scott kandidiert für den Betriebsrat

Nomen

die Arbeitnehmervertretung, -en

die Arbeitsbedingungen (Pl.)

der Ausgleich (Sg.)

der Betriebsrat, ¨-e

die Betriebsratswahl, -en

der Kandidat, -en / die Kandidatin, -nen

die Personaleinsparung, -en

die Sparmaßnahme, -n

die Verpflichtung zu (+ Dat.)

die Versetzung, -en

die Vorstellung (Sg.)

die Wahl, -en

der Zeitausgleich (Sg.)

Verben

anordnen

etwas bewegen

sich einsetzen für (+ Akk.)

kandidieren für (+ Akk.)

vermitteln

Adjektive

arbeitnehmerfreundlich

chronisch

überlastet

S. 77 | A Urlaubs- und Überstundenregelungen verstehen

Nomen

das A und O

der Anspruch, ¨-e

der Arbeitsvertrag, ¨-e

die Bestimmung, -en

die Einstellung, -en

die Erholung (Sg.)

der Erholungsurlaub (Sg.)

die Fachkraft, ¨-e

der Fall, ¨-e

der Freizeitausgleich (Sg.)

die Frist, -en

die Hygiene (Sg.)

die Hygienebestimmung, -en

die Hygienefachkraft, ¨-e

der Jahresurlaubsanspruch (Sg.)

das Juristendeutsch (Sg.)

der Konfliktfall, ¨-e

die Krankenhaushygiene (Sg.)

der Rechner, -

der Rechtsanspruch, ¨-e

am Stück

die Überstundenregelung, -en

der Urlaub, -e

die Urlaubsregelung, -en

die Verjährung (Sg.)

die Verjährungsfrist, -en

ein Zwölftel, -

Verben

abstimmen

anfallen*

angewiesen sein* auf (+ Akk.)

auskommen*

auszahlen

bearbeiten

durchführen

sich etwas erarbeiten

gegenzeichnen

streichen*

verfallen*

verjähren

zustehen*

Adjektive

grundsätzlich

notwendig

unbegrenzt

vertraglich
zusammenhängend

weitere Wörter
allerdings
ausnahmsweise

S. 78 | B eine Bekanntmachung verstehen und schreiben

Nomen
etwas in Anspruch nehmen*
das Arbeitsentgelt (Sg.)
der Aufgabenbereich, -e
die Bekanntmachung, -en
der Bereich, -e
der Einsatz für (+ Akk.)
das Firmeneigentum (Sg.)
die Gewerkschaft, -en
das Gewerkschaftsmitglied, -er
das Mitglied, -er
die Rehabilitation, kurz: die Reha (Sg.)
das Schwarze Brett
die Treue (Sg.)
der Unfallschutz (Sg.)
die Unfallschutzmaßnahme, -n

Verben
sich abmelden
aufsuchen
aushängen
erwischen bei (+ Dat.)
den Grund für (+ Akk.) nennen*
stürzen
sich zurückmelden bei (+ Dat.)

Adjektive
abwesend/anwesend
nachdrücklich

S. 79 | C ein Gespräch mit dem Betriebsrat führen

Verben
daran lässt* sich nichts ändern

Adjektive
tatsächlich

Welche Wörter möchten Sie noch lernen? Notieren Sie:

TIPP

Suchen Sie sich einige Wörter aus dem Lernwortschatz aus und schreiben Sie ein paar Sätze, die Sie und Ihre Arbeit betreffen.
Beispiel:

Der Betriebsrat in unserer Firma besteht aus …

Unser Urlaubsanspruch verfällt …

Auf dem Schwarzen Brett bei uns stand vor Kurzem, dass …

Bei uns im Betrieb gelten folgende Unfallschutzmaßnahmen: …

Ich bin jeden Tag von … bis … erreichbar.

Lektion 15

A eine Radiosendung verstehen

1 | a „Würden Sie Ihren Beruf noch einmal ergreifen?" S. 81, A1 **Lesen**
Lesen Sie die vier Antworten und ordnen Sie diese den Personen zu.

Moustafa Khamis, Facharbeiter

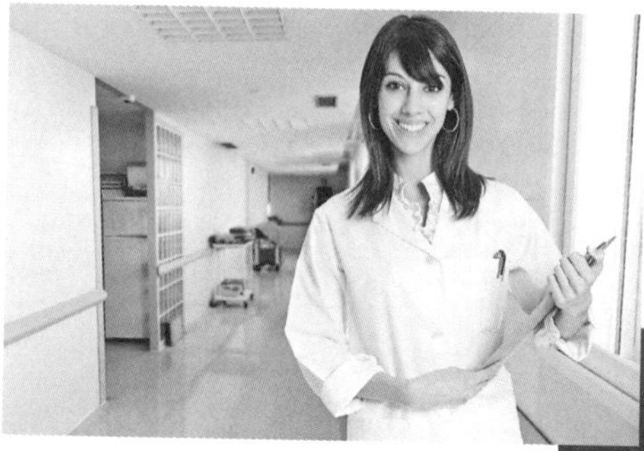

Jolanta Jablonska, Altenpflegerin

Daniel Ziegler, Hairstylist

Christoph Rieder, Lehrer

1. Ja. Ich liebe meinen Job, weil ich Menschen helfen kann und tolle Kollegen und Vorgesetzte habe. Aber die Arbeitszeiten sind hart. Viele meiner älteren Kollegen haben große Probleme mit der Schichtarbeit.
2. Hm, das ist keine leichte Frage. Eigentlich macht mir meine Arbeit großen Spaß. Ich finde es aber nicht okay, dass die Bezahlung so schlecht ist und wir unsere Arbeitsmittel, also zum Beispiel die Scheren, selbst kaufen müssen.
3. Oh, auf jeden Fall. Obwohl wir viel leisten müssen, mag ich meinen Beruf sehr. Das Unternehmen achtet darauf, dass wir gute Arbeitsbedingungen haben und unser Arbeitsplatz so eingerichtet ist, dass er unserer Gesundheit nicht schadet. Das finde ich persönlich sehr wichtig. Und natürlich gefallen mir auch unsere Produkte.
4. Ich weiß es nicht. Als Beamter habe ich natürlich einen sehr sicheren Arbeitsplatz. Aber nach fünf Jahren im Schuldienst sehe ich keine Entwicklungsmöglichkeiten mehr für mich. Deshalb denke ich in letzter Zeit immer öfter darüber nach, ob mein Beruf noch das Richtige für mich ist.

b Kollegen und Vorgesetzte spielen eine wichtige Rolle für die Zufriedenheit am Arbeitsplatz. Was noch? Markieren Sie in a weitere Schlüsselwörter.

2 Wählen Sie zwei bis drei dieser Schlüsselbegriffe aus und schreiben Sie mithilfe der Redemittel einen kleinen Text über Ihre Arbeitszufriedenheit. *** S. 81, A1 **Schreiben**

(Lassen Sie Ihren Text anschließend von einer Muttersprachlerin / einem Muttersprachler korrigieren.)

Meine Arbeit macht mir (großen / nicht so großen) Spaß, denn … | Ich liebe meinen Job, weil … |
Ich mag meinen Beruf, obwohl … | Ich finde es aber nicht gut/nicht okay, dass … |
Ich sehe in meinem Beruf leider keine Möglichkeit, … Aus diesem Grund … |
In meinem Job kann ich (nicht) … Deshalb …

3 **Lesen Sie die E-Mail. Welches Wort passt? Wählen Sie aus und ergänzen Sie.** S. 81, A1 **Strukturen**

1. ☐ a danach ☒ b darüber ☐ c davon
2. ☐ a Deshalb ☐ b Denn ☐ c Aber
3. ☐ a ob ☐ b das ☐ c dass
4. ☐ a soll ☐ b will ☐ c darf
5. ☐ a wenn ☐ b weil ☐ c wie
6. ☐ a aber ☐ b wirklich ☐ c ja

Liebe Lisa,

Dein Bruder hat mir erzählt, dass Du sehr unzufrieden mit Deiner Arbeit bist und *darüber* (1) nachdenkst, Dich beruflich zu verändern. .... (2) möchte ich Dir heute ein Buch empfehlen: Es heißt „Flow im Beruf. Das Geheimnis des Glücks am Arbeitsplatz".

Der Autor ist ein amerikanischer Psychologe mit ungarischen Wurzeln. Er erklärt in seinem Buch, ... (3) die Zufriedenheit am Arbeitsplatz nicht vom Gehalt oder von der Anzahl der Urlaubstage abhängt. Viel wichtiger ist es, so schreibt er, dass man das tut, was man wirklich tun .... (4). Und nicht nur das: Man sollte auch das tun, was man richtig gut kann. Denn erst, ... (5) Spaß und Können zusammenkommen, entsteht seiner Meinung nach „Flow", ein Gefühl des Glücks und der Zufriedenheit bei der Arbeit.

Vielleicht interessiert Dich das Buch .... (6)? Mir hat es sehr geholfen, meinen Weg zu finden.

Herzliche Grüße

Deine Anna

4 **Lesen Sie die E-Mail in 3 noch einmal und die folgenden Fragen dazu. Beantworten Sie sie mit eigenen Worten.** S. 81, A1 **Lesen / Schreiben**

1. Was erfahren Sie über den Autor des Buches?

2. Was bedeutet das Wort „Flow"?

3. Wann ist man nach Meinung des Autors in der Arbeit glücklich und zufrieden?

4. Warum denkt Anna, dass Lisa das Buch interessieren könnte?

5. Würden Sie das Buch gern lesen? Warum/Warum nicht?

5 | a Was bedeuten die Ausdrücke? Ordnen Sie zu. S. 81, A1 *Wortschatz*

A etwas wählen | **B** nutzen, von Nutzen sein | **C** in eine bestimmte Richtung gehen | **D** nach anderen Möglichkeiten suchen | **E** mitgehen, mitkommen | **F** helfen

1. sich lohnen B
2. sich neu orientieren ______
3. begleiten ______
4. unterstützen ______
5. einen Weg einschlagen ______
6. etwas ergreifen ______

b Lesen Sie und ergänzen Sie das passende Nomen.

Maßnahmen | Möglichkeiten | Mut | Neuorientierung | Unterstützung | ~~Unzufriedenheit~~ | Veränderung | Wunsch | Ziel

Ihre Unzufriedenheit (1) am Arbeitsplatz wächst mit jedem Tag und Sie denken immer häufiger darüber nach, sich beruflich zu verändern?

Der ______ (2), sich nach ein paar Jahren im Beruf neu zu orientieren, ist nichts Ungewöhnliches. Oft findet man aber nicht den ______ (3), einen neuen Weg einzuschlagen. Deshalb lohnt es sich, ______ (4) zu suchen. Zum Beispiel bei einem Coach: Er begleitet Sie und klärt mit Ihnen folgende Fragen:

- Passt es, dass Sie sich gerade jetzt beruflich neu- bzw. umorientieren?
- Haben Sie zum jetzigen Zeitpunkt die finanziellen Mittel und die Zeit für eine berufliche ______ (5)?
- Wie gehen Sie am besten vor, damit Ihre Familie und Ihr Freundes- und Bekanntenkreis Sie bei Ihrer Um- oder ______ (6) unterstützen?
- Welches Wissen und welche Fähigkeiten bringen Sie für einen Neuanfang mit, welche fehlen Ihnen?

Sie werden merken, dass Sie durch die Gespräche mit einem Coach schnell neue berufliche ______ (7) für sich entdecken. Sie werden schon bald wissen, welches ______ (8) Sie mit Ihrer Umorientierung wirklich erreichen wollen. Und welche ______ (9) Sie ergreifen müssen, um dorthin zu kommen.

Interessiert? Dann freue ich mich, wenn Sie Kontakt mit mir aufnehmen!

c Wie heißen die passenden Verben? Suchen Sie im Text in b und ergänzen Sie sie.

1. Maßnahmen ______
2. neue berufliche Möglichkeiten ______
3. den Mut ______
4. Unterstützung ______
5. ein Ziel ______

6 | a Welche neun Fremdwörter haben sich hier versteckt? Markieren Sie. S. 81, A2 *Wortschatz*

W	G	U	G	I	O	P	L	Ä	F	A	Z	I	T
M	O	B	I	L	I	T	Ä	T	Ü	D	A	C	K
O	H	F	N	J	H	I	E	R	T	Ä	K	H	L
T	E	U	S	U	K	K	O	L	L	Q	L	T	A
I	R	O	T	A	R	U	P	G	I	U	Ü	I	X
V	T	C	I	K	I	D	E	E	R	A	R	G	T
A	N	H	T	L	S	A	R	M	O	T	I	V	U
T	A	S	U	Ä	E	T	N	Z	O	L	Ö	M	I
I	P	A	T	Y	A	Ä	S	A	Y	F	I	R	A
O	Ö	E	I	N	V	E	S	T	I	E	R	E	N
N	L	M	O	A	R	T	U	Z	I	P	E	R	T
E	Ü	A	N	A	L	Y	S	I	E	R	E	N	E

b Welches Wort aus a passt? Ergänzen Sie.

1. Wir sollten etwas Zeit *investieren* (= uns … nehmen) und wirklich genau ______ (= untersuchen), warum du so unzufrieden bist.
2. Könnten Sie mir bitte sagen, welche Weiterbildungs______ (= Einrichtungen) es hier gibt?
3. Eine berufliche ______ (= schwierige Situation) kann auch eine Chance sein, noch einmal etwas Neues anzufangen.
4. Je zufriedener Mitarbeiter mit ihrer Arbeit sind, desto höher ist ihre ______ (= Engagement, Interesse, Lust und Freude). Das haben Umfragen gezeigt.
5. Für einen Arbeitsplatzwechsel gibt es unterschiedliche ______ (= Gründe).
6. Sie haben sich lange mit diesem Thema beschäftigt. Was ist nun Ihr persönliches ______ (= Ergebnis)?
7. Viele Arbeitgeber wünschen sich von ihren Mitarbeitern ein hohes Maß an ______ (die Bereitschaft, sich zu bewegen, den Ort zu wechseln).
8. Leider hat mein Freund noch kein ______ (= passendes) Stellenangebot gefunden.

7 Was bedeuten die markierten Ausdrücke? Kreuzen Sie an. S. 81, A2 *Wortschatz*

1. Du willst wirklich eine Umschulung machen? Das bringt doch nichts!
   a Das nützt doch nichts.
   b Das schaffst du doch nicht.
2. Die Kurse, die ich gerade mache, sind super. Aber sie gehen ganz schön ins Geld!
   a Ich kann sie mir nicht leisten.
   b Sie sind sehr teuer.
3. Du suchst ein Büro? Ich werde mich mal umhören. Vielleicht weiß ja jemand aus meinem Freundeskreis, wo etwas frei wird.
   a Ich werde mal bei anderen Leuten nachfragen.
   b Ich werde anderen gut zuhören.
4. Komm, lass uns das Problem jetzt endlich anpacken. Wir haben schon lange genug darüber diskutiert!
   a Lass uns das Problem vergessen.
   b Lass uns etwas tun, um das Problem zu lösen.
5. Irgendwann war er total frustriert. Also hat er gekündigt und sich einen neuen Job gesucht.
   a Er war sehr unzufrieden.
   b Er war komplett überlastet.
6. Seit sie in Teilzeit arbeitet, kommt sie nicht mehr voran.
   a Sie verreist nicht mehr so oft dienstlich.
   b Sie entwickelt sich in ihrem Beruf nicht weiter.

8 | a Wer äußert wohl welche Meinung zu Svens Plan? Lesen Sie und ordnen Sie zu. S. 81, A3 *Redemittel*

A Svens Chef | **B** sein zehnjähriger Sohn Luca | **C** sein bester Freund Tom | **D** Svens Frau Gabi

Sven Wagner ist 46 Jahre alt, verheiratet und hat zwei Kinder. Seit 25 Jahren arbeitet er bei einem großen, international tätigen Unternehmen. Die Belastungen dort sind hoch. Deshalb überlegt er in letzter Zeit immer öfter, seinen Job aufzugeben. Bei Recherchen im Internet hat er entdeckt, dass jemand 30 Boote verkaufen möchte. Da kommt ihm eine Idee: Er will aus seinem Beruf aussteigen und in Zukunft Boote an einem See in der Nähe seines Wohnorts vermieten. Einigen Leuten erzählt er von seinem Plan …

1. Was? Das kannst du doch nicht machen! Wer verdient denn dann das Geld, das wir zum Leben brauchen? ____
2. Ich finde es sehr mutig von dir, dass du in deinem Alter noch einmal etwas Neues anfangen willst. Und wenn du es dir leisten kannst, warum nicht? ____
3. Schade, dass Sie über so einen Unsinn überhaupt nachdenken. Sie können bei uns doch noch richtig Karriere machen! ____
4. Also, ich find's super, wenn du das machst. Dann bist du nicht mehr so gestresst und wir können viel Zeit zusammen am See verbringen! ____

b Wählen Sie die passenden Redemittel aus und ergänzen Sie die Sätze.

die positive Seite der beruflichen Neuorientierung seines Vaters betonen | sich kritisch zur Idee ihres Mannes äußern | eine positive Einstellung zum Plan seines besten Freundes haben | den geplanten Neustart seines Mitarbeiters negativ sehen

1. Gabi Wagner ____
2. Tom ____
3. Der Chef von Sven ____
4. Der kleine Luca ____

B Weiterbildungsangebote recherchieren

9 Frau Kluge möchte eine Weiterbildung machen, hat aber noch viele Fragen. Bilden Sie indirekte Fragen wie im Beispiel. S. 82, B1 *Indirekte Fragen*

Frau Kluge fragt sich, …

1. (Kann ich mir die Weiterbildung finanziell leisten?)
   ob sie sich eine Weiterbildung finanziell leisten kann.
2. (Wo finde ich seriöse Anbieter?)
   ____
3. (Welche anderen Informationsquellen gibt es noch?)
   ____
4. (Bekomme ich dafür eine Förderung?)
   ____

5. (Komme ich danach in meinem Unternehmen wirklich weiter?)

6. (Mit wem könnte ich diese Fragen am besten besprechen?)

10 | a Lesen Sie die Anzeigen zu den drei Weiterbildungsangeboten. Welche der beiden Überschriften passt jeweils weniger gut? Streichen Sie. S. 82, B2 *Lesen / Wortschatz*

A **Konflikte als Chance sehen | Konfliktlösung und -vermeidung als Zusatzqualifikation**

Überall dort, wo Menschen beruflich miteinander zu tun haben, kommt es zu Konflikten, die die Zusammenarbeit belasten. In unserer berufsbegleitenden Ausbildung zum Mediator / zur Mediatorin* erwerben Sie innerhalb von sieben bis neun Monaten detaillierte Kenntnisse, wie Sie solche Konflikte lösen oder von vornherein vermeiden können. Sie lernen außerdem verschiedene Gesprächstechniken kennen und üben diese in Rollenspielen ein. Eine Ausbildung zum Mediator bei der Rhein-Main-Donau Akademie ist eine Zusatzqualifikation, die sich beruflich und privat lohnt. Sie eignet sich für alle, die das Arbeitsklima in ihrem Unternehmen langfristig verbessern wollen.
Nach erfolgreicher Teilnahme und Bestehen der Abschlussarbeit sind Sie zertifizierter Mediator/zertifizierte Mediatorin.

* der/die Mediator/-in: eine Person, die professionell Konflikte zwischen zwei Parteien begleitet

B **Passen Sie sich den Entwicklungen Ihres Berufes an | Durchstarten und als Office-Manager Karriere machen**

Das Berufsbild des Sekretärs / der Sekretärin entwickelt sich immer mehr in Richtung Assistenz und Office-Management. Deshalb ist eine Weiterbildungsmaßnahme für alle, die in diesem Beruf tätig sind, empfehlenswert bzw. erforderlich. In dem Kurs „Office-Management", den die Industrie- und Handelskammer an acht Samstagen jeweils acht Stunden lang anbietet, erwerben die Teilnehmerinnen und Teilnehmer das notwendige Wissen, um die gestiegenen Anforderungen dieses Berufs auch in Zukunft meistern zu können.
Nach erfolgreicher Teilnahme am Kurs und bestandenem Abschlusstest erhalten die Teilnehmer/-innen ein Zertifikat.

C **Lernen, unter Zeitdruck zu arbeiten | Zeit sparen durch zielgerichtetes Arbeiten**

Kennen Sie das? Sie haben einen Berg an Arbeit vor sich und ständig klingelt das Telefon. Sobald Sie sich vom letzten Anrufer verabschiedet haben, steht ein Kollege vor Ihnen und will dringend etwas mit Ihnen besprechen ... Und so haben Sie am Ende des Tages das Gefühl, dass Sie keine der Aufgaben erledigt haben, die Sie eigentlich erledigen wollten.
Die zweitägige Veranstaltung zum Thema „Zeit- und Selbstmanagement" können alle buchen, die lernen möchten, wie man durch eine zielgerichtete Planung, den richtigen Umgang mit „Zeitdieben" und eine klare Abstimmung mit Kollegen seinen Arbeitsalltag besser in den Griff bekommt.
Veranstalter des Kurses ist die Volkshochschule. Am Ende des zweiten Tages erhalten Sie eine Teilnahmebestätigung.

b Lesen Sie die Angebote noch einmal und die Aussagen 1 bis 7. Um welches Angebot handelt es sich? Ergänzen Sie A, B und/oder C.

	Angebot
1. Für die Teilnahme an diesem Kurs gibt es kein Zertifikat.	
2. Die Ausbildung dauert mehr als ein halbes Jahr.	
3. Wer sein Organisationstalent verbessern will, sollte sich zu diesem Kurs anmelden.	
4. Die Weiterbildung ist für eine bestimmte Berufsgruppe gedacht.	
5. Das Thema „Kommunikation" spielt hier eine große Rolle.	
6. Diese Fortbildung findet nur samstags statt.	
7. Teilnehmer dieses Kurses lernen, mit neuen Aufgaben professionell umzugehen.	

c Suchen und unterstreichen Sie folgende Wörter in a. Was bedeuten sie? Ordnen Sie zu.

1. berufsbegleitend
2. detailliert
3. von vornherein
4. langfristig
5. erforderlich
6. dringend
7. in den Griff bekommen

A notwendig
B unbedingt
C so, dass sich Arbeit und Aus-/Weiterbildung vereinbaren lassen
D schaffen (können)
E bevor etwas anfängt
F für einen längeren Zeitraum
G ganz genau

11 Sie interessieren sich für das Weiterbildungsangebot 3 aus Aufgabe 10. Schreiben Sie dem Anbieter mithilfe der Punkte A bis D eine E-Mail. ★★★ S. 82, B2 *Schreiben*

A Wählen Sie die richtige Anredeform
B Schreiben Sie, …
… wie Sie von dem Kurs erfahren haben (Internet / Zeitung / aus Ihrem Freundes- und Bekanntenkreis)
… dass Sie sich gerne zu dem Kurs anmelden würden, aber noch Fragen haben, nämlich:
– wie viel der Kurs kostet
– wann und wo genau er stattfindet
C Bedanken Sie sich im Voraus für die Informationen und beenden Sie Ihre E-Mail mit einer passenden Grußformel
D Haben Sie auch an einen passenden Betreff gedacht?

C einen Erfahrungsbericht verstehen

12 Ersetzen Sie die markierten Ausdrücke. S. 83, C1 *Wortschatz*

sich ablenken lassen | aufgeben | ausgehen | einschränken | ~~Aufwand~~ | in Kauf nehmen | Motivationsprobleme | unterschätzen

1. Eine Weiterbildung ist oft mit viel ~~Zeit, Geld und Arbeit~~ (Aufwand) verbunden.
2. Viele Leute glauben gar nicht, wie viel man tatsächlich in eine Weiterbildung investieren muss. ……
3. Wer eine Weiterbildung macht, muss seine Freizeitaktivitäten reduzieren und kann abends weniger machen. …… ……
4. Sich weiterzubilden ist anstrengend. Es ist deshalb ganz normal, in dieser Zeit Durchhänger zu haben. ……
5. Das sollte man vor einer Weiterbildung wissen und akzeptieren. ……
6. Wer dazu nicht bereit ist, wird die Weiterbildung wahrscheinlich irgendwann nicht mehr weitermachen …… oder sich nicht mehr darauf konzentrieren. …… Das aber wäre sehr schade!

13 Ergänzen Sie die Satzanfänge mit den vorgegebenen Ausdrücken.

S. 83, C1 *Satzklammer*

1. Unsere neue Kollegin redet aber gerne! Ja, sie .... !
   (sich leicht von ihrer Arbeit ablenken lassen)
2. Mein Freund hat den Arbeitgeber gewechselt und wird jetzt viel besser bezahlt. Dafür ....
   (einen viel längeren Arbeitsweg in Kauf nehmen)
3. Seit sie ihren Job verloren hat, ...
   (sich finanziell sehr einschränken müssen)
4. Die Zeit, die du zum Lernen für die Abschlussprüfung brauchst, ... !
   (auf keinen Fall unterschätzen dürfen)
5. Damit er die Weiterbildung mit seinen beruflichen und familiären Verpflichtungen besser vereinbaren kann, ...
   (mindestens eines seiner vielen Hobbys aufgeben müssen)

14 Schreiben Sie mithilfe der Stichpunkte einen kleinen Text. Verwenden Sie Konjunktionen, um die Sätze zu verbinden. ★★★

S. 83, C1 *Schreiben*

... zwölf Jahre als ungelernte Hilfskraft in der Gastronomie tätig sein
... Schicht- und Wochenendarbeit körperlich sehr anstrengend finden
... Wunsch nach beruflicher Veränderung immer stärker werden
... Ziel: in einem Büro mit geregelten Arbeitszeiten und freien Wochenenden arbeiten
... Entscheidung für eine Ausbildung zur „Fremdsprachenkorrespondentin Englisch"
... nach erfolgreichem Abschluss sofort Stelle als Assistentin der Geschäftsleitung in einer Import-/Export-Firma bekommen
... Fazit: Belastungen während der Ausbildung hoch sein, Ausbildung und Berufswechsel trotzdem sehr empfehlen können

Daniala Manzano

Ich war zwölf Jahre als ungelernte Hilfskraft in der Gastronomie tätig. Weil ich die Schicht- und Wochenendarbeit körperlich sehr anstrengend fand,

15 | a Lesen Sie den Text und kreuzen Sie an: Was steht im Text? S. 83, C2 *Lesen / Landeskunde*

- ☐ Deutschland ist schon jetzt ein „Land des Lernens", da sehr viele Fach- und Führungskräfte gute Weiterbildungsmöglichkeiten haben.
- ☐ Seit Weiterbildungsinteressierte finanzielle Förderung vom Staat erhalten können, entwickelt sich Deutschland immer mehr zu einem „Land des Lernens".

Ist Deutschland ein „Land des Lernens"?

Nehmen wir einmal an, Sie würden sich gerne beruflich weiterbilden. Sie recherchieren nach Weiterbildungsmöglichkeiten und finden einen Kurs, in dem Sie genau das lernen würden, was Sie für Ihre tägliche Arbeit benötigen. Bei Ihrer Recherche finden Sie heraus, dass dieser Kurs ein paar Hundert Euro kosten und zwei Arbeitstage in Anspruch nehmen würde. Sie sind der Meinung, dass der Nutzen und der Preis dieser Weiterbildung sowie die Zeit, die Sie dafür aufwenden müssten, in Ordnung sind. Also gehen Sie zu Ihrem Vorgesetzten, um zu fragen, ob Sie sich zu diesem Kurs anmelden dürfen. Was denken Sie: Würde Ihr Chef oder Ihre Chefin Ihnen sagen, dass jetzt nicht der richtige Zeitpunkt für eine Weiterbildung ist und Sie sich doch lieber auf Ihre eigentliche Arbeit konzentrieren sollten? Oder würde er/sie Ihnen den Kurs inklusive der damit verbundenen Kosten genehmigen und Ihnen erlauben, die zweitägige Weiterbildung zu besuchen, ohne dass Sie sich freinehmen müssten?

Wenn Sie die Frage mit „ja, ich dürfte den Kurs besuchen" beantworten, arbeiten Sie wahrscheinlich in einer größeren Firma mit mehr als 250 Angestellten. Sie sind vermutlich sowieso schon recht gut ausgebildet und zwischen 30 und 40 Jahre alt. Das zumindest zeigen Studien, die sich mit dem Thema „betriebliche Weiterbildung" beschäftigen: Weiterbildungsmöglichkeiten, die vom Arbeitgeber unterstützt und finanziert werden, stehen vor allem Fach- und Führungskräften aus großen Unternehmen diesseits der 40 offen. Wer älter ist, keinen höheren Bildungsabschluss mitbringt und außerdem in einer kleineren Firma beschäftigt ist, hat weit weniger Chancen, betrieblich weitergebildet zu werden.

Das ist schade. Und das ist wohl auch der Grund, warum Deutschland hinter Dänemark, Schweden, den Niederlanden, Finnland und fünf anderen Ländern liegt, wenn verglichen wird, welche Rolle das Thema „Weiterbildung" in den europäischen Ländern spielt. Damit Deutschland bei diesem Ländervergleich in Zukunft ein besseres Ergebnis erreicht und Arbeitnehmer sich auch ohne Unterstützung durch ihren Arbeitgeber eine Weiterbildung leisten können, wurden vom Bundesbildungsministerium verschiedene Fördermöglichkeiten für Weiterbildungsinteressierte beschlossen. So ermöglichen die Bildungsprämie, das Meister-BAföG und Weiterbildungs- bzw. Aufstiegsstipendien* den Erwerbstätigen die Teilnahme an einer Fortbildung, die bislang nicht oder kaum beruflich gefördert wurden: jungen Fachkräften mit abgeschlossener Berufsausbildung, Migranten, Handwerkern, Geringverdienern, Arbeitssuchenden, älteren Arbeitnehmern und Berufsrückkehrenden, also Müttern und Vätern, die nach der Elternzeit wieder in den Beruf zurückwollen.

Das Konzept, Weiterbildungen für alle Berufstätigen finanzierbar und somit möglich zu machen, scheint zu funktionieren: Neueste Studien sprechen davon, dass 2015 wohl fast 50 Prozent aller Beschäftigten an einem Kurs bzw. einer Fortbildung teilnehmen werden. Wird Deutschland also doch noch ein „Land des Lernens" oder eine „Bildungsgesellschaft", so wie es führende Politikerinnen und Politiker seit Jahren wollen? Im Moment sieht es tatsächlich so aus.

* Mehr Informationen zu diesen Fördermöglichkeiten finden Sie im Internet unter www.bildungspraemie.info, www.meisterbafoeg.info und www.ssb-stipendien.info.

b Lesen Sie die Aussagen 1 bis 6. Wie müssen die Aussagen lauten, damit sie korrekt sind? Vergleichen Sie mit dem Text und korrigieren Sie sie. ★★★

1. Weiterbildungen dürfen vor allem Fach- oder Führungskräfte machen, die ~~über~~ unter 40 sind und in einem größeren Unternehmen arbeiten.
2. Arbeitnehmer, die weder zu den Fach- und Führungskräften zählen noch in einer großen Firma tätig sind, haben gute Aussichten auf eine betriebliche Weiterbildung.
3. In vielen Ländern, vor allem aber in den skandinavischen Ländern, sind die Weiterbildungsmöglichkeiten schlechter als in Deutschland.
4. Mit verschiedenen Maßnahmen und Programmen versucht das Bundesbildungsministerium zu verhindern, dass sich Angestellte auch ohne die Zustimmung ihres Vorgesetzten weiterbilden können.
5. Erwerbstätige, die gerne eine Weiterbildung machen würden, aber nicht genug Motivation haben, können finanzielle Unterstützung vom Staat bekommen – zum Beispiel in Form von Bildungsprämien oder Stipendien.
6. 2015 wird vermutlich nahezu ein Drittel aller Berufstätigen in Deutschland eine Weiterbildung machen.

16 Sich weiterzubilden lohnt sich! S. 83, C2 *Lesen*
Sehen Sie sich die Grafik an und ergänzen Sie die Zahlen.

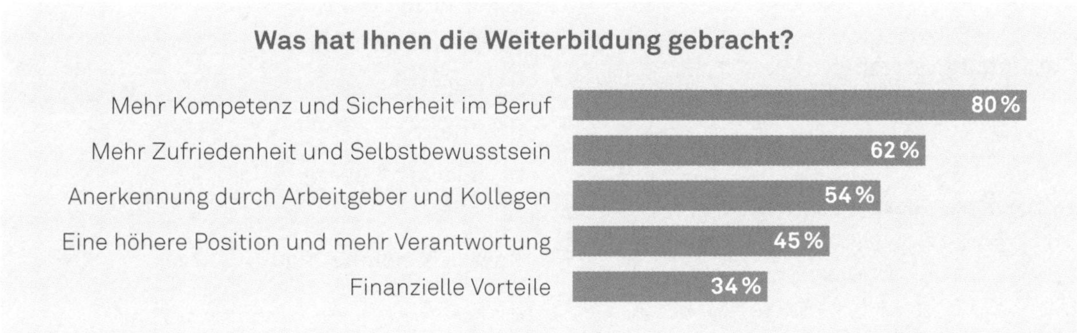

1. ………… Prozent der Befragten sagen, dass sie nach der Weiterbildung eine verantwortungsvollere Stelle bekommen haben.
2. ………… Prozent der Befragten finden, dass sie sich durch die Weiterbildung mehr Achtung bei ihren Vorgesetzten und Kollegen erworben haben.
3. ………… Prozent der Leute fühlen sich jetzt sicherer und qualifizierter im Beruf.
4. ………… Prozent geben an, dass sie wegen der Weiterbildung ein besseres Gehalt bekommen haben.
5. ………… Prozent meinen, dass sie nun selbstbewusster und zufriedener sind.

Und Sie? Auch Sie haben sich in 15 Lektionen von *Im Beruf* weitergebildet und Ihre Deutschkenntnisse vertieft und verbessert. Wir hoffen, dass sich die Arbeit für Sie gelohnt hat und Sie viel gelernt haben!

Ihre Autorinnen und Ihr Verlag

Lernwortschatz

S. 80 | Marek Prazak möchte sich beruflich verändern

Nomen

das Ergebnis, -se

die Umfrage, -n

die Unzufriedenheit (Sg.)

die Weiterbildungsmaßnahme, -n

Verben

sich eignen für (+ Akk.)

ergreifen*

liefern

vorgehen*

Adjektive

gering

ständig

verhältnismäßig

zielgerichtet

S. 81 | A eine Radiosendung verstehen

Nomen

die Berufskrise, -n

der Familien-/Freundes-/Bekanntenkreis, -e

die Faustregel, -n

das Fazit (Sg.)

die Flucht (Sg.)

die Förderung (Sg.)

die Fülle (Sg.)

die Informationsquelle, -n

die Institution, -en

die Mobilität (Sg.)

das Motiv, -e

der Mut (Sg.)

der Neuanfang, ⸚e

die Neuorientierung (Sg.)

der Neustart, -s

die Selbstständigkeit (Sg.)

die Umschulung, -en

äußere Umstände

die Unterstützung (Sg.)

das Wissen (Sg.)

die Zusatzqualifikation, -en

Verben

auflösen (eine Abteilung)

analysieren

anpacken

aufgeben*

ausbleiben*

aussteigen*

durchstarten

sich einstellen auf (+ Akk.)

erhoffen

erleben

erwähnen

erwerben*

etwas bringt etwas*

faszinieren

ins Geld gehen*

investieren

nachdenken* über (+ Akk.)

Rücksicht nehmen* auf (+ Akk.)

sich orientieren an (+ Dat.)

scheitern

spüren

sich umhören in/bei (+ Dat.)

sich etwas versprechen* von (+ Dat.)

vorankommen*

zwingen* zu (+ Dat.)

Adjektive

adäquat

detailliert

frustriert

langfristig

radikal

S. 82 | B Weiterbildungsangebote recherchieren

Verben

aussuchen
sich handeln um (+ Akk.)
sich leisten (können)
nachrechnen
weiterkommen*

Adjektive

allgemein
finanziell
seriös

S. 83 | C einen Erfahrungsbericht verstehen

Nomen

der Aufwand (Sg.)
die Belastung, -en
der Durchhänger, -
der Erfahrungsbericht, -e
das Nächstliegende (Sg.)
die Ruhe (Sg.)
die Technik (Sg.)
die Versuchung, -en

Verben

ablenken
einschränken
etwas im Griff haben*
in Kauf nehmen*
reduzieren
überlegen
unternehmen*
unterschätzen

Adjektive

ehrgeizig
gegenseitig
gründlich
gut (vor gut einem Jahr)
staatlich geprüft

weitere Wörter

einige
hinterher
schließlich
von vornherein

Welche Wörter möchten Sie noch lernen? Notieren Sie:

TIPP

Schreiben Sie einen Lückentext mit neuen Wörtern.
Ergänzen Sie als Wiederholung dann die Lücken.

Beispiel:

Fritz ist ziemlich e______g. Immer möchte er neues Wi______
er______n und im Beruf wei______k______n. Deshalb d______t er
st______g darüber n______, welche W______bi______n g s______ß______e
für ihn am besten ge______t wäre und welche er sich l______n könnte.

Liste der wichtigsten Verben mit Präpositionen

Verb + Präposition + Kasus	**Beispiel**
abhängen* von + Dat.	Die Höhe der Stromkosten hängt vom Verbrauch ab.
absprechen* mit + Dat.	Marwan soll seine Vorschläge mit den Kolleginnen absprechen.
abstimmen mit + Dat.	Frau Meier muss ihre Urlaubspläne mit ihrer Kollegin abstimmen.
achten auf + Akk.	Achten Sie bei Bank-Angeboten auf den Zins!
anfangen* mit + Dat.	Lassen Sie uns mit der Sitzung anfangen!
ankommen* auf + Akk.	Es kommt nur auf dich selbst an, ob du Erfolg hast.
antworten auf + Akk.	Ich antworte dem Chef morgen auf seine E-Mail, heute habe ich keine Lust mehr.
arbeiten an + Dat.	An dem Text sollten Sie noch arbeiten.
sich ärgern über + Akk.	Er ärgert sich über seinen Kollegen, der immer viel zu laut telefoniert.
auffordern zu + Dat.	Die Personalabteilung fordert die Mitarbeiter zur Abgabe der Urlaubsanträge auf.
aufhören mit + Dat.	Endlich hat mein Kollege mit dem Rauchen aufgehört.
aufklären über + Akk.	Der Journalist will die Bürger über den Plan des Politikers aufklären.
aufpassen auf + Akk.	Kannst du auf meinen Hund aufpassen, während ich im Urlaub bin?
sich aufregen über + Akk.	Meine Kollegin regt sich immer über meine Unpünktlichkeit auf.
ausgeben* für + Akk.	Unsere Firma sollte das Geld besser für neue Computer ausgeben.
sich bedanken bei + Dat. für + Akk.	Ich möchte mich bei Ihnen für Ihre Hilfe bedanken.
sich befinden* in + Dat.	Die deutsche Zentrale befindet sich in Frankfurt.
beginnen* mit + Dat.	In fünf Minuten beginnen wir mit der Besprechung! Wenn Frau Müller dann noch nicht da ist …
sich bemühen um + Akk.	Ich bemühe mich um einen Kredit bei der Bank. Hoffentlich klappt es.
sich beraten* mit + Dat.	Er hat damit keine Erfahrung. Deshalb berät er sich mit seiner Kollegin.
berichten über + Akk.	Alle Zeitungen berichten zurzeit über die verschiedenen Krisen in Europa.
sich beschäftigen mit + Dat.	Brigitte Schär beschäftigt sich mit den Finanzen der Firma.
sich beschweren bei + Dat. über + Akk.	Der Gast beschwert sich beim Hotelmanager über den unfreundlichen Kellner.
bestehen* aus + Dat.	Unsere Backwaren bestehen nur aus den besten Zutaten.
sich beteiligen an + Dat. mit + Dat.	Ich beteilige mich an dem Geschenk für die Kollegin mit drei Euro.

sich bewerben* um + Akk.	Bewirb dich doch um das Praktikum.
sich beziehen* auf + Akk.	Ich beziehe mich auf Ihren Brief vom 3. Mai.
bitten* um + Akk.	Darf ich Sie um Ihre Hilfe bitten?
danken für + Akk.	Ich danke dir für deine Hilfe.
denken* an + Akk.	Sie denkt an den netten Kollegen aus der Vertriebsabteilung.
deuten auf + Akk.	„Dieser hier", antwortet er und deutet auf den Hebel links unten.
diskutieren mit + Dat. über + Akk.	Ich muss ständig mit meinem Kollegen über seine Aufgaben in unserem Projekt diskutieren.
sich drehen um + Akk.	Hier dreht sich alles nur um den Preis! Und was ist mit der Qualität?
sich eignen für + Akk.	Welche Fortbildung würde sich für Sie am besten eignen?
sich einigen auf + Akk.	Sie konnten sich nicht auf einen neuen Termin einigen.
einladen* zu + Dat.	Dürfen wir Sie heute Abend zum Essen einladen?
sich einsetzen für + Akk.	Der Betriebsrat setzt sich für alle Mitarbeiter ein.
einspringen* für + Akk.	Er soll für seine kranke Kollegin einspringen.
sich entscheiden* für/gegen + Akk.	Wir haben uns für diesen Wagen entschieden, weil er einen großen Kofferraum hat.
entscheiden* über + Akk.	Der Chef hat über meinen Urlaubsantrag immer noch nicht entschieden.
sich entschuldigen bei + Dat. für + Akk.	Der Wirt entschuldigt sich beim Gast für den schlechten Service.
erfahren* von + Dat.	Wir haben von deinem tollen Erfolg erfahren und gratulieren dir!
sich erholen von + Dat.	Hast du dich von der Operation schon erholt?
sich erinnern an + Akk.	Sie erinnert sich ungern an ihren Streit mit der Kollegin.
erkennen* an + Dat.	Kann man gute Qualität am Preis erkennen?
sich erkundigen bei + Dat. nach + Dat.	Ich möchte mich (bei Ihnen) nach einem Flug erkundigen.
erschrecken* über + Akk.	Ich bin über die hohe Rechnung erschrocken.
erwischen bei + Dat.	Man hat ihn bei einem Diebstahl erwischt.
erzählen über + Akk.	Warum willst du mir nichts über deinen neuen Freund erzählen?
erzählen von + Dat.	Meine Kollege erzählt gern von seinen Urlaubsreisen.
fehlen an + Dat.	Es fehlt an einem guten Plan für dieses Projekt.
fragen nach + Dat.	Herr Müller, da fragt eine Dame nach Ihnen.
sich freuen auf + Akk.	Ich freue mich auf meinen Urlaub.
sich freuen über + Akk.	Unser Chef hat sich sehr über den großen Auftrag gefreut.
führen zu + Dat.	Die Diskussion hat zu einem guten Ergebnis geführt.
sich fürchten vor + Dat.	Seit es dem Unternehmen so schlecht geht, fürchten sich viele vor einer Kündigung.

gehen* um + Akk.	In der nächsten Besprechung geht es hauptsächlich um das Projekt von Herrn Braun.
gehören zu + Dat.	Es gehört zu ihren Aufgaben, auf das Betriebsklima zu achten.
gelten* als + Nom.	Stempel und Unterschrift gelten als Quittung.
sich gewöhnen an + Akk.	Sie muss sich erst an die neue Software gewöhnen.
glauben an + Akk.	Meine Kollegin glaubt nicht mehr an eine Beförderung.
gratulieren zu + Dat.	Wir gratulieren dir zu deinem Erfolg.
halten* für + Akk.	Das halte ich für ein großes Problem.
halten* von + Dat.	Mein Freund hält nicht viel von seinem neuen Chef.
sich halten* an + Akk.	Auch die Geschäftsleitung muss sich an die Betriebsvereinbarung halten.
sich handeln um + Akk.	Ich habe da ein Problem. Es handelt sich um einen Fehler in der Rechnung.
handeln von + Dat.	Der Artikel handelt von unterschiedlichen Erfahrungen mit einer Weiterbildung.
helfen* bei + Dat.	Kann ich dir bei der Arbeit helfen?
hervorgehen* aus + Dat.	Aus dem Lieferschein geht hervor, dass wir richtig geliefert haben.
hindern an + Dat.	Du kannst mich nicht an meinem Plan hindern.
hinweisen* auf + Akk.	Ich möchte Sie auf das Rauchverbot in unserem Hotel hinweisen.
hoffen auf + Akk.	Wir hoffen auf ein günstiges Angebot.
hören von + Dat.	Sie hören dann wieder von mir.
sich informieren bei + Dat. über + Akk.	Ich werde mich beim Personalchef über die ausgeschriebene Stelle informieren.
sich interessieren für + Akk.	Er interessiert sich sehr für die neuesten technischen Entwicklungen.
kämpfen für + Akk.	Die Arbeiter kämpfen für einen besseren Lohn.
kämpfen gegen + Akk.	Die Bürger kämpfen gegen den Bau der Straße.
kandidieren für + Akk.	Sie möchte für den Betriebsrat kandidieren.
klagen über + Akk.	Der Patient klagt über einen starken Schmerz im Bein.
klären mit + Dat.	Ja, das ist ein Problem, aber vielleicht können Sie das bis morgen mit den Kollegen klären.
kommen* auf + Akk.	Wie bist du nur auf die Idee gekommen, dein Auto selbst zu reparieren?
kommen* zu + Dat.	Kommen wir also zum nächsten Punkt auf der Tagesordnung.
sich konzentrieren auf + Akk.	Du solltest dich auf deine Aufgaben konzentrieren, statt dich mit deinen Kolleginnen zu unterhalten.
sich kümmern um + Akk.	Ich muss arbeiten, deshalb kümmert sich eine Tagesmutter um meinen Sohn.

lachen über + Akk.	Lacht ihr über mich?
leiden an + Dat.	Er leidet an einer gefährlichen Krankheit.
leiden unter + Dat.	Sie leidet unter ihrem unfreundlichen Chef.
liegen* an + Dat.	Es liegt nicht an mir, dass wir immer zu spät kommen.
melden bei + Dat.	Am ersten Arbeitstag soll ich mich bei Frau Vilser melden.
mitmachen bei + Dat.	Bei dem Kurs müssen mindestens zehn Leute mitmachen, sonst findet er nicht statt.
nachdenken* über + Akk.	Unsere Geschäftsleitung denkt über neue Standorte in Asien nach.
nachfragen bei + Dat.	Sie muss zuerst bei den Kollegen in der Küche nachfragen.
sich orientieren an + Dat.	Kunden, die sich am Preis orientieren, nehmen schlechtere Qualität in Kauf.
protestieren gegen + Akk.	Die Streikenden protestieren gegen die Schließung des Standorts.
reagieren auf + Akk.	Das Finanzamt hat noch nicht auf meinen Brief reagiert.
rechnen mit + Dat.	Sie müssen ab März mit einem höheren Preis rechnen.
reden über + Akk. / von + Dat.	Sie reden nur noch von ihrem neuen Freund / über ihren neuen Freund.
riechen* nach + Dat.	Hier riecht es nach einem sehr süßen Parfüm.
richten an + Akk.	Bitte richten Sie die Bewerbung an die folgende Adresse.
schicken an + Akk.	Schicken Sie die Rechnung bitte an meine private Adresse.
schicken zu + Dat.	Schickst du Thomas bitte zum Chef, wenn er aus der Pause kommt?
schimpfen auf/über + Akk.	Alle schimpfen auf die Chefin und über die schlechten Arbeitsbedingungen.
schmecken nach + Dat.	Das schmeckt nach Käse.
schreiben* an + Akk.	Ich schreibe eine Mail an Herta und bitte sie, mir die neue Liste zu schicken.
(sich) schützen gegen + Akk. / vor + Dat.	Diese Creme schützt Sie gegen die Sonne / vor der Sonne.
sehen* nach + Dat.	Ich sehe später noch nach dir, okay?
sein* für + Akk.	Mein Mann ist für den schwarzen Anzug, ich bin für den blauen.
sein* gegen + Akk.	Die Finanzabteilung ist gegen den Plan.
sorgen für + Akk.	Ein Personalchef muss auch für ein gutes Betriebsklima sorgen.
sich spezialisieren auf + Akk.	Unsere Schreinerei hat sich auf Einzelanfertigungen spezialisiert.
sprechen* mit + Dat. über + Akk.	Der Küchenchef spricht mit den Köchen über die Speisekarte für das Hochzeitsfest.
stehen* zu + Dat.	Wie stehen Sie zur Technik?
sterben* an + Dat.	Er ist an den Folgen des Verkehrsunfalls gestorben.
stimmen für + Akk.	Alle stimmen für seinen Antrag.
stimmen gegen + Akk.	Die Kollegen stimmten gegen meinen Vorschlag.

streiten mit + Dat. über + Akk.	Sie streitet mit ihrem Kollegen über die Lösung dieses Problems.
teilnehmen* an + Dat.	Wenn Sie an diesem Kurs teilnehmen möchten, melden Sie sich bitte bis Ende des Monats an.
telefonieren mit + Dat.	Sie telefoniert ständig mit den Zulieferern.
träumen von + Dat.	Ich träume von einem Urlaub im Süden.
sich treffen mit + Dat.	Sie trifft sich jede Woche mit ihren Freundinnen.
sich trennen* von + Dat.	Man sagt, dass sich das Unternehmen von hundert Mitarbeitern trennen möchte.
überreden zu + Dat.	Kann ich dich zu einem Stück Kuchen überreden, auch wenn du gerade Diät machst?
überzeugen von + Dat.	Ich bin von den Vorteilen unseres Produkts überzeugt.
umgehen* mit + Dat.	Das Betriebsklima hängt auch davon ab, wie der Chef mit den Mitarbeitern umgeht.
sich unterhalten* mit + Dat. über + Akk.	Sie unterhält sich mit Sophia über den Neuen im Vertrieb.
sich unterscheiden* von + Dat.	Mein neuer Chef unterscheidet sich sehr von meinem alten Chef.
sich verabreden mit + Dat.	Ich würde mich gern mal wieder mit dir zum Essen verabreden.
sich verabschieden von + Dat.	Ich muss mich leider von Ihnen verabschieden, ich habe noch einen Termin.
verbinden* mit + Dat.	Da verbinde ich Sie am besten gleich mit der Buchhaltung.
vergleichen* mit + Dat.	Sie vergleicht ihren neuen Kollegen immer mit seinem Vorgänger.
verhandeln mit + Dat. über + Akk.	Frau Neuner verhandelt oft mit den Lieferanten über den Preis.
sich verlassen* auf + Akk.	Ihr könnt euch auf mich verlassen.
sich verlieben in + Akk.	Sie hat sich in einen Arzt verliebt.
verschieben* auf + Akk.	Der Kollege möchte die Besprechung auf den 7. Januar verschieben.
sich etwas versprechen* von + Dat.	Er verspricht sich von der Fortbildung bessere Karrierechancen.
sich verstehen* mit + Dat.	Mit den meisten Kollegen verstehe ich mich recht gut.
verstehen* von + Dat.	Da kann ich Ihnen leider nicht helfen, von Kopierern verstehe ich nichts.
verzichten auf + Akk.	Marwan und Nina überlegen, ganz auf Süßigkeiten zu verzichten.
sich vorbereiten auf + Akk.	Hast du dich schon auf die Präsentation vorbereitet?
warnen vor + Dat.	Ich muss dich vor Herrn Wünsche warnen, er beschwert sich über alles.
warten auf + Akk.	Immer muss man auf dich warten!
sich wenden* an + Akk.	Wenn Sie Fragen haben, können Sie sich gern an uns wenden.
werden* zu + Dat.	Er ist zu einem echten Experten in seinem Fachgebiet geworden.
wissen* von + Dat.	Tut mir leid, ich weiß nichts von dem Brief. Da müssen Sie Frau Zeuner fragen.

sich wundern über + Akk.	Sie wundert sich über die Entwicklung der Kosten.
zugehen* auf + Akk.	Sie sollten nicht erwarten, dass man sich um Sie kümmert, sondern selbst auf die Kollegen zugehen.
zugreifen* auf + Akk.	In den nächsten Woche kann man nur eingeschränkt auf den Server zugreifen.
zurechtkommen* mit + Dat.	Wie kommst du mit deinem neuen Kollegen zurecht?
zurückführen auf + Akk.	Diese Probleme sind auf die alten und reparaturanfälligen Maschinen zurückzuführen.
zusammenarbeiten mit + Dat.	Der Vertrieb arbeitet eng mit dem Marketing zusammen.
zuschauen/zusehen* bei + Dat.	Ich schaue/sehe dir gern bei der Arbeit zu.
zweifeln an + Dat.	Zweifelst du etwa an meinen Worten?
zwingen* zu + Dat.	Der Konkurs seiner Firma zwang ihn zu einer beruflichen Neuorientierung.

Bildquellenverzeichnis

Cover: © fotolia/goodluz
S. 7: 1 © Thinkstock/Digital Vision; 2 © Getty Images/Digital Vision; 3 © iStockphoto/OJO_Images; 4 © Thinkstock/Photodisc
S. 8: von oben links: © Thinkstock/Digital Vision, © Thinkstock/iStockphoto, © Thinkstock/Banana Stock, © fotolia/Günter Menzl, © Thinkstock/TongRo Images, © PantherMedia/Frank Herfort, © Thinkstock/Stockbyte, © Thinkstock/Hemera
S. 9: © Getty Images/Cultura/Hybrid Images
S. 10: © PantherMedia/HONGQI ZHANG
S. 11: © PantherMedia/nyul
S. 12: © fotolia/archipoch
S. 13: oben © fotolia/ChantalS; unten © fotolia/Picture-Factory
S. 14: oben © fotolia/Mandy; unten © Thinkstock/Digital Vision
S. 15: © Thinkstock/iStockphoto
S. 20: oben © Masterfile; unten © fotolia/WavebreakmediaMicro
S. 21: links © fotolia/PictureP.; rechts © MHV
S. 22: © Thinkstock/iStockphoto
S. 24: 1 © fotolia/Tomasz Trojanowski; 2 © Thinkstock/iStockphoto; 3 © fotolia/GoodMood Photo; 4 © Thinkstock/iStockphoto; 5 © fotolia/Michael Schütze; 6 © Thinkstock/iStockphoto; 7 © Thinkstock/Hemera; 8 © Thinkstock/Photos.com; 9 © Thinkstock/Hemera
S. 25: © action press
S. 26: © Thinkstock/iStockphoto
S. 30: oben © Thinkstock/Digital Vision; 1, 2, 3, 4 © Thinkstock/iStockphoto; 5 © Thinkstock/Wavebreak Media; 6 © Thinkstock/BananaStock
S. 34: © Thinkstock/iStockphoto
S. 36: © Thinkstock/Hemera
S. 38: © Thinkstock/Wavebreak Media
S. 39: links © PantherMedia/Yuri Arcurs; rechts © irisblende.de
S. 47: © fotolia/Monkey Business
S. 54: © Thinkstock/iStockphoto
S. 55: © fotolia/WavebreakmediaMicro
S. 57: © fotolia/Tatyana Gladskih
S. 58: © fotolia/Kzenon
S. 59: links © fotolia/Minerva Studio; rechts © fotolia/goodluz
S. 60: © Thinkstock/Wavebreak Media
S. 66: Navigationsgerät © fotolia/fotokalle; Anzeige © fotolia/fffranz
S. 67: © Thinkstock/Blend Images; Symbole © Thinkstock/iStockphoto
S. 68: © fotolia/Schweinepriester
S. 69: © fotolia/Ilan Amith
S. 70: © iStockphoto/Thomas_EyeDesign
S. 72: © Thinkstock/iStockphoto
S. 73: oben © Getty Images/E+/craftvision; unten © Thinkstock/iStockphoto
S. 75: © Thinkstock/Ingram Publishing
S. 78: © Thinkstock/Fuse
S. 79: © PantherMedia/Arne Trautmann
S. 80: 1 © istock/MentalArt; 2 © fotolia/Christian Jung; 4 © fotolia/pinkyone
S. 82: © fotolia/Tommaso Lizzul
S. 85: oben © fotolia/Pavel Losevsky; unten © fotolia/kab-vision
S. 86: oben © Thinkstock/iStockphoto; unten © fotolia/blende40
S. 87: © fotolia/Kadmy
S. 90: © iStockphoto/Marcus Clackson
S. 95: Symbole 1 + 2 © fotolia/T. Michel; Symbole 3, 5 + 7 © fotolia/Philip Barker; Symbole 4 + 6 © fotolia/vektorisiert; Foto © fotolia/Friday
S. 97: © iStockphoto/dcbog
S. 102: oben © Thinkstock/Brand X Pictures; Mitte © Thinkstock/Digital Vision; unten © Thinkstock/iStockphoto (3 x)
S. 103: © Thinkstock/iStockphoto
S. 104: © fotolia/Adam Gregor
S. 108: © Steffi Toys, www.igel-max.de
S. 122: © Thinkstock/iStockphoto
S. 126: © Thinkstock/iStockphoto
S. 127: © Thinkstock/iStockphoto
S. 129: von oben: © fotolia/sculpies, © Thinkstock/iStockphoto, © iStockphoto/choicegraphx, © Colourbox
S. 131: © fotolia/olly
S. 132: © Thinkstock/iStockphoto
S. 133: © Thinkstock/iStockphoto
S. 135: © Thinkstock/Stockbyte
S. 138: © fotolia/c
S. 139: von oben: © Thinkstock/Digital Vision, © fotolia/stokkete, © fotolia/imageegami
S. 140: © Thinkstock/Comstock
S. 141: © Thinkstock/iStockphoto
S. 142: oben © Thinkstock/iStockphoto; unten © fotolia/jogyx
S. 144: © Thinkstock/Stockbyte
S. 151: © Thinkstock/iStockphoto
S. 153: © Thinkstock/iStockphoto
S. 154: von oben: © fotolia/Africa Studio, © Thinkstock/iStockphoto, © iStockphoto/HansUntch, © iStockphoto/sjo
S. 156: von oben: © Thinkstock/iStockphoto, © Thinkstock/Stockbyte, © Thinkstock/Fuse, © Thinkstock/Hemera, © iStockphoto/azndc, © istock/YazolinoGirl
S. 159: © Thinkstock/F1online
S. 164: © Thinkstock/Hemera
S. 166: links © Thinkstock/iStockphoto; rechts © fotolia/WavebreakmediaMicro
S. 167: © Thinkstock/Digital Vision
S. 168: © iStockphoto/Stockbyte
S. 169: © Thinkstock/iStockphoto
S. 174: v. l. n. r.: © iStockphoto/EdStock, © PantherMedia/Wavebreakmedia ltd, © fotolia/Franck Boston, © fotolia/Daniel Mock
S. 175: © Klett-Cotta
S. 176: © Thinkstock/iStockphoto
S. 178: oben © Thinkstock/iStockphoto; unten © fotolia/Andres Rodriguez
S. 180: © Thinkstock/iStockphoto
S. 181: © fotolia/bst2012
S. 182: © Thinkstock/Fuse
S. 183: © Thinkstock/iStockphoto